中社智库·地方智库报告
Local Think Tank

重庆农产品电商产业发展研究报告

（2016）

·
·
·

主 编

王 胜

中国社会科学出版社

图书在版编目（CIP）数据

重庆农产品电商产业发展研究报告.2016／王胜主编.—北京：中国社会科学出版社，2017.8

（地方智库报告）

ISBN 978 - 7 - 5203 - 1021 - 5

Ⅰ.①重…　Ⅱ.①王…　Ⅲ.①农产品—电子商务—产业发展—研究报告—重庆—2016　Ⅳ.①F724.72

中国版本图书馆 CIP 数据核字（2017）第 231450 号

出 版 人	赵剑英	
责任编辑	喻　苗	
责任校对	韩天炜	
责任印制	王　超	

出　　版	中国社会科学出版社	
社　　址	北京鼓楼西大街甲 158 号	
邮　　编	100720	
网　　址	http://www.csspw.cn	
发 行 部	010 - 84083685	
门 市 部	010 - 84029450	
经　　销	新华书店及其他书店	

印　　刷	北京君升印刷有限公司	
装　　订	廊坊市广阳区广增装订厂	
版　　次	2017 年 8 月第 1 版	
印　　次	2017 年 8 月第 1 次印刷	

开　　本	787×1092　1/16	
印　　张	20.25	
字　　数	294 千字	
定　　价	89.00 元	

前　言

2012 年至 2016 年，中共中央、国务院连续五年出台一号文件，从增强农产品供给保障能力、提高农产品流通效率、推进农产品市场体系建设、创新农产品流通方式、建设农业科技创新推广体系五个维度，分步纵深推进我国农业现代化进程。伴随中国电商产业的蓬勃发展和农村电商的强势推进，作为"电商最后蓝海"的农产品电商在缓解农产品卖难、助推农民增收、驱动农业供给侧改革等方面正发挥出越来越重要的作用，成为各级决策者和社会各界关注的热点。

重庆集大都市、大农村、大山区、大库区于一体，山地农业是其农业基本形态。在发展山地特色、效益农业的进程中，如何扬生态、特色之长，避规模、物流之短，很重要的一点是要破解信息不对称难题。农产品电商凭借其低成本、跨时空的供需精准匹配优势，不仅为破解千家万户小生产与千变万化大市场之间对接贵、衔接难找到了突破口，成为大山区、大库区摘掉贫困帽子，实现产业结构调整、动力转换的重要抓手，而且让市场这只"看不见的手"在农产品需求这个"快变量"与农业生产这个"慢变量"的资源配置过程中发挥决定性作用，打通大都市区与大生态区农产品供需的"线下"空间割据，有利于实现重庆五大功能区差异互补、协调发展。

为全面掌握重庆农产品电商产业的发展状况，找准制约产业发展的障碍，理清产业发展的总体思路，为市委市政府决策提供数据和理论支撑，重庆市政府发展研究中心、重庆社会科学院联合重庆大学、重庆工商大学等研究机构于 2015 年初组建了农产品电商研究专业团队,对重庆农产品电商产业发展进行了持续跟踪研究。两年多来,研究团队运用大数据云监测技术对全市主要农产品电商平台的上架农产品信息及线上交易数据进行了定期监测,采集相关数据 200 余万条,到 50 余家农产品电商企业开展了实地调研,对重庆农产品电商产业的发展概况有了较为全面的认知。在此基础上,研究团队向重庆市委、市政府领导呈报了一系列决策建议并获得了市政府主要领导和分管领导的肯定批示,市政府还为此专门出台了《促进农产品电子商务加快发展的实施意见》。本书是团队近年来各类研究成果的汇编,由总报告、分报告、专题报告三个部分组成。其中,总报告和分报告主要针对重庆农产品电商产业年度发展情况的研究成果,专题报告系团队成员和从事这一领域研究的专家学者独立撰写的论文。

研究团队在实地调研和资料收集过程中,得到了重庆市商委、市农委、市扶贫办、相关区县、有关企业的大力支持,在此一并感谢。需要指出的是,由于农产品电商产业处于快速成长期,新业态、新主体、新模式层出不穷,行业信息庞杂多变,加之相关理论研究刚刚起步,可资借鉴学习的资料数据匮乏,特别是我们水平有限,研究工作还存在诸多问题和不足,敬请专家学者、各级领导和各界人士批评指正。当然,文责自负。

重庆市人民政府发展研究中心　重庆社会科学院

农产品电商产业研究团队

2017 年 3 月

目　录

总 报 告

2016 年重庆农产品电商发展形势分析与前景展望

农产品电商产业研究课题组[*]

引　言

　　农产品电商极大提升了农产品生产与需求的匹配效率，是推动农业供给侧结构性改革、精准扶贫、农民增收、农业增效、农村繁荣的重要抓手和载体。从市场视角看，农产品市场具有市场规模巨大、电商渗透率低、高频消费、需求收入弹性较小、交叉价格弹性较大的特征，农产品电商被认为是电商最后的"蓝海"，产业界各路资本竞相进入这个万亿级的市场。从政府视角看，近年来从中央政府到重庆市级、区县等出台了一系列推动农产品电商产业发展的政策与措施。为了精准刻画重庆农产品电商产业发展的现状，掌握发展过程中存在的问题和障碍，为市场参与者提供发展战略指引，为各级政府提供决策咨询，重庆社科院农产品电商产业研究团队从 2014 年开始对重庆市农产品电商产业进行了持续跟踪研究。在此过程中，研究团队初步建立了完整的理论分析框架，利用大数据相关技术进行了连续跟踪、采集和分

---

　　* 重庆市人民政府发展研究中心重庆社会科学院农产品电商产业研究课题组是由市政府发展研究中心副主任、重庆社科院副院长王胜研究员发起的、旨在跟踪研究中国农产品电商产业的跨学科学术共同体。本课题组长：王胜，课题组副组长：李志国，课题组成员有丁忠兵、钟将、王琳、张莉、唐敏、李学明、钟绪剑、熊友、张淑芳。

析，连续发布了 2015、2016 年重庆市农产品电商产业发展研究报告。

本报告在课题组建立的理论分析框架和模型基础上，利用大数据采集分析方法，从农产品电商平台、网店、网销、物流配送、品牌引领、政策环境等维度，对 2016 年重庆市农产品电商产业发展状况进行了总结刻画。同时，分析了产业发展存在的问题，研判了产业发展趋势，提出了加快重庆农产品电商产业发展的政策建议。总体来看，2016 年重庆农产品电商产业在渝府办发〔2016〕176 号、渝府发〔2016〕45 号、渝府发〔2016〕37 号、渝府发〔2016〕148 号等政策文件引导下，取得了系列成效。表现在农产品电商产业发展畅通了市场信号推进了农业供给侧结构性改革，推动了产业融合孕育了新的经济增长点，拓宽了农户增收渠道助力了脱贫攻坚战，强化了区域互动助推了五大功能区域协调发展，丰富了市民菜篮子顺应了消费升级浪潮。

由于农产品电商产业处于高速发展阶段，涉及的学科也较多，相关理论基础还比较欠缺，加之数据采集过程中受到平台数据开放水平、采集范围、采集频率等因素影响，本报告还存在诸多不尽如人意之处。尽管如此，如果本报告能够在学术界起到理论争鸣的作用，在产业界起到战略咨询的作用，在政策界起到资政建议的作用，将是对课题组全体成员莫大的肯定和鞭策。无论如何，课题组依然将以矢志破解"三农问题"的决心，以跨学科融合的视野，以大数据的方法和手段，将此项研究工作持续、拓展、深入开展下去。

一　2016 年重庆农产品电商平台发展状况

2016 年是在经济发展新常态下全面贯彻新发展理念、推进供给侧结构性改革的关键之年，是"十三五"开局起步之年。重庆市全市人民以习近平总书记系列重要讲话和视察重庆重要讲话为基本遵循，在市委坚强领导下，攻坚克难，团结奋进，推动经济社会有速度、有质量、有效益的发展，实现了"十三五"良好开局，经济社会发展保持了稳中有进、稳中向好的良好态势。总体而言，重庆市仍处于欠发达阶段，仍属于欠发达地区，农业基础脆弱、装备落后、产业化市场化程度不高的基本状况没有改变，农业供给侧结构性矛盾较为突出。重庆集大城市、大农村、大山区、大库区于一体，农业生产属于典型的山地农业。山地特有的自然环境和气候环境一方面使得农业生产呈现分散、零碎、封闭、落后等典型特征，另一方面使得农产品具有稀缺、绿色、天然、有机等高品质特性，具有利用电商"长尾市场"精准供需匹配优势发展农产品电商产业的天然优势。

（一）产业生态系统及平台分类

1. 农产品电商产业生态系统

产业是具有相似或者相关属性的经济活动的集合。农产品电商产业是融合一二三产业的新业态，是利用电商平台实现买卖双方交易撮合、支付、结算，涵盖农产品初加工、集货、运输、储存、包装、配送等主要活动，以及与之配套的信息服务、商务服务和金融服务的复合型产业，本研究用农产品电商生态系统来描述农产品电商产业。农产品电商生态系统是一个开放互动、多元共生、协同共进、动态演化的系统，既有平台、网店等关键种群，也有农产品生产经营主体、农产品加工市场主体、仓储、运输、配送等核心种群，还有为买卖双方及第三方平台提供咨询、培训、技术服务、品牌创意策划、营销、培训、包装、代发货、代运营、支付、结算等相关服务的其他种群。农产品电商产业生态系统示意图如图 1 所示。

2. 农产品电商平台及其分类

农产品电商平台是指利用互联网信息技术搭建的为农产品买卖双方提供交易撮合、支付、结算及交易过程信息服务的虚拟场所，是农产品电商生态系统的核心种群。本研究从平台"上架"农产品商品 SKU 占比的视角出发，将农产品电商平台划分为农产品专业电商平台和涉农综合电商平台两大基本类别。农产品专业电商平台是指上架农产品商品 SKU 占全部商品 SKU 达到或超过 2/3 的平台，此类平台以网售农产品为主，例如天天果园、易果生鲜、香满园等。涉农综合电商平台是指有一定规模农产品商品 SKU 上架（本研究

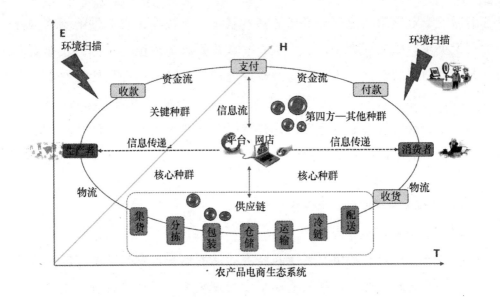

图1　农产品电商产业生态系统示意图

定义为农产品商品 SKU≥100）但并没有达到农产品专业电商平台占比要求的平台，此类平台通常是综合性全品类电商平台，例如淘宝网、京东、苏宁易购、世纪购等。

　　本研究从平台是否由卖方建设的视角，将农产品电商平台划分为自营平台和第三方平台两个类别。自营平台基本特征是由卖方自行建设，平台上仅有其一个商家，卖方负责所有上架商品的货源组织、质量控制、仓储配送、售后服务。第三方平台基本特征是由买卖双方之外的第三方建设，平台上有多个网店，网店各自负责自身上架商品的货源组织、商品交付等活动。

　　本研究从交易主体类型的视角出发，将农产品电商平台划分为 B2C 和 B2B 平台两大基本类别。B2C 即 Business to Consumer，是商家（本研究将网店视为商家，无论其是由个人还是企业开办运营）与个人之间的交易活动，此类平台买方主体是消费者，例如淘宝网、京东、苏宁易购、香满园等。B2B 即 Business to Business，是商家与商家之间的交易活动，此类平台买方主体是商家，例如 1688、宋小菜、恒客来等。农产品的最终流向是消费者的餐桌，具有消费频次高、信息传播快、存储期短的特性，本研究认为 B2C 和生鲜农产品的 B2B 是农产品电商产业的重点、难点，也是本研究关注的重点。而非生鲜农产品 B2B 主要以大宗方式交易，更适用电子期货交易的视角进行研究，不是本研究的重点。

本研究认为 C2B、O2O、F2C、C2B2F、CSA 等属于平台的运营模式，不作为平台类型的划分标准。例如 O2O，各种类型的平台都可能采用 Online to Offline（线上交易—线下消费体验）、Offline to Online（线下营销—线上交易）、Offline to Online to Offline（线下营销—线上交易—线下消费体验）等 O2O 运营模式。另外，仅提供商品展示、宣传的网站，本研究不纳入农产品电商平台范畴。

（二）各类平台共生发展

根据课题组对本地 87 个重点跟踪农产品电商平台和全国 21 个知名农产品专业平台和涉农综合平台的常态跟踪情况，总体来看，2016 年重庆农产品电商平台呈现各类平台共生发展态势（见表 1）。以天猫、京东等为代表的全国知名涉农综合平台相继深化重庆市场布局，以易果生鲜、我买网等为代表的外地专业知名自营平台拓展重庆消费市场。以世纪购、奇易网等平台为代表的本土涉农综合平台融资能力提升加大投融资力度，以香满园、吉之汇等平台为代表的本土专业第三方平台强化线下线上融合发展，以爱果主义、天农八部等平台为代表的本土专业自营平台强化单品致胜专业化发展。

与此同时，本土平台优胜劣汰步伐加快。在课题组持续跟踪的 87 家本地平台中，一季度运营异常平台 21 家，二季度新增运营异常平台 40 家，三季度新增运营异常平台 9 家，至年末仅余 14 家正常运营平台，平台淘汰率达到 84%。从经营异常情况看，一类为退市平台，平台已经无法访问或者转型不再售卖农产品。一类为僵尸平台，平台流量接近枯竭，日均访问量稀少（PV＜100）。一类为交易异常平台，平台半年以上无商品更新，或者平台绝大部分 SKU 无成交量、无卖家评论，客服无法正常联系。经营异常平台上架 SKU 几乎无人问津，与平台上线初期热闹场面形成鲜明对比。

表1 　　　　　　　　本研究持续跟踪的部分重点平台发展状况

地域区分	平台名称	平台类别	2016 年重要事件
全国（外地区域）知名平台	淘宝网	涉农综合 B2C	售卖重庆农产品的网店数量达到 9250 家、"特色中国馆"重庆区县馆 3 家。
	天猫	涉农综合 B2C	售卖重庆农产品的网店数量达到 505 家。
	京东	涉农综合 B2C	"中华特产馆"重庆区县馆达到 5 家。4 月初，京东对重庆的配送时效进行了升级。"211 限时达"范围扩大至荣昌、铜梁、永川、涪陵、双桥、合川等地区，主城区的配送提速到"311 限时达"。
	苏宁易购	涉农综合 B2C	"中华特色馆"重庆区县馆达到 4 家。9 月 12 日，市人民政府与苏宁控股集团签署战略合作框架协议，将推动在苏宁易购平台设立以重庆地方农产品为特色的"重庆馆"。
	邮乐购	涉农综合 B2C	"一城一味"馆达到 30 家。10 月，重庆市供销总社与市邮政管理局签订合作协议，发展紧密型农村物流联系网点。
	易果生鲜	专业自营 B2C	6 月，设置成都仓，全程冷链配送覆盖重庆主城区。
	我买网	专业自营 B2C	8 月 1 日，在渝仓储中心正式启用，成为第一个在渝自建仓储物流体系的专业自营农产品电商。
	……	……	……
本土活跃平台	世纪购	涉农综合 B2C	上市公司"重庆百货"（600729）实现对世纪购运营商重庆商社电子商务有限公司 100％ 股权受让，纳入上市公司合并财务报表范围。上半年实现营业收入 308.36 万元。
	奇易网	涉农综合 B2B	4 月，渝北区携手苏宁云商、奇易网络信息咨询服务有限公司打造的农村电商产业园正式开园，项目位于统景镇，总投资 900 万元，占地 10 亩，建筑面积 2600 平方米。
	香满园	专业第三方 B2C	"菜园坝水果市场转型升级项目"纳入重庆市"互联网＋"试点项目。
	吉之汇	专业第三方 B2C	9 月 23 日，吉之汇国际农贸物流城"云"产品发布。打开农产品线上销售渠道，在推进有形市场和无形市场的互促共荣中发挥了积极作用。
	村头商城	专业第三方 B2C	12 月，秀山自治县政府常务会议审议通过，同意投资组建"重庆村头科技发展有限公司"，专门营运"村头"平台。
	爱果主义	专业自营 B2C	4 月 28 日，其运营商重庆金果源商贸有限公司与全球最大的果蔬生产和销售商，全球最大的香蕉和菠萝供应商 Dole 都乐（中国）食品公司战略合作签约。
	天农八部	专业自营 B2C	"梁平柚信息化大平台一期"纳入重庆市"互联网＋"试点项目。
	恒客来	专业自营 B2B	博恩集团投资，3 月 15 日正式上线，为餐馆提供食材一站式采购服务。
	……	……	……

1. 国内知名综合平台深化重庆市场布局

国内知名涉农综合平台相继加快重庆全域市场布局。阿里作为最大的涉农综合性第三方平台，旗下淘宝网和天猫加大农产品网店招商，2016 年末淘宝网平台上售卖重庆农产品的网店数量达到 9755 家、天猫平台上售卖重庆农产品的网店数量达到 505 家，并开通"特色中国馆"重庆区县馆 3 家。京东商城加大自建物流配送体系投入，2016 年对重庆地区的配送时效进行了升级，主城区的配送提速到"311 限时达"（当日 15：00 前提交的现货订单当日送达），荣昌、铜梁、永川、涪陵、双桥、合川等地区新纳入"211 限时达"（当日上午 11：00 前提交的现货订单当日送达 + 夜里 11：00 前提交的现货订单次日 15：00 前送达）范围，平台上年末"中华特产馆"重庆区县馆达到 5 家。2016 年 9 月，苏宁控股集团与重庆市人民政府签署战略合作框架协议，将在产业投资、采购结算、农村电商、现代物流、金融、人才培训等多个领域开展全面合作，大力推动在苏宁易购平台设立以重庆地方农产品为特色的"重庆馆"，其"中华特色馆"重庆区县馆达到 4 家。"邮乐购"平台的本地化运营商市邮政管理局与重庆市供销总社签订合作协议，发展紧密型农村物流联系网点，其"一城一味"特色馆达到 30 家。

市内部分区县依托知名综合平台推动农产品电商发展，带动贫困群众就业创业、推进农业供给侧改革取得了一定成效。例如阿里巴巴、京东商城、苏宁云商等电商企业落户贫困区县发展农村电子商务，推动贫困地区群众利用农村电商就业，其中仅秀山、云阳、酉阳等 8 个电子商务进农村综合示范县通过农村电子商务就业的贫困人口（含建档立卡贫困户）就超过 2000 人。又如重庆江津区构建农村电商"一中心五体系"，通过"菜鸟县域智慧物流 +"支撑电商物流配送，用市场信号倒逼富硒农产品规模化、商品化、标准化生产。今年以来，江津通过农村电子商务销售的富硒农产品多达 135 个，实现销售额上亿元。农村电商在卖火江津富硒农产品的同时，也"倒逼"农产品加快组织化、商品化步伐，可谓一举两得。

2. 外地专业知名自营平台拓展重庆市场

外地部分专业知名自营平台拓展突破重庆都市区消费市场。2016年完成C轮融资的易果生鲜，在成都建立了冷链仓储中心，入驻天猫超市开设"天猫超市西南生鲜"网店，以新鲜水果、猪牛羊肉、海鲜水产、家禽蛋类、速食冻品、新鲜蔬菜为主打，依托安鲜达全程冷链配送服务覆盖重庆主城区消费市场，并推出了订单满88元冷链包邮服务。中粮"我买网"在渝北区设立1000平方米仓储中心，2016年8月正式启用，将缩短海外产品进入西南地区的直采运输线，阿拉斯加鳕鱼、日本北海道秋鲑鱼、厄瓜多尔白虾、意大利原装进口冰激凌等世界各地美食，将实现从产地直飞重庆，重庆本土生鲜食品也可以通过"我买网"依托该仓库销往全国。

3. 本土涉农综合平台融资能力提升

本土涉农综合平台加大资本投入驱动发展。上市公司重庆百货（SH：600729）实现对"世纪购"平台运营商重庆商社电子商务有限公司100%股权受让，纳入上市公司合并财务报表范围，将获得上市公司更多的资金和资源支持，报表显示"世纪购"平台上半年实现营业收入308.36万元。奇易网运营商奇易网络信息咨询服务有限公司与渝北区、苏宁云商共同打造的农村电商产业园正式开园，项目位于渝北区统景镇，总投资900万元，占地10亩，建筑面积2600平方米。恒客来（易餐网）获得博恩集团（"猪八戒"网投资方）的1000万元投资，作为重庆博恩（科技）集团大力支持的子公司项目，平台3月15日正式上线，将"一站式食材采购平台＋一体化餐饮解决方案"结合，为餐馆提供食材一站式采购服务。通过易餐网的APP、微信公众号，餐饮用户可以在这个平台上选择明天要用到的食材品种、规模数量，而易餐网则在平台上上线农场、市场等100多家供应商提供的1000多种产品。

4. 本土专业第三方平台强化线下线上融合发展

本土专业第三方平台强化线下线上融合发展。由市属重点国企重庆交运集团子集团重庆公路运输（集团）有限公司投资的"香满园——西部农产品电商平台"依托线下实体市场和城市配送优势，在外环以内自建物流送达，其他地区与第三方物流合作配送，发展势头良好。依托香满园平台申报的"菜园坝水果市场转型升级项目"纳入重庆市 2016 年度"互联网＋"试点项目。位于城市发展新区渝西地区永川区的吉之汇平台，依托吉之汇国际农贸物流城推出包括云网产品、云配产品、云贷产品的系列"云"产品，规划在项目战略区域建设分站搭建重庆农贸网，利用大数据实现农贸市场之间优势互补、多地分销、一店多仓、联合采购，织起农贸市场之间的"云网"，以各地区分站为基础形成"云配"，并联合金融机构推出"云贷"。秀山依托 120 家"武陵生活馆"，引导发展农家网络店铺，鼓励农户参与线上"店主"农产品直线销售、线下"馆主"农产品收购经营，为农村居民提供便捷创新创业渠道，目前已带动 10000 户农户"触电"经营，户均增收超过 1000 元。

5. 本土专业自营平台强化单品致胜垂直发展

本土专业自营平台强化单品致胜专业化发展。"爱果主义"运营商重庆金果源商贸有限公司，依托西部最大的进口水果批发商金果源和国内最大的财经期刊集群商界传媒，与全球最大的果蔬生产和销售商、全球最大的香蕉和菠萝供应商 Dole 都乐（中国）食品公司开展战略合作，专注水果特别是进口稀缺高端水果，重庆主城内环沿线当天送达。水果对"新鲜度"的要求极高，一件水果从冷库到销售终端再到用户手中，通常要经过几小时甚至几天的反复入库、出库、几番折腾，再好的口感也大打折扣。爱果主义的配送，其对标的不是"隔日达""次日达"这样的标准，而是"零时差"的即买即得，爱果主义通过选择整合三家不同的第三方物流商在不同时段服务加以实现。

由重庆天农八部农业科技有限公司打造的"天农八部"平台，专注于"梁平柚"品牌运营，线下采用"公司＋农户"建立利益联结机制，利用物联网技术建立溯源体系，记录柚树的树龄、户主、经纬度、海拔高度、产量、何时施肥、何时修枝等信息，平台线上仅打造 5 个 SKU，从近几年销售业绩看，极大提升了产业链整体价值。天农八部已通过合作社与一万多户柚农建立了合作，为柚农提供全程社会化服务，不但发放枝剪工具、有机肥等前期农业生产资料，还会派技术人员前去指导，提供技术支持。在柚子成熟后，以协议签订的保护价回收。天农八部 2014 年带动近 1 万户柚农实现了增收致富，柚子销售额相比 2013 年每斤增幅达到 240% 左右，综合带动增收达到 5000 万元以上。即便是在 2015 年全国柚子滞销的大势下，合作柚农的柚子销量也是一路高歌猛进。2016 年，销售额又创新高，达到 1.2 亿元。

（三）"特色馆"平台崭露头角

"特色馆"是知名第三方平台与地方政府合作，以行政区划命名开设的专注于售卖当地特色农产品的平台子站、频道或者专题。课题组认为"特色馆"通过第三方平台引流实现消费者集聚，通过运营商整合汇聚特定区域内的特色农产品，具有双边市场特征，从而形成平台经济效应，是一种特殊的农产品电商平台，是大平台中的"小平台"。

1. 知名第三方平台大力打造特色馆

淘宝网、苏宁易购、京东商城和邮乐购等知名第三方平台大力打造重庆区县特色馆。截至 2016 年底，淘宝网上有云阳馆、奉节馆、丰都馆 3 家"特色中国馆"，苏宁易购上有武隆馆、彭水馆、云阳馆、石柱馆 4 家"中华特色馆"，京东商城上有武隆馆、城口馆、巴南馆、云阳馆、丰都馆 5 家"中国特产馆"（2017 年 1 月新增綦江馆），邮乐购上有石柱馆、忠县馆、云阳馆等 30 家"一城一味"特色馆（见表 2）。

表 2　　　　　　　　知名第三方平台本土地方特色馆一览表

平台名称	特色馆清单	备注
淘宝网	云阳馆、奉节馆、丰都馆	"特色中国馆"共 3 家
苏宁	武隆馆、彭水馆、云阳馆、石柱馆	"中华特色馆"共 4 家
京东	武隆馆、城口馆、巴南馆、云阳馆、丰都馆	"中国特产馆"共 5 家
邮乐购	石柱馆、忠县馆、云阳馆、巫溪馆、城口馆、酉阳馆、彭水馆、潼南馆、梁平馆、万州馆、黔江馆、綦江馆、开县馆、巫山馆、铜梁馆、奉节馆、永川馆、江津馆、合川馆、武隆馆、涪陵馆、长寿馆、荣昌馆、大足馆、渝北馆、丰都馆、璧山馆、巴南馆、南川馆、垫江馆	"一城一味"共 30 家

淘宝网特色中国地方馆是淘宝网倾力打造地域特色优质商品免费导购平台，主打地方特色食品和手工艺品。通过开放的运营方式和地方政府、地方馆运营商、行业协会合作共同推进，帮助各地打造特色农业品牌。分为标准馆和升级馆两种合作模式，其中标准馆合作模式是"当地政府＋淘宝网（1＋1 模式）"，升级馆合作模式是"当地政府＋服务商＋淘宝网（1＋1＋1模式）"。

苏宁易购中华特色馆是苏宁农村电商战略"农产品进城"的销售平台，是苏宁易购联合各地政府打造的地域特色优质商品导购平台。分为省级馆、市级馆和县级馆三种，合作模式是"当地政府＋服务商＋中华特色馆（1＋1＋1模式）"。

京东中国特产馆是京东农村电商"3F 战略"（工业品进农村战略—Factory to Country、农村金融战略—Finance to Country 和农产品电商战略—Farm to Table）中农产品"从农场到餐桌"的主要形式。采用"地方政府＋当地企业＋京东农村电商"的三方合作模式，打通从农村到城市的农产品直供渠道。

邮乐购"邮乐农品"栏目推出的"一城一味"特色馆由中国邮政当地分公司招商运营，重点引进"三品一标"农产品或中华老字号商家。

2. 特色馆推动本土农产品触网效果初显

特色馆具有鲜明的地域特色，充分利用了信号显示机制；淘宝网、苏宁易购、京东上特色馆均由当地政府背书，充分利用了声誉机制；辅以运营商和平台提供的售后服务，充分利用了质保机制；加之第三方平台强大的引流能力，特色馆销售情况普遍较好，在推动本土特色农产品触网上效果初显（见表3）。特色馆上架 SKU 最多的近 80 个，月销售额达到 40 万元，年度销售额大部分达到几百万元。并且上架农产品通常是当地知名品牌或"三品一标"农产品，呈现少而精的特点，在提升地标农产品知名度、推动地标农产品网销上起到重要作用。

表3 知名第三方平台本土部分特色馆商品上架及销售情况（月销售额单位：万元）

特色馆名称	上线日期	SKU（个）	主营品类	月销售额
淘宝特色中国云阳馆	2015.9.28	45	大米、粉面、桃片、糕点、干货、牛肉干、蜂蜜、花茶等特产。	20
淘宝特色中国奉节馆	2015.9.29	30	奉节脐橙、腊肉、土蜂糖、乡坛子香菇酱、干洋芋块、牛肉干、麻辣香肠等特产。	12
淘宝特色中国丰都馆	2015.11.11	16	麻辣鸡、牛肉、下饭菜、豆腐乳、红心柚等特产。	5
苏宁易购中华特色武隆馆	2015.9.29	58	休闲零食、粮油米面等特产。	22
苏宁易购中华特色彭水馆	2015.9	47	休闲食品、粉丝面条、优质粮油等特产。	25
京东中国特产巴南馆	2016.1	49	巴南茶叶、巴南粮油、水果零食、土鸡土鸭、调味品等特产。	/
京东中国特产武隆馆	2015.7	79	休闲零食、粮油米面、鸡蛋、大米等特产。	40
邮乐购綦江馆	2015.6	34	豆腐干、麻辣零食、卤味小吃等特产。	/

备注：SKU是期末数，部分平台不支持商品销售额采集，月销售额数据来源于二手数据。

3. 特色馆可持续发展有待市场考验

以淘宝网、苏宁易购和京东为代表的知名第三方平台特色馆通常采用"政府背书、平台导流、企业运营"合作模式。从运营商成立时间看，大部分特色馆运营商成立时间较短，苏宁易购中华特色彭水馆、云阳馆、石柱馆和京东中国特产巴南馆、石柱馆等运营商是专门为特色馆运营而新设（见表4）。从运营商资本类别看，既有国有全资企业，也有国有参股的混合所有制企业，以及自然人合资企业。从认缴资本额度看，各运营商差距较大，从10万元到1000万元不等，国有和混合所有制资本普遍较民营和自然人资本要大。

表4 知名第三方平台本土部分特色馆运营商情况

特色馆名称	运营商	成立时间	认缴资本	股东类别	基本运营方式
淘宝特色中国云阳馆	云阳县农吉农产品经营有限公司	2014 年 6 月 5 日	50 万元	自然人合资	政府背书、平台导流、企业运营
苏宁易购中华特色武隆馆	重庆市武隆县电商运营服务有限公司	2013 年 1 月 7 日	1000 万元	混合所有制	政府背书、平台导流、企业运营
苏宁易购中华特色彭水馆	重庆酷创电子商务有限公司	2015 年 8 月 7 日	500 万元	混合所有制	政府背书、平台导流、企业运营
苏宁易购中华特色云阳馆	云阳县优名堂电子商务有限公司	2015 年 5 月 8 日	400 万元	自然人合资	政府背书、平台导流、企业运营
苏宁易购中华特色石柱馆	石柱土家族自治县绿安电子商务有限公司	2016 年 1 月 27 日	1000 万元	民营资本	政府背书、平台导流、企业运营
京东中国特产巴南馆	重庆农禾电子商务有限公司	2015 年 11 月 16 日	300 万元	民营资本	政府背书、平台导流、企业运营
京东中国特产武隆馆	重庆市武隆县电商运营服务有限公司	2013 年 1 月 7 日	1000 万元	混合所有制	政府背书、平台导流、企业运营
京东中国特产城口馆	重庆鹏城源食品开发有限公司	2006 年 12 月 26 日	1000 万元	国有资本	政府背书、平台导流、企业运营
京东中国特产云阳馆	重庆橘官电子商务有限责任公司	2015 年 11 月 30 日	10 万元	自然人合资	政府背书、平台导流、企业运营
邮乐购綦江馆	邮政集团公司重庆市綦江区分公司	1998 年 2 月 10 日	/	国有资本	政府背书、平台导流、企业运营

备注：数据截至 2016 年底。

从特色馆的合作模式分析，政府背书和平台导流均有排他性，政府背书解决了交易活动中关键的信号显示机制和声誉机制，平台导流激发了消费者大规模"按图索骥"消费场景，运营商运营能力成为特色馆可持续发展的关键。精商懂农通网的复合型人才队伍、区域特色产品的集货能力、全程品控措施、售后服务是特色馆运营商能力建设的关键要素。

（四）移动互联网平台蓬勃发展

移动互联网因为随身携带的便捷性和与工作、生活、娱乐、消费等场景的即时贴合，已经成为电子商务的必争之地。CNNIC《第39次中国互联网络发展状况统计报告》显示，截至2016年12月，我国手机网民规模达6.95亿，手机网上支付用户规模增长迅速，达到4.69亿元。农产品电商各平台在移动互联网浪潮下，其移动平台也呈现蓬勃发展态势，主要有手机APP和微商城两种技术路线。

1. 本土平台APP和微商城并行发展

本土平台顺应移动互联网发展，绝大部分平台均有移动技术应用（见表5）。以香满园、吉之汇、天农八部为代表的平台成立时间相对较早，上线初期采用WEB平台，随着平台的发展陆续推出微信商城、手机APP等移动端平台。以恒客来和爱果主义为代表的平台诞生于移动互联网时代，直接推出以微信商城为主的移动平台。以村头商城为代表的新成立平台采用"WEB＋手机APP＋微信公众号"全渠道移动端方案，覆盖消费者主要移动应用场景。

表5　　　　　　　　　　　部分本土平台移动互联网技术路线

平台名称	解决方案	WEB平台地址
香满园	WEB＋微信商城	www.xmy365.com
吉之汇	WEB＋手机APP	www.jzhnm.com
天农八部	WEB＋手机APP	www.tnbb.com.cn
爱果主义	微信商城	/
恒客来	微信商城	/
村头商城	WEB＋手机APP＋微信公众号	www.ct918.com

备注：微信商城（又名微商城）是在腾讯微信公众平台推出的一款基于移动互联网的商城应用服务产品。

对于农产品电商平台运营商而言，无论采取哪一种移动互联网平台解决方案，平台运营商始终面临为开发移动端程序、在手机上生存、获得用户流量等支付较高成本的现实挑战。iiMedia Research（艾媒咨询）发布的《2016年 APP 与微信公众号市场研究报告》数据表明，2016 年全球手机应用软件（APP）数量达到 519.8 万个，近八成网民手机中装有 30 个以上 APP 应用，但仅有 28.6% 手机应用经常被用户使用。一方面，技术平台开发成本在开发初期需要一次性大量资金投入，并且在市场推广和内容维护过程中需要长期耗费运营资金，会增加平台的整体运营成本。另一方面，由于技术平台的外包存在沟通不顺畅、进度难保障等问题导致较高的交易成本，如果要保持较好的用户体验，通常平台自身还需要建立一个技术研发团队，导致管理难度增加，带来更多的运行成本。对于规模较小的的农产品电商而言是较为严峻的现实困难。

2. 物业 APP 进军农产品电商

通过搭建线上 APP 平台向业主提供各类服务是近两年大型物业企业提升物业服务体验的重要手段。物业 APP 由于提供了各类费用缴纳、社区生活资讯、便民生活服务、报事报修、门禁钥匙等场景化居家服务，具有不可替代、使用频率高、线上线下互动等优势，对于规模较大的物业企业而言，具有庞大的用户群，从而使得物业 APP 天然成为服务物业管理范围用户的农产品电商平台。例如万科物业 2015 年底服务家庭数达到 200 万户、600 万人口，彩生活服务集团服务人口超过 1000 万。

物业 APP 打造农产品电商平台通常采用第三方平台模式，利用所服务的业主对象这个庞大的消费者群体，搭建第三方平台引进农产品卖家，同时物业提供代收等相关服务予以支持，发展势头迅猛（见表6）。例如千丁平台已与重庆龙湖物业、重庆洪泉物业、重庆瑞庭物业、重庆锦宏物业、重庆渝高物业管理的社区物业已达成合作，消费群覆盖近 200 个社区 16 万户家庭。

表6   物业 APP 为切入口的新秀平台拓展重庆市场情况表

平台名称	基本情况	重庆布局	农产品运营模式
千丁	千丁 APP 是为了让社区居民享受更多一站式 O2O 综合购物服务体验，着力满足社区居民生活需求的本地化社区生活服务平台。	入驻重庆北部新区互联网产业园，今后千丁将以重庆为西南中心，打造全国数据运营中心、全国服务支持中心以及西南区域运营中心。	通过千丁商城，搭建第三方平台，引进供应商。生鲜预定，按周配送，物业代收。消费群覆盖 195 个社区 16 万户家庭。
住这儿	"住这儿" APP 是面向全体万科业主、住户群体，致力于打造便捷的物业服务、社区交流与商圈服务平台。	覆盖万科物业管理的重庆所有楼盘。	发布"友邻计划"，搭建第三方平台，引进社区经销商。消费群覆盖 12 个项目社区和 4 万户家庭。

（五）第四方服务类平台悄然兴起

第四方服务类平台是指为卖方、买方、第三方平台提供品牌创意策划、营销、培训、包装、代发货、代运营、支付、结算等服务的平台或市场主体，是在农产品电商生态系统中重要的补足种群。

1. 线下服务第四方平台扎根发展

线下服务第四方平台主要阵地在线下，同时也利用线下优势进行线上推广。例如由重庆市在村头农业综合开发有限公司运营的"在村头"平台，侧重于提供线下卖方服务。目前建成行政村电商服务基层站点 300 个，每周六下午开设两堂电商课程，重点培训农产品包装、物流方面的知识，分享市场信息，举办创客交流会。平台集聚了一批农村电商带头人，整合市场信息指导农业生产，帮助村民通过电商平台销售土特产，促进了特色产业发展和精准扶贫。又如"武陵生活馆"采取"线下展示交易、线上网络订购"，截至2016 年底共开设 200 家乡村连锁服务店，直接覆盖 223 个村，将六大便民服务功能升级为店长的八大员职能：网络代购员、便民服务员、票务员、快递收发员、农产品经纪人、乡村便利店老板、金融业务员、农村政务员，创立了公共县域电商品牌"武陵遗风""边城故事"等，帮助农民提供产出包销服务。再如渝北区打造农村电商产业园，占地 10 亩，总投资 900 万元，建筑面积 2600 平方米。园区的建成将为从事农村电子商务的企业提供产品展示与销售、电子商务人才孵化与培训、仓储分拣、物流配送、线下销售服务渠道建设、行业交流、企业办公、电子商务代运营等服务，为渝北区提供了线上线下互动体验购物的大型展销场地、农村电商聚集的产业高地和电商物流配送的中转基地。

2. 线上服务第四方平台探索发展

线上服务第四方平台主要阵地在线上，为线下生活场景提供线上整合信息服务。例如由重庆市扶贫开发办公室指导、重庆新农电文化传播有限公司运营的"网上村庄"平台，负责宣传本省各市农家乐，度假村，地方景点，特色村镇，当地名优特产。又如由重庆市农业委员会主办、重庆市农业信息中心、重庆禾茂商务信息咨询有限公司承办的"醉美乡村网"整合都市行、涵养行、生态行、沿江行、山中行和最炫民族风"五行一风"主题旅游路线，提供吃、住、行、游、娱、购一站式服务。再如云阳县定制全国首个电商日，打造购9.28第四方服务平台，提供线上推广服务。平台将淘宝网云阳特色馆农产品进行汇总进行网络推广，农产品在淘宝网进行交易。同时也依托云阳互联网产业创业孵化园，在淘宝网等平台孵化了共37家网店，其中农产品相关网店近10家。

3. 综合服务第四方平台整合发展

综合服务第四方平台主要在线上提供农产品电商平台开发、品牌策划、营销推广、金融服务等。例如重庆猪八戒网络有限公司，作为中国领先的服务众包平台，整合入驻平台的服务商，向农村电商提供专题服务。目前在猪八戒平台入驻可提供农村电商第四方服务的商家有1569家，包括电商品牌策划、APP开发、农产品电商方案、农特产品微商方案、农村上下行电商方案等系列服务提供商。

4. 产业协作第四方对口帮扶平台创新发展

产业协作第四方平台是重庆五大功能区域互动协调发展的创新实践，由都市功能区与城市发展新区、生态区之间政府建设，进行对口帮扶。例如渝中区利用辖区丰富的电商资源，帮助巫溪建立并畅通产品销售渠道，引导渝中辖区内电商企业与巫溪农特产品、农村电商建立线上电商数据孵化平台和线下农品体验展示中心，对口帮扶巫溪县改革试点初显成效。渝中充分利用辖区丰富的电商资源，帮助巫溪建立并畅通产品销售渠道，先后投入800万元支持建设渝中·巫溪马镇坝电商产业园。引导渝中辖区内电商企业与巫溪产业园内企业合作，其中渝中区智佳信息科技有限公司与巫溪致恒科技有限公司签订合作协议，以农特产品、农村电商、旅游电商、行业服务为着力点，建成了线上"渝巫联动、带动陕鄂、面向全国"的电商数据孵化平台，线下农品体验展示中心、旅游体验中心、特色旅游产品和文化展示中心、巫溪综合物流配送中心，促进了三次产业跨界融合发展。

二 2016年重庆农产品电商网店发展状况

（一）第三方平台加大入驻网店招商

农产品电商网店是指农产品电商平台上的卖家，如淘宝网、天猫、苏宁等第三方平台上的网店，微信商城上的微商，香满园上的商家等。网店利用第三方平台提供的网上商城功能，线上开展产品信息发布展示、接收用户购买信息、交易结算、用户反馈等活动，线下安排农产品货源组织、包装、发货、售后服务等活动，通常由第三方提供物流服务。一些在一定区域内具有自建物流配送能力的B2C专业农产品电商平台，也同时入驻到知名第三方平台以"旗舰店""直营店"等形式成为网店。网店是农产品电商产业重要的市场主体，是农产品电商生态系统的关键种群，通常有个人卖家和企业卖家两大类别。个人卖家通常为农户、专业大户、家庭农场、个体户等，企业卖家有农民合作社、专业合作社、农业产业化企业等。

网店是农产品电商第三方平台双边市场中的卖方，由于平台经济存在的跨边网络效应，知名平台的大规模用户流量对网店的入驻具有强大的吸引力，各大第三方平台加大了入驻网店招商力度。

知名平台普遍对网店入驻要求较高，对卖家信用、卖家农产品质量品控要求较高，平台使用费、保证金等相关费用要求也较高（见表7）。从准入要求看，京东、天猫、苏宁、邮乐购等第三方平台要求入驻网店必须是企业法人，必须提供相关《食品流通许可证》或《食品经营许可证》，商品必须符合法律及行业标准的质量要求，品牌商品必须出具与品牌所有权或使用授权相关的证明。从平台费率看，各平台费率是网店营业额的2%—6%，平台使用费1.2万/年—15万/年不等，保证金1万—5万元不等。相比之下淘宝网的准入要求较低，仅需提供个人身份证明或企业营业执照，平台使用免费。本土平台香满园费率为营业额的10%，但平台负责提供免费物流配送和发票开具等增值服务。

表7　　　　　　　　　知名平台农产品类网店入驻相关要求

平台名称	费率	使用费	保证金
京东	生鲜3%；食品饮料3—7%	1000 元/月	50000 元
淘宝网	免费	免费	免费
天猫	2%	30000 元/年	50000 元
苏宁	3%	旗舰店 150000 元/年，专营店 50000/年，SWL 模式 6000 元/年，其余免费	30000 元
邮乐购	6%	免费	10000 元
香满园	10%	免费	免费
吉之汇	免费	免费	免费

（二）网店规模数量总体稳中有进

从 2016 年全年来看，知名平台售卖重庆农产品网店数量稳中有进。2016年 12 月底，课题组在阿里平台（淘宝网和天猫平台合计，下同）跟踪发现销售重庆农产品的网店有 9755 家，比 2015 年 12 月的 4576 家增长了 113%。分季度看，2016 年 2、3、4 季度课题组在阿里平台连续跟踪发现销售重庆农产品的网店分别是 9338、8578、9755 家，规模总体保持稳定。

1. 售卖重庆农产品网店地域分布较为集中

课题组在阿里平台上连续观测的数据表明（见表8），售卖重庆农产品的本地网店占比近半，保持在45%—50%比例，2016年底为47%。重庆本地网店发挥根植农产品产区优势，在推动本土农产品触网中起到支柱作用。售卖重庆农产品的外省市网店注册地以四川、江苏、北京、上海、广东、浙江、湖北、山东、湖南居多（见表9），连续四个季度观测数据显示分布较为稳定。2016年底排名前三位四川为770家、江苏为630家、北京为513家，合计占比达到19%。数据表明，售卖重庆农产品网店地域分布较为集中。

表8　　　　　阿里平台售卖重庆农产品网店分季度分省数量（个）
排名前10位及占比（%）情况

排名	一季度			二季度			三季度			四季度		
	地域	网店数	占比	地域	网店数	占比	地域	网店数	占比	地域	网店数	占比
1	重庆	2220	45%	重庆	4585	49%	重庆	4248	50%	重庆	4537	47%
2	四川	394	8%	四川	679	7%	四川	682	8%	四川	770	8%
3	江苏	341	7%	江苏	543	6%	江苏	508	6%	江苏	630	6%
4	上海	321	7%	北京	515	6%	北京	426	5%	北京	513	5%
5	北京	261	5%	上海	477	5%	上海	425	5%	上海	496	5%
6	浙江	259	5%	浙江	426	5%	浙江	374	4%	广东	475	5%
7	广东	180	4%	广东	420	4%	广东	348	4%	浙江	432	4%
8	湖北	121	2%	湖北	203	2%	湖北	190	2%	湖北	251	3%
9	湖南	111	2%	湖南	198	2%	湖南	190	2%	山东	210	2%
10	河南	89	2%	山东	168	2%	山东	158	2%	湖南	189	2%

对排名前三位的四川、江苏、北京网店售卖重庆农产品的品类进行分析发现，上架商品以非生鲜为主，主要类别以休闲食品、佐餐调味、火锅底料为主，主要产品有重庆火锅底料、重庆凤爪等。在生鲜大类中，也以标准化程度较高的牛肉和猪肉为主。数据表明一方面标准化较高的农产品对物流成本不够敏感，另一方面电子商务跨空间的特性也决定了网店在仓储、运营、

销售等主要环节上空间分离的可能，电子商务对传统产业组织方式的影响和改变逐步显现。

表9　　　　　　　阿里平台售卖重庆农产品外省市网店主要销售品类

排名	四川			江苏			北京		
	产品	类别	大类	产品	类别	大类	产品	类别	大类
1	重庆粉丝	粮油及其制成品	非生鲜	重庆零食	休闲食品	非生鲜	牛肉	肉类	生鲜
2	重庆火锅底料	火锅底料	非生鲜	重庆凤爪	休闲食品	非生鲜	重庆菜油	粮油及其制成品	非生鲜
3	重庆猪肉	肉类	生鲜	重庆猪肉	肉类	生鲜	重庆火锅底料	火锅底料	非生鲜
4	重庆零食	休闲食品	非生鲜	重庆豆腐干	休闲食品	非生鲜	重庆小面	佐餐调味	非生鲜
5	重庆底料	佐餐调味	非生鲜	重庆豆干	休闲食品	非生鲜	重庆凤爪	休闲食品	非生鲜

2. 售卖重庆农产品的本土网店以非生鲜农产品为主

售卖重庆农产品的本地网店以非生鲜农产品为主。以 2016 年四季度数据为例（见表10），天猫平台本地网店售卖本地农产品排名前十位均为非生鲜，主要类别有火锅底料、休闲食品、粮油及其制品、佐餐调味等。其中前三位的产品为重庆火锅底料、重庆豆腐干、有友泡椒凤爪，四季度销量分别达到 1040 万元、790 万元、595 万元。非生鲜农产品标准化程度高、保质期长、无须冷链配送，更适合规模较小、依托第三方物流为主的网店售卖。

表10　　　　天猫平台售卖重庆农产品本土网店 2016 年四季度主要销售品类

排名	产品	销售额（万元）	类别	大类
1	重庆火锅底料	1040	火锅底料	非生鲜
2	重庆豆腐干	790	休闲食品	非生鲜
3	有友泡椒凤爪	458	休闲食品	非生鲜

排名	产品	销售额（万元）	类别	大类
4	牛浪汉牛肉干	428	休闲食品	非生鲜
5	重庆麻花	402	休闲食品	非生鲜
6	重庆芝麻	377	粮油及其制品	非生鲜
7	重庆牛油	352	佐餐调味	非生鲜
8	重庆牛肉干	318	休闲食品	非生鲜
9	重庆凤爪	311	休闲食品	非生鲜
10	涪陵榨菜	232	佐餐调味	非生鲜

3. 本土平台入驻网店初具规模

对于以平台经济路线为商业模式的第三方平台而言，消费者构成了双边市场的"一边"，而入驻网店构成了双边市场的"另一边"。在与"双边"建立信用的基础上，如何发挥平台的跨边网络效益是关键，即访问该平台的消费者要足够多才可能吸引网店入驻，反过来入驻网店的数量达到一定规模供应琳琅满目的农产品会吸引更多的消费者上平台选购。因此，入驻网店及其上架农产品的丰富程度，是衡量平台活力的重要标志。

截至2016年底，课题组在本土较为活跃的第三方平台跟踪发现，香满园发布了上架农产品的网店有125家、上架农产品SKU有2826个，吉之汇发布了上架农产品的网店有48家、上架农产品SKU有475个（见表11）。数据表明，本土平台入驻网店和农产品SKU集聚初具规模。

表11　　　　　　本土部分第三方平台入驻农产品网店和上架农产品SKU

平台名城	平台网址	平台定位	农产品网店数量	农产品SKU
香满园	http：//www.xmy365.com/	全品类	125	2826
吉之汇	http：//www.jzhnm.com/	全品类	48	475

备注：数据截至2016年底。

(三) 网店总体经营质量持续向好

1. 网店经营状况分类模型

网店是平台上的经营主体，从企业成本理论出发，通过课题组多家网店实地走访调研，本研究从农产品销售毛利率（I）、人力资源成本（C）、客单价（P）、包装及配送成本（S）、税费（T）几个关键要素出发，考察网店盈亏平衡销售收入（R），R 应满足以下公式。

$$R \times I_c - \frac{R}{P} \times S - T > 0 \quad (1)$$

其中 I_c 是包含人力资源成本的销售毛利率。

农产品销售毛利率本研究以经营生鲜为特色的永辉超市公开年报数据为参考。2015 年永辉超市生鲜及加工毛利率（考虑了人工成本分摊）为 12.81%，把农产品网店通过电商去"中间化"的超额收益与永辉超市的规模经济效益抵消，取网店含人力资源成本的毛利率为 15%。

客单价以易果生鲜公布的业内领先 150—200 元为参考，综合课题组走访调研本地多家网店的情况，取 100 元为标准。包装和配送成本参考顺丰优选 2015 年 7 月 1 日起顺丰优选自营商品运费标准，综合考虑常规配送和冷链配送要求，取 15 元/单。根据财政部和国家税务总局小微企业相关税费减免的相关文件精神，对月销售额 3 万元以下的增值税小规模纳税人免征增值税，以及对小型微利企业所得税相关减免措施，暂考虑税费 T 取 0。

综合以上因素，对公式（1）求解，得到网店盈亏平衡销售收入为 R = 10000 元，课题组将月均销售额大于等于 10000 元的网店称为盈利网店。考虑到公式（1）中 I_c 包含了人力资源成本，而对于个体农户来讲这部分成本即是为自身收入，课题组将月均销售额在 1000—10000 元的网店称之为潜水网店，此类网店具有经营价值，并且存在经营能力提升的成长空间。另外，课题组将月均销售额在 100—1000 元的网店称之为溺水网店，将无销量的网店称之为僵尸网店。

2. 盈利网店数量呈现快速增长态势

课题组跟踪的阿里平台本售卖重庆农产品本土网店中，2、3、4 单季度盈利网店数量分别有 299、333、432 家，在所有网店中的占比分别是 6.4%、7.8%、9.3%（见表 12），数量和占比呈现快速增长态势，特别是受益于"双 11""双 12"电商促销活动，四季度盈利网店数量猛增。加上潜水网店，2、3、4 季度具有经营价值的网店总数分别达到 786 家、823 家、1074 家，在所有网店中的占比分别达到 17.0%、19.3%、23.5%。总体来看，售卖重庆农产品的本土网店经营状况整体持续向好。

表 12　　　阿里平台售卖重庆农产品的本土网店 2016 年月均收入分布情况　　（单位：万元）

收入 R 区间	二季度		三季度		四季度	
	数量	占比	数量	占比	数量	占比
$R \geqslant 100$	2	0.0%	2	0.0%	9	0.0%
$10 \leqslant R < 100$	43	0.9%	59	1.4%	83	1.8%
$1 \leqslant R < 10$	254	5.5%	272	6.4%	340	7.5%
小计	299	6.4%	333	7.8%	432	9.3%
$0.1 \leqslant R < 1$	487	10.6%	490	11.5%	642	14.2%
总计	786	17.0%	823	19.3%	1074	23.5%

3. 盈利网店销售额呈现较快增长态势

从阿里平台售卖重庆农产品本土盈利网店的销售额情况来看，2—4 季度合计销售额分别为 6198 万元、7869 万元、15226 万元，环比增长 30.0%、93.5%（见表 13）。不仅网店数量增长，店均季度销售额分别为 20.7 万元、23.6 万元、35.2 万元，环比增长 14.0%、49.2%，也保持较快增长速度。季度销售额大于等于 300 万（即月均销售额破 100 万）的网店平均销售收入也呈现稳步增长态势，分别达到 346 万、513 万、544 万元，呈现强者恒强的趋势。

表 13　　阿里平台售卖重庆农产品的本土盈利网店 2016 年销售总额分布情况 （单位：万元）

收入 R 区间	二季度		三季度		四季度	
	数量	季度销售总额	数量	季度销售总额	数量	季度销售总额
$R \geqslant 100$	2	692	2	1026	9	4907
$10 \leqslant R < 100$	43	3170	59	4400	83	6866
$1 \leqslant R < 10$	254	2336	272	2443	340	3453
小计	299	6198	333	7869	432	15226
平均		20.7		23.6		35.2

（四）领先网店经营能力独树一帜

"山不在高，有仙则灵；店不在大，高手则行"。阿里平台售卖重庆农产品本土网店中，2016 年涌现了一批充分利用地域品牌优势、"老字号"触网、发挥规模经济效益打造"爆款"、挖掘范围经济驾驭"长尾"商品的明星网店，其经营能力独树一帜。

1. 领先网店善用品牌优势

农产品具有经验品和信用品属性，消费者难以在购买前获得与商品品质相关的信息，从而导致农产品市场具有柠檬市场特征，而农产品电商跨空间、非挑拣式交易的特性加剧了信息不对称鸿沟，利用好品牌这个信号显示机制显得尤为重要。

从淘宝网售卖重庆农产品本土网店季度销售额排行版发现（见表14），网店经营者大多数是个体商户或农业大户，在其网店命名上，领先网店较多使用带有"重庆""渝""火锅""麻辣""橙都""武陵"等体现重庆本土特色美食和表明产地特色的词汇，具有一定的"地标"效应。

表 14　　　淘宝网售卖重庆农产品本土网店季度销售额排行榜　　　（单位：万元）

排名	一季度		二季度		三季度		四季度	
	网店	销售额	网店	销售额	网店	销售额	网店	销售额
1	橙都一号生态果园	94	客来兴巴渝食品店	111	渝之味食品店	124	客来兴巴渝食品店	245

续表

排名	一季度		二季度		三季度		四季度	
	网店	销售额	网店	销售额	网店	销售额	网店	销售额
2	小七陈卤	69	小七陈卤	97	客来兴巴渝食品店	124	小七陈卤	192
3	川味水浒之香料王食品	60	橙都一号生态果园	83	渝美滋厂家品牌店	100	渝之味食品店	192
4	山里二娃子农特产	58	重庆味蕾食品店	81	小七陈卤	74	渝美滋厂家品牌店	151
5	巴鼎红火锅店专用底料	46	开火迎火锅店专用底料	74	重庆味蕾食品店	74	黑番区	132
6	辣辣屋零食店	44	渝之味食品店	72	重庆妙厨食品	69	德义火锅	115
7	芭啦啦美食店	42	重庆一诚食品	54	德义火锅	64	巴谷鲜川渝美食	108
8	客来兴巴渝食品店	40	武陵特产店	54	川味水浒之香料王食品	61	众口食材网（渝众火锅）	107
9	重庆一诚食品	38	辣辣屋零食店	51	美食汇食品	59	川味水浒之香料王食品	105
10	川味水浒之麻辣厨房	31	巴鼎红火锅店专用底料	50	重庆一诚食品	59	重庆吃货大本营	104
小计		522		727		808		1451

从天猫售卖重庆农产品本土网店季度销售额排行版发现（见表15），网店经营者大部分是商品生产商，在企业发展过程中已经培育了一定知名度的产品品牌，例如"德庄火锅""有友食品""老四川""秦妈火锅""乌江榨菜""流浪汉"等。

表15　　　　　**天猫售卖重庆农产品本土网店季度销售额排行榜**　　　　（单位：万元）

排名	一季度		二季度		三季度		四季度	
	网店	销售额	网店	销售额	网店	销售额	网店	销售额
1	盾皇食品专营店	388	盾皇食品专营店	414	盾皇食品专营店	629	盾皇食品专营店	1153
2	威其诺食品专营店	318	芝麻官旗舰店	279	有友食品旗舰店	397	丁丁食品专营店	596
3	德庄旗舰店	110	麻辣多拿旗舰店	229	丁丁食品专营店	295	老四川旗舰店	574

排名	一季度		二季度		三季度		四季度	
	网店	销售额	网店	销售额	网店	销售额	网店	销售额
4	秦妈旗舰店	60	牛浪汉旗舰店	209	牛浪汉旗舰店	286	有友食品旗舰店	563
5	重庆茶业茶叶专营店	50	威其诺食品专营店	155	老四川旗舰店	233	辣媳妇旗舰店	493
6	茶花重庆专卖店	49	丁丁食品专营店	153	芝麻官旗舰店	220	德庄旗舰店	433
7	乌江旗舰店	36	有友食品旗舰店	148	乌江旗舰店	175	牛浪汉旗舰店	417
8	云升茶叶旗舰店	34	老四川旗舰店	139	德庄旗舰店	141	麻辣多拿旗舰店	349
9	进无止静食品专营店	32	德庄旗舰店	87	威其诺食品专营店	139	乌江旗舰店	329
10	双德食品专营店	30	进无止静食品专营店	71	蝶羽食品专营店	126	进无止静食品专营店	299
小计		1107		1884		2641		5206

可见，售卖重庆农产品本土领先网店善用品牌优势，初步形成了一批较为稳定的消费者，为其销售收入的增长奠定了较好的基础。

2. 领先网店注重极致用户体验

由于农产品具有明显的季节性、地域性、保鲜（质）期短、难以标准化等特性，要想把消费者从传统的面对面、挑拣式购物场景引导到跨空间、跨时间的网络交易场景中，解决消费者的对质量安全、口感、品质的后顾之忧，必须要为消费者提供极致用户体验，为买卖交易提供声誉机制和质保机制。

从质保机制看，领先网店均提供"正品保障、七天退换"等消费者保障服务（见表16），小七陈卤甚至提供"无理由退款并无须退货"承诺；小七陈卤、黑番区等网店客服工作时间至凌晨，满足消费者网络购物时间无限制的服务需求。从声誉机制看，领先网店主要利用平台提供的消费者评价，线上评价均由历史买方做出，具有成本低、传播快、对购买决策影响大的特点，5分好评率（5分制）普遍在90%左右，最高达到95%以上，具有较好的口碑传播效应。从第三方介入纠纷处理看，领先网店均遵照平台纠纷处理机制和相关管理办法，盾皇食品专营店、德庄旗舰店甚至向平台提交了高额保证金，极大增强了消费者对纠纷公正处理的信心。

表16 阿里平台售卖重庆农产品本土领先网店用户体验措施

网店名称	信号显示机制	质保机制	声誉机制	第三方介入
橙都一号生态果园	"奉节脐橙"公用品牌	无忧退货，优于消费者保障服务	消费者评价，5分好评率84%，口碑传播	平台提供纠纷处理
小七陈卤	培育"小七"网店品牌，连续八期金牌卖家	七天无理由退款，客服至零点	消费者评价，5分好评率89%，口碑传播	平台提供纠纷处理
盾皇食品专营店	连续经营5年，专注重庆特产美食	正品保障，七天退换，优于消费者保障服务	消费者评价，5分好评率93%，口碑传播	平台提供纠纷处理，10万元高额保证金
黑番区	金牌卖家，专注重庆火锅食材	消费者保障服务，客服至零点	消费者评价，5分好评率89%，口碑传播	平台提供纠纷处理
德庄旗舰店	"德庄"企业知名品牌	正品保障，七天退换	消费者评价，5分好评率95%，口碑传播	平台提供纠纷处理，5万元高额保证金

3. 领先网店充分发挥规模经济效应

按照消费规模和消费频次来看，农产品可以划分为"大批量、高频次""大批量、低频次""小批量、高频次""小批量、低频次"等类别。其中"大批量、高频次"例如蛋、普通肉类、常见蔬菜等品类以及"大批量、低频次"例如时令蔬果、粮油及其制品等品类，销售毛利率相对较低，部分领先网店采取打造"爆款"的营销方法，充分发挥规模经济效益，取得较好的效果（见表17）。

例如武陵特产店的"武陵遗风农家山坡散养土鸡蛋虫草鸡蛋重庆特产新鲜土鸡蛋20枚"、橙都一号生态果园的"正宗重庆奉节脐橙新鲜纯天然孕妇有机水果现摘橙子实发10斤包邮"、麻辣屋零食店的"正宗陆草垫泡椒臭干子牛板筋辣条"，针对产品"大批量、高频次"的特征，走规模经济路线打造爆款，爆款产品销售额占网店总销售额一度超过80%。

表 17   阿里平台售卖重庆农产品本土领先网店规模效应分析表

网店名称	爆款产品	爆款品类	爆款销售额占比
武陵特产店	"武陵遗风"农家山坡散养土鸡蛋虫草鸡蛋重庆特产新鲜土鸡蛋 20 枚	蛋	>90%
橙都一号生态果园	正宗重庆奉节脐橙新鲜纯天然孕妇有机水果现摘橙子实发 10 斤包邮	水果	>80%
麻辣屋零食店	正宗陆草垫泡椒臭干子牛板筋辣条	休闲食品	>80%
开火迎火锅店专用底料	开火迎正宗重庆麻辣牛油有渣火锅底料调料佐料调味品 500 克包邮	火锅底料	>70%
老四川旗舰店	老四川金角重庆特产五香香辣牛肉干 250g×2 袋中华老字号零食小吃	休闲食品	>70%

4. 个别领先网店大力挖掘范围经济潜力

农产品电商网店的范围经济反映网店规模达到一定程度后通过低成本增加商品品类带来总规模扩张的能力，是一种特殊的长尾经济路线。不同农产品品类其生产季节、生产地域、采摘成熟度、储存要求、包装要求、运输要求、配送时效等存在显著差异，许多农产品品类呈现少批量、多品种特征，通常小规模网店缺乏掌握足够相关知识的人才难以运营多品类商品。

售卖重庆农产品的个别本土领先网店，在打造爆款规模效应的情况下，逐步探索挖掘范围经济潜力。例如盾皇食品专营店，其"桥头火锅底料400g""陈昌银陈麻花原味 400g""陈昌银麻花全家福 6 味 528g"三款商品规模效应显著，累计评价均以万计；在此基础上，网店运营商品 SKU 数量超过 600 个（其他领先网店平均 SKU 在 100 个左右），为其夺得年度销量冠军立下汗马功劳。

三 2016 年重庆山地农产品触网状况

（一）重庆农产品触网 SKU 规模稳定增长

农产品是指农林牧渔业生产的各种植物、动物的初级产品及初级加工品。结合电商产业发展特点和山地农产品特征，综合考虑触网难度、市场规模、消费频次等因素，本研究将农产品分为生鲜和非生鲜两个大类别。其中生鲜包括水果、蔬菜、肉、蛋、奶、水产、天然蜂蜜、鲜花绿植及其他9个类别，非生鲜包括粮油及其制成品、干果、茶叶及饮品、药材、佐餐调味、火锅底料、休闲食品、腌腊食品、干山货及其他10个类别。类别下再细分品类，品类下细分产品。鉴于农产品电商一二三产业融合发展的特征，本研究将部分加工食品纳入农产品研究范围。SKU是电商平台产品统一编号的简称，每种产品均对应有唯一的SKU号。

1. 知名综合平台是重庆特色农产品触网主渠道

2016年12月底，淘宝网、京东、苏宁、邮乐购、一号店等全国和外地知名综合平台上架重庆农产品SKU达到57078件（见表18），相比2015年33000件增长73%。世纪购、香满园、吉之汇、寸头商城、天农八部等本土平台上架重庆农产品SKU总计351件。易果生鲜、沱沱工社、生鲜宅配等外地知名专业平台几乎无上架重庆农产品。

表18　　　　　　　　2016年12月底部分平台重庆农产品触网SKU数量

知名综合平台	重庆农产品SKU	本土平台	重庆农产品SKU	知名专业平台	重庆农产品SKU
淘宝网	49038	世纪购	1	易果生鲜	0
京东	4007	香满园	65	我买网	5
苏宁	786	吉之汇	40	沱沱工社	0
邮乐购	2038	村头商城	239	生鲜宅配	0
一号店	1204	爱果主义	1		
		天农八部	5		
小计	57073	小计	351	小计	5

可见，全国知名综合平台如淘宝网、天猫、京东、苏宁、邮乐购等综合平台是重庆农产品触网的主渠道。究其原因，一是知名平台的大规模流量吸引了大量网店集聚发展。二是部分平台加大了农产品招商运营力度，天猫平台以天猫超市为抓手建立推动自营体系战略，京东走开放平台路线引入卖家战略，都极大推动了重庆农产品的触网数量规模。三是专业平台与本土特色

农业产业链对接还比较缺乏，一方面专业平台缺乏对重庆"小特优先"农产品的深入了解，另一方面重庆"小特优先"农产品规模普遍较小，传统销售渠道较为稳定。

2. 重庆山地农产品更加契合触网销售

重庆集大城市、大农村、大山区、大库区于一体，群山起伏、岭谷纵横、气候复杂、差异悬殊……在这样的地理条件下，一方面农业生产呈现山地农业的分散、零碎、封闭、落后等典型特征，另一方面山地农产品的"小特优鲜"特征正契合了中国消费升级时代需求的变化。所谓"小特优鲜"，具体来说，就是单一品种生产规模和数量较小，不少农产品品类还是山地（往往是某个特定山区）所特有产品，即便是广泛种养的产品，由于山地独特的生长环境使得其具有抗逆、抗病虫害特性，大多为纯天然或近天然产品，品质常常优于同品类非山地产品。此外，山地立体气候所形成的天然错季农产品与贮藏品相比格外鲜活。在优化"小特优鲜"农产品供给结构，满足消费者现实需求和潜在需求的农业供给侧结构性改革中，农产品电商由于低成本、跨空间、跨时间的供需匹配优势，将众多个性化农产品的"长尾市场"汇聚成"大市场"，正在发挥极其重要的作用。

传统农产品流通由为数众多的商贩、经纪人、个体运销户、农民合作社、龙头企业、大型商业集团构成市场主体，以产地、集散地和销地批发市场为节点，以城市农贸市场、连锁超市、菜市场、社区菜店和乡村集市等为终端，以面对面挑拣式购物为消费者交付方式。

从生产环节看，农产品具有产地分散、积极性强、品类丰富、标准化程度低等特征。从储运配送环节看，农产品特别是生鲜农产品具有品质易腐、产销地分割等特征。从消费环节看，农产品具有购买周期短、需求实效性强等特征。因而在农产品通过电商触网的过程中，对于不同的农产品类别面临不同的"触网"难度。

本研究从农产品标准化程度、规模化程度、运输损耗、物流成本、附加值五个维度分析农产品触网难度（见表 19）。标准化程度方面，农产品电商零售场景中，由于消费者事先只能通过卖方文字图像获取农产品信息，对于标准化程度不高的农产品类别更容易引发送货上门时对品质的争议。规模化程度方面，对于生产规模较小的单一品种，难以形成规模经济效应，无法改善电商运营成本边界条件，而走逆向定制的"长尾路线"对平台和网店的运营能力要求较高。运输损耗方面，农产品电商跨空间区域的特性打破了传统农产品消费市场地域格局，"卖的更远"同时也带来更多的储存和运输损耗。物流成本方面，不同农产品对物流配送环节要求不同，有的需要冷冻，有的需要冷藏，有的需要低温，特别是"最后一公里"冷链配送存在规模不经济，导致物流成本较高。附加值方面，农产品附加值的高低决定了农产品电商市场主体的售卖积极性，例如对难以走规模经济路线的生鲜类农产品，当前售卖品类更多呈现"稀缺高价"的特征。

表 19　　　　　　　　　农产品类别触网难度分析表

大类	类别	标准化程度	规模程度	运输损耗	物流成本	附加值
生鲜	水果	中	高	中	高	高
	蔬菜	低	中	高	高	中
	肉	中	高	低	高	中
	蛋	中	高	中	高	高
	奶	高	高	低	高	高
	水产	中	中	中	高	高
	天然蜂蜜	中	中	低	高	高
	鲜花绿植	低	高	高	高	中
非生鲜	粮油及制品	高	高	低	中	中
	干果	中	中	低	低	高
	茶叶及饮品	高	高	低	低	高
	药材	中	中	中	中	高
	佐餐调味	高	高	低	低	低
	火锅底料	高	高	低	低	低
	休闲食品	高	高	低	低	低
	腌腊食品	中	低	中	低	低
	干山货	中	低	低	低	高

（二）重庆农产品触网零售以非生鲜为主

1. 重庆特色农产品触网以非生鲜为主

重庆农产品触网以非生鲜为主，2016 年阿里平台（淘宝网和天猫）重庆农产品销售额达到 5 亿元（见表 20），其中生鲜 0.8 亿元，占比 16%，非生鲜 4.2 亿元，占比 84%。

表 20　　　　　　　　**重庆农产品阿里平台 2016 年销售额**　　　　（单位：万元）

大类	销售额	占比
生鲜	7769	16%
非生鲜	41891	84%
合计	49660	

以阿里平台 2016 年度农产品销售 930 亿规模、农业部预测的全国 2200 亿农产品零售规模为参考，阿里平台的市场份额占比 42.3%。简单测算，预计 2016 年重庆特色农产品网络零售规模为 12 亿元左右（注：不含 B2B，网络零售主要指 B2C 模式）。课题组下一步将进一步加大对其他平台的数据采集和分析，力争更为准确测算重庆农产品网络零售规模。

2. 非生鲜农产品以休闲食品为主

非生鲜农产品中，淘宝网总销售额达到 1.6 亿元（见表 21），其中休闲食品品类销售额 7557 万元占比 47%，佐餐调味销售额 3886 万元占比 24%，火锅底料销售额 2441 万元占比 15%，排名前三品类合计占比 86%。天猫总销量达到 2.6 亿元，其中排名前三位品类与淘宝网相同，分别为 13075 万元占比 50%、4421 万元占比 17%、3297 万元占比 13%，合计占比 80%。

表21 阿里平台2016年重庆农产品非生鲜各类别销售额 （单位：万元）

淘宝网			天猫		
类别	销售额	占比	类别	销售额	占比
休闲食品	7557	47%	休闲食品	13075	50%
佐餐调味	3886	24%	佐餐调味	4421	17%
火锅底料	2441	15%	火锅底料	3297	13%
粮油及其制成品	1453	9%	粮油及其制成品	2724	10%
茶叶及饮品	454	3%	干山货	1391	5%
干山货	384	2%	茶叶及饮品	697	3%
药材	50	/	腌腊食品	12	/
腌腊食品	49	/			
小计	1.6（亿元）		小计	2.6（亿元）	

3. 生鲜农产品以肉类和水果为主

生鲜农产品中，淘宝网总销售额达到2876万元（见表22），其中水果品类销售额1091万元占比38%，肉类销售额842万元占比29%，合计占比67%。天猫总销量达到4893万元，其中肉类销售额达到3385万元占比69%，水果销售额77万元占比2%，合计占比71%。

表22 阿里平台2016年重庆农产品生鲜各类别销售额 （单位：万元）

淘宝网			天猫		
类别	销售额	占比	类别	销售额	占比
水果	1091	38%	肉	3385	69%
肉	842	29%	蔬菜	780	16%
蔬菜	427	15%	鲜花绿植	468	10%
蛋	143	5%	水果	77	2%
水产	132	5%	蛋	72	1%
奶	109	4%	水产	53	1%
鲜花绿植	89	3%	天然蜂蜜及副产品	51	1%
天然蜂蜜及副产品	43	1%	奶	7	/
小计	2876		小计	4893	

（三）特色产业链触网销量初具规模

"十三五"期间重庆市重点打造柑橘、草食牲畜、生态渔业、茶叶、榨菜、中药材、调味品七大特色产业链，规划到 2020 年实现综合产值 1500 亿元以上。在本研究分类中，七大特色产业链柑橘、草食牲畜、生态渔业通常以生鲜形式上架，茶叶、榨菜、中药材、调味品通常以非生鲜的形式上架。

阿里平台 2016 年七大特色产业链触网销售额（不含相关品类休闲食品）初具规模，合计达到 1.35 亿元（见表 23）。其中排名第一是调味品产业链（火锅底料、辣椒、花椒等品类）销售额 6229 万，其次为草食牲畜产业链（牛肉、羊肉等品类）销售额 3185 万元，排名第三榨菜产业链（榨菜、下饭菜等品类）销售额 2674 万元，第四是柑橘产业链（脐橙）销售额 698 万元。

表 23　　　阿里平台 2016 年七大特色产业链触网销售额情况　　　（单位：万元）

特色产业链	主要品种	淘宝销售额	天猫销售额	小计
柑橘	脐橙	655	43	698
草食牲畜	牛肉	161	2666	3185
	羊肉	40	318	
生态渔业	鱼	68	24	92
茶叶	茶叶	252	334	586
榨菜	榨菜	731	1668	2674
	下饭菜	78	197	
中药材	药材	50	0	50
调味品	辣椒	130	21	6229
	花椒	160	180	
	火锅底料	2441	3297	
合计		4766	8748	13514

（四）爆款农产品打造崭露头角

1. 爆款农产品打造小有成效

农产品电商爆款是指在农产品电商平台卖得多、人气高的农产品单品，通常对应唯一的SKU。2016年度重庆爆款农产品打造小有成效，淘宝网排名前十位的爆款销售额均超过了100万元（见表24），天猫排名前十位的爆款销售额均超过了300万元（见表25）。

淘宝网排名前十位的爆款农产品中，非生鲜有9个，生鲜有1个，总计销售额达到1732万元。其中最高销售额是渝美滋厂家品牌店上架的"重庆特产渝美滋豆腐干零食小包装豆干香菇豆干麻辣豆干1000g散装"，达到216万元。生鲜类别中，由橙都一号生态果园上架的"正宗重庆奉节脐橙新鲜纯天然孕妇有机水果现摘橙子实发10斤包邮"，销售额达到198万元。

表24　　　　　淘宝网2016年度部分重庆爆款农产品销售情况　　　　（单位：万元）

爆款名称	大类	类别	爆款网店名	年度销售额
重庆特产渝美滋豆腐干零食小包装豆干香菇豆干麻辣豆干1000g散装	非生鲜	休闲食品	渝美滋厂家品牌店	216
包邮重庆特产好哥们酸辣粉254g×5袋正宗酸辣红薯粗粉丝	非生鲜	休闲食品	四川美食调味	202
正宗重庆奉节脐橙新鲜纯天然孕妇有机水果现摘橙子实发10斤包邮	生鲜	脐橙	橙都一号生态果园	198
重庆特产磁器口陈麻花美味早餐糕点零食麻花350g×3袋装包邮	非生鲜	休闲食品	长宁县蜀美味电子商务	195
正宗陆草垫泡椒臭干子牛板筋辣条零食品小吃麻辣重庆四川特产批发	非生鲜	休闲食品	辣辣屋零食店	187
买二份送一袋麻花重庆特产糕点美食传统零食350g×2袋装零食包邮	非生鲜	休闲食品	盛林品牌2号店	180
香甜味麻花美味糕点重庆特色美食传统零食350g×2袋装零食包邮	非生鲜	休闲食品	盛林品牌2号店	164
重庆陈麻花磁器口手工陈建平麻辣椒盐等500g正宗古镇特产零食糕点	非生鲜	休闲食品	客来兴巴渝食品店	141
小七陈卤香辣牛肚麻辣卤味零食熟食好吃的办公室重庆特产真空小吃	非生鲜	休闲食品	小七陈卤	133

续表

爆款名称	大类	类别	爆款网店名	年度销售额
包邮巴鼎红重庆麻辣牛油老火锅油火锅底料调料 500g 火锅店专用批发	非生鲜	火锅底料	巴鼎红火锅店专用底料	116
小计				1732

　　天猫排名前十位的爆款农产品中，非生鲜有 9 个，生鲜有 1 个，总计销售额达到 5199 万元。其中最高销售额是良品铺子旗舰店上架的"良品铺子灯影牛肉丝重庆特产小吃零食灯影丝麻辣味五香爆辣小包装"，达到 737 万元。生鲜类别中，由恒都食品旗舰店上架的"恒都牛肉安格斯牛腩1000g 分割牛腩块生鲜牛肉排酸冷冻牛肉"，销售额达到 515 万元。

表 25　　　　　天猫 2016 年度部分重庆爆款农产品销售情况　　　　（单位：万元）

爆款名称	大类	类别	爆款网店名	年度销售额
良品铺子灯影牛肉丝重庆特产小吃零食灯影丝麻辣味五香爆辣小包装	非生鲜	休闲食品	良品铺子旗舰店	737
包邮重庆特产正宗好哥们酸辣粉 254g×5 袋含调料的红薯酸辣粗粉丝	非生鲜	休闲食品	盈棚食品专营店	665
有友泡凤爪山椒味泡椒凤爪 428g×2 袋 YUYU 迷你散装鸡爪重庆特产	非生鲜	休闲食品	有友食品旗舰店	592
正宗重庆特产桥头老火锅底料400g×2四川牛油红火锅麻辣烫香锅调料	非生鲜	火锅底料	盾皇食品专营店	577
恒都牛肉安格斯牛腩 1000g 分割牛腩块生鲜牛肉排酸冷冻牛肉	生鲜	肉类	恒都食品旗舰店	515
老四川金角重庆特产五香香辣牛肉干 250g×2 袋中华老字号零食小吃	非生鲜	休闲食品	老四川旗舰店	489
重庆酸辣粉正宗酸辣粉条调料 240g×4 盒手工红薯粗粉酸辣粉包邮批发	非生鲜	佐餐调味	威其诺食品专营店	437
牛浪汉麻辣牛肉干 6 袋装共 360g 重庆特产四川零食店小吃流浪汉	非生鲜	休闲食品	牛浪汉旗舰店	436
重庆特产樊三香菇豆干豆腐干 500g 辣条散装小包装零食麻辣五香小吃	非生鲜	休闲食品	丁丁食品专营店	391
良品铺子旗舰店泡椒牛肉干烧烤味四川特产辣味小吃零食独立小包装	非生鲜	休闲食品	良品铺子旗舰店	360
小计				5199

　　2. 爆款农产品打造品牌致胜

　　爆款打造最关键的目标要素是流量和转化率。其中流量是搜索和浏览该商品的消费者数量，来源于两个渠道，一是电商平台推广导流，二是网店会员等"回头客"。转化率是流量转化为消费订单的比例，影响消费者消费决策的影响因素较多，从淘宝网和天猫重庆爆款农产品商品看，品牌是致胜法宝。

例如天猫排名第一的"良品铺子灯影牛肉丝重庆特产小吃零食灯影丝麻辣味五香爆辣小包装"，其产品由"牛浪汉"品牌商重庆莉莱食品有限公司代工生产，"牛浪汉"和"良品铺子"双品牌效应显著。良品铺子因流浪汉"严选产地、原料精选、口味定制、生产监控、售前质检、快捷物流"的严格品控措施，将其收入"尖货"篮子。良品铺子以高品质食客为目标客群，网罗顶级吃货们的"尖货"为一体，通过线上线下融合模式，实现高速发展。牛浪汉代工的灯影牛肉丝借"良品铺子"大船出海，精准锁定个性化消费需求，成为爆款明星。

再如淘宝网前十名中的三个磁器口麻花单品，包括"长宁县蜀美味电子商务"上架的"重庆特产磁器口陈麻花美味早餐糕点零食麻花 350g×3 袋装包邮""盛林品牌 2 号店"上架的"买二份送一袋麻花重庆特产糕点美食传统零食 350g×2 袋装零食包邮"和"香甜味麻花美味糕点重庆特色美食传统零食 350g×2 袋装零食包邮"，"磁器口"古镇品牌效应。又如生鲜品类中"橙都一号生态果园"上架的"正宗重庆奉节脐橙新鲜纯天然孕妇有机水果现摘橙子实发 10 斤包邮"和"恒都食品旗舰店"上架的"恒都牛肉安格斯牛腩 1000g 分割牛腩块生鲜牛肉排酸冷冻牛肉"，地标品牌"奉节脐橙"和企业品牌"恒都牛肉"均起到关键作用。

四 2016 年重庆农产品电商物流配送发展状况

（一）网销农产品供应链前端不断优化

1. 农产品特色化规模化生产丰富网销农产品资源

《重庆市农业农村发展"十三五"规划》（渝府发〔2016〕45 号）提出着力打造柑橘、榨菜、草食牲畜、生态渔业、中药材、茶叶、调味品七大特色产业链（见表 26），明确了"十三五"期间各自发展的目标，合计综合产值规划达到 1500 亿元规模。2016 年七大特色产业链综合产值达到 1040 亿元，比 2015 年增长了 15%。从当前特色产业链重点区域的集货方式来看，七大特色产业链供应链"以龙头企业为核心"与"以专业批发市场为核心"两种格局共存。农产品电商的信息与资金集成优势，将促进供应链向"以电商平台"为中心转变，因而鼓励引导农业龙头企业触网不仅丰富网销农产品资源，也将推动供应链产地集货能力的优化。

2. 市级层面牵头持续强化田头市场建设

渝府办发〔2016〕176 号提出，采取政府补助、社会参与、市场化运作方式，用 3 至 5 年时间，建设 500 个复合型农产品"田头市场"。并提出完善交通设施，配备专业设备，增强"田头市场"的清洗、分拣、贴签等功能，提升农产品上市"最初一公里"组织化水平及产品变商品的能力。2016 年 6 月 29 日，市农委、市商委举行了农商合作签约仪式，提出加快农产品产地集配中心（田头市场）建设，在 2018 年前双方支持在全市建设田头市场 200 个。

表 26 　　　　　　　　**重庆农业七大特色产业链主要集货方式**

特色产业链	重点区域	十三五规划目标	当前主要集货方式
柑橘	万州、忠县、开州、云阳、奉节、巫山、渝北、长寿、涪陵、江津等十大柑橘产业基地。	2020 年，全市柑橘基地面积达到 330 万亩（其中晚熟柑橘 150 万亩以上），橙汁加工能力达到 100 万吨以上，总产量达到 330 万吨，产业链综合产值达到 300 亿元。	以加工企业为核心、以专业批发市场为核心并存。
草食牲畜	丰都、石柱、梁平等 14 个肉牛重点生产区县，酉阳、云阳、巫溪等 12 个肉羊重点生产区县，忠县、石柱、开州等 18 个肉兔重点生产区县。	到 2020 年，全市出栏肉牛达到 120 万头、肉羊达到 350 万只、肉兔达到 5000 万只，产业链综合产值达到 260 亿元。	"企业 + 基地（合作社）+ 农户"方式，以加工企业为核心。
生态渔业	盘活池塘水域、大水面公共水域、山区水域、城郊水域等"四大水域"。	到 2020 年，全市水产品产量达到 60 万吨，产业链综合产值达到 210 亿元。	以企业为核心。
茶叶	永川、秀山、南川 3 个核心示范区，荣昌、万州、巴南、江津、酉阳 5 个重点生产区县。	到 2020 年，全市可采摘生态茶园面积达到 100 万亩，毛茶产量达到 10 万吨，产业链综合产值达到 100 亿元。	以加工企业为核心。

特色产业链	重点区域	十三五规划目标	当前主要集货方式
榨菜	涪陵区、万州区、丰都县。	到2020年，全市榨菜种植面积达到200万亩，产量达到300万吨，产业链综合产值达到120亿元。	以龙头企业为核心。
中药材	突出开发秦巴山区和武陵山区中药材资源。	到2020年，全市中药材种植面积达到250万亩，建立起100万亩现代化、规模化、规范化优质药材基地，建成中药现代科技产业园（区）10个，中药材良种繁育和种植示范基地200个，道地中药材基地10个以上，产业链综合产值达到500亿元以上，其中种植收入达到50亿元。	以加工企业为核心、以专业批发交易市场为核心并存。
调味品	石柱县、綦江区、云阳县等11个区县建设辣椒生产基地100万亩，在江津区、酉阳县等14个区县发展花椒120万亩，在荣昌区、万州区等9个区县发展生姜30万亩，在巫山县、万州区等10个区县发展葱蒜40万亩。	依托现有30余家市级调味品龙头企业，强化火锅底料、渝菜调料、复合卤料、复合调味料等系列产品的生产研发和品牌营销。到2020年，产业链综合产值达到110亿元。	以调味品龙头企业为核心。

3. 区县政府持续加强乡村物流体系建设

市内各区县政府持续推进电子商务进农村行动，把乡村物流配送体系建设作为"农产品上行"的重要工作来抓。江津区2016年9月与菜鸟网络签署"县域智慧物流+"合作协议，推出国内首个乡村末端物流线路共享系统，加快县域内的物流整合，帮助商家降低物流运营成本50%。万州区大力推广"1+T"和"T+1"的农村电商物流共同配送模式，畅通农村产品上行线、工业产品下行线、物流配送线三条线路，建设区级电商物流配送中心，确保农产品销售、农村购物、物流配送渠道畅通。云阳县采取PPP模式（政府改补助为股权投资，占股份20%，社会资本投资80%）建成8000平方米渝东北快递物流分拨中心，建成乡镇快递点186个，村级代办点306个。秀山县成立国内首家专注县域农村物流配送的快递服务企业"云智速递"，实现快递从县到村、从村到县1天内送达。巫山县累计建设农村电子商务站点396个，本土电商企业淘实惠自建的村村通物流也已正式启动。黔江区基本搭建起了"区服务中心—乡镇服务站—村级服务点"的农村电商三级服务体系构架；通过整合现有物流资源组建了第三方快递平台，城乡物流配送日益便捷。酉阳县整合中通、汇通、韵达等 18 家快递公司依托第三方配送公司，建成城乡共同配送体系等。

（二）都市区销地分拨网络日趋完善

《重庆市现代商贸服务业发展"十三五"规划》明确以市级物流分拨中心为集散平台，布局团结村、白市驿、果园、南彭、空港、迎龙、双福、珞璜八大市级物流分拨中心，在"二环"布局六个大型商品市场集群。其中市级分拨中心双福以农副产品为重点，辐射服务西部地区；白市驿重点发展粮油、冻品等涉农物流及加工、冷链物流及相关市场群；辐射服务西部地区。都市区一定规模的二级市场有位于江北区的凯尔国际冷链物流产业园和观农贸万戈冷冻品批发市场、位于大渡口区的重庆万吨冷冻品交易市场和位于南岸区的渝南冻品交易市场。从分拨中心和城市二级市场基本情况看（见表27），服务都市消费区的已投运冷库容量约 63 万吨。

表 27　　　　　　　**都市区农产品电商相关物流项目建设情况**

项目	规划定位情况	2016 年建设进展
市级分拨中心——白市驿	以冷链物流、粮食物流等为重点。2012 年 1 月，重庆市政府在九龙坡区白市驿批准设立重庆西部国际涉农物流园区，规划面积 15 平方公里。是"国家级物流枢纽""重庆市重点物流园区"。位于重庆 1 小时经济圈、主城一环与二环高速公路之间。	已落成重庆市农业展览中心，按国际化展览中心标准设计，占地面积 70000 平方米。中国西部农产品冷链物流中心，2016 年底已建成容量 28.5 万吨冻库以及 10.5 万平方米的交易市场。
市级分拨中心——双福	以农副产品为重点。双福国际农贸城项目规划占地约 5000 亩，总投资约 100 亿元，建筑规模约 500 万平方米，设有商品交易区、配套功能区、管理办公区、生活服务区四大功能板块，冷库面积 10 万吨。	2016 年 1—6 月，双福国际农贸城完成市场总交易量 136.5 万吨，实现交易额 87.48 亿元。
都市二级市场——凯尔国际冷链物流产业园	经营品种以进口肉类、进口水果、进口水产品、进口奶制品等为主。项目位于港城工业园区 A 区，项目净占地面积 64.7 亩，总建筑面积 16 万平方米。	2016 年项目一期的 80000 余平方米，10 万吨多功能冷冻冷藏、交易中心、办公及综合服务区已建成投入运营。
都市二级市场——重庆万吨冷冻品交易市场	市场主要经营猪牛羊肉及副产品。位于大渡口区茄子溪街道陈家坝 15 号。	2016 年总体库容量近 10 万吨。

续表

项目	规划定位情况	2016年建设进展
都市二级市场——观农贸万戈冷冻品批发市场	主要经营速冻食品、奶制品、火锅辅料等。位于江北区盘溪观音桥农贸市场片区C2地块。	已投运低温库1.5万吨，高温库0.5万吨。交易面积5000平方米。
都市二级市场——渝南冻品交易市场	主要经营肉类制品、速冻品等。位于重庆南坪经济技术开发区南湖支路3号，重庆公运集团投资。	已投运冷库容量3万吨。

同时，相关部门和企业将加快建设公用型仓储物流设施，整合物流配送资源，推进行业内共享物流技术、仓储设施、运输车辆和数据信息，促进资源共享、合作共赢、效益共增。《五大功能区域城市共同配送实施方案》提出到2020年，全市城市共同配送率达到30%以上，其中，都市功能核心区和都市功能拓展区达到50%左右（见表28）。

表28　　　　　　　　　　五大功能区域三级配送体系规划

功能区域	物流分拨中心	公共配送中心	末端公共取送点
都市功能区	围绕"三基地三港区"国家级核心物流枢纽和节点型物流园区布局电子商务、日用品、医药、农产品、冷链、汽摩配件、家居建材等一批物流分拨中心。	规划龙兴、空港、蔡家、歇马、土主、南彭、迎龙、白市驿等8个公共配送中心。	950个以上
城市发展新区	/	13个区级综合型公共配送中心	1150个末端公共取送点
渝东北生态涵养发展区	/	11个区县综合型公共配送中心	600个末端公共取送点
渝东南生态保护发展区	/	6个区县综合型公共配送中心	200个末端公共取送点
小计	8个	38个	2800个

（三）末端配送方式多种多样

农产品由于易腐烂、保质期短的客观属性，与工业品"最后一公里"配送显著的不同，就是对末端配送环境温度和交付时效性的要求较高。特别是生鲜农产品往往需要冷链配送，并且不同品类的农产品对冷链温度要求差距较大，例如海鲜冻品温度要求长期在 -18℃以下、保质期较短的果蔬冷藏稳定要求在 -1—3℃左右、保质期较长的果蔬在 8—10℃以下。同时，农产品在配送过程中对碰撞、挤压极为敏感，容易引起腐烂。因此从都市分拨中心（或二级市场）到末端网点、末端网点到送货上门环节显得尤为重要。从实践看，有冷链包装宅配、自助货柜提取、物业代管、便利店代收等多种配送方式。

从第三方快递企业网点看，截至 2016 年末，中通、圆通、申通和顺丰在重庆主城九区共有直营网点 133 个，其中顺丰最多共有 43 个，渝北区总网点数最多共有 28 个（见表 29）。从自建物流电商网点看，京东在重庆市有 40 个直营站点，其中主城九区有 20 个；苏宁在重庆有 30 个门店和自提点（其中渝中区 2 个，大渡口区 1 个，江北区 3 个，沙坪坝区 4 个，九龙坡区 7 个，渝北区 4 个，南岸区 3 个，北碚区 3 个，巴南区 3 个）。

表 29　　　　　　　　主要快递企业主城区网点（直营）数量一览表

区域	中通	圆通	申通	顺丰	小计
渝中区	4	2	2	3	11
江北区	4	4	2	5	15
沙坪坝区	6	3	3	7	19
大渡口区	1	1	1	3	6
巴南区	1	2	1	2	6
九龙坡区	8	4	3	8	23
南岸区	5	4	4	7	20
渝北区	10	7	4	7	28
北碚区	2	1	1	1	5
小计	41	27	22	43	总计 133

快递柜由于减少了收寄件物品交接的等候时间、智能交付、互动传播等优势，近两年发展迅猛。2016 年末，深圳市丰巢科技有限公司完成了 25 亿元 A 轮融资。自 2015 年 6 月启动以来，丰巢市场范围已经覆盖全国 74 个城

市，投放 4 万组快递柜，格口数量达 300 万，日均包裹处理量已达快递柜行业第一。2016 年在重庆主城九区的快递柜数量达到 353 组，格口数量大约 5.6 万个（见表 30）。

表 30 　　　　　　　　　　丰巢快递柜主城区网点数量一览表

区域	丰巢快递柜数量	区域	丰巢快递柜数量
渝中区	64	九龙坡区	37
江北区	76	南岸区	25
沙坪坝区	42	渝北区	27
大渡口区	50	北碚区	25
巴南区	7		

从冷链快递包装形式看，冷链配送企业普遍采用泡沫箱用于隔离保温，冰袋用于降温保鲜，吸塑盒用于固定农产品位置并防止与冰袋直接接触冻伤。例如安鲜达采用的冷链快递包装箱泡沫塑料厚 1—3cm，内置 1—3 袋冷媒，低温续航时间可达 12 小时。

从快递代收形式看，目前有物业代收和便利店代收两种较为普遍的模式。部分大型物业管理企业提供物业包裹代收及通知服务，例如龙湖物业通过 400 语音导航系统即可直接办理物业前台包裹代收、暂存服务，万科物业通过"幸福驿站"为业主提供代收代派和暂存服务。许多社区周边便利店也与多家快递企业和电商物流合作，提供包裹代收、暂存服务，部分便利店开放自身的冷柜资源提供冷藏服务。

五　2016 年重庆农产品电商品牌培育状况

农产品电商品牌是由农产品电商产业相关地区、企业、产品或服务的名称、口号、术语、标识、标记、设计、象征、包装等若干显性要素组成，能在公众或消费者头脑中形成一系列品质、功能、情感、自我表现等独特感知的多维形象组合。品牌是企业乃至国家竞争力的综合体现，代表着供给结构和需求结构的升级方向。从品牌拥有者的角度看，农产品电商品牌包括平台品牌（通常为平台运营企业所有）、网店品牌（通常为网店经营者所有）和农产品品牌（通常为地标品牌或生产加工企业所有）。从消费者的角度看，农产品电商品牌是一种质保机制，在农产品的需求收入弹性较小、交叉价格弹性较大的情况下，消费升级背景下消费决策对品牌具有较强的依赖。从市场主体的角度看，农产品电商品牌是一种信号显示机制，消费者对品牌农产品的需求强劲，可以卖出更高的价格从而获得更多的附加价值。

（一）平台品牌差异化定位探索起步

从本地平台行业知名度看，通过对百度新闻、腾讯新闻和亿邦动力网的新闻报道进行检索（见表 31），本地部分平台走差异化发展道路，得到了媒体一定关注度。涉农综合自营 B2C 平台"世纪购"定位以跨境进口商品为主，媒体报道有 493 篇；涉农综合第三方 B2B"奇易网"定位社区生活服务为主，媒体报道有 174 篇；专业第三方 B2C 平台"香满园"和"吉之汇"分别依托菜园坝水果市场和吉之汇国际农贸市场走 O2O 路线，媒体报道分别有 166 篇、413 篇；专业自营 B2C 平台"爱果主义"依托西南地区最大的水果批发商金果源以中高端特色水果为主；专业自营 B2C "天龙八部"走单品路线专注打造梁平柚并且以"公司+基地+农户"模式切入种植环节；专业自营 B2B"恒客来"定位与为向重庆都市区 6000家餐馆提供网上"菜篮子"。

表 31　　　　**本地部分平台媒体新闻报道数量一览表**　　　（单位：篇）

平台名称	平台类型	百度新闻检索	腾讯新闻检索	亿邦动力报道	小计
世纪购	涉农综合自营 B2C	387	95	11	493
奇易网	涉农综合第三方 B2B	157	17	0	174

续表

平台名称	平台类型	百度新闻检索	腾讯新闻检索	亿邦动力报道	小计
香满园	专业第三方 B2C	89	76	1	166
吉之汇	专业第三方 B2C	325	88	0	413
村头商城	专业第三方 B2C	15	9	0	24
爱果主义	专业自营 B2C	1	3	0	4
天农八部	专业自营 B2C	58	30	0	88
恒客来	专业自营 B2B	93	7	0	100

备注：检索数据截至 2016 年底，不包括同一条新闻被多次转载的情况。

从平台品牌知名度培育的路径看，除了企业自身的投入外，政府助力起到相当大的作用。例如 2016 年 6 月 30 日到 7 月 2 日，重庆市市商委、市农委、市扶贫办联合举办全市农村电商展示展销活动，以"供给生态产品、共享绿色消费"为主题，部门联动，农商对接，首次采取现场展示体验、电商促销方式，线下展会与线上活动结合，全方位展示我市农特产品和农村电商发展成果，搭建农商产销对接的平台。展示展销活动受到媒体高度关注，受众人群超过 1 亿人次，其中香满园等本土平台积极参与，起到了良好的品牌宣传助推作用。

（二）网店品牌持续耕耘影响逐步扩大

网购时代消费者决策更容易受到口碑的影响，美誉度是网店品牌重要的衡量标准。从本地领先网店美誉度看，天猫平台领先网店经营年限均超过 3年，其中牛浪汉已经持续经营 6 年；半年动态评分最多的是"丁丁食品专营店"，达到 22.6 万人次；5 分好评比例（天猫平台和淘宝网均采用 5 分制评价）最高的是"德庄旗舰店"，达到 95%。通过对阿里平台上年度销售额领先网店的平台信用和消费者评价分析（见表 32），可见重庆本地网店通过持续耕耘，得到消费者较高评价，品牌影响力逐步扩大。

表32   阿里平台本地部分网店美誉度指标一览表

网店名称	网店平台信用	半年动态评分（人次）	5 分好评（人次）	5 分好评比例（%）
盾皇食品专营店	天猫 5 年店	17.6	15.49	88%
有友食品旗舰店	天猫 3 年店	7.0	6.51	93%
丁丁食品专营店	天猫 4 年店	22.6	19.44	86%
牛浪汉旗舰店	天猫 6 年店	5.0	4.50	90%
老四川旗舰店	天猫 5 年店	3.0	2.82	94%
德庄旗舰店	天猫 3 年店	5.7	5.42	95%
乌江旗舰店	天猫 4 年店	7.1	6.67	94%
小七陈卤	5 皇冠卖家	3.1	2.85	92%
橙都一号生态果园	2 皇冠卖家	1.0	0.88	88%

从网店品牌的培育路径看，领先网店各具特征。有友食品旗舰店、牛浪汉旗舰店、德庄旗舰店、乌江旗舰店作为生产商采用持续多年已有品牌培育基础向线上渗透的路线。盾皇食品专营店、丁丁食品专营店作为经销商，采用线上销售品牌培育路线。小七陈卤是采购、生产、加工、网销一体，采用生产、销售品牌一体化培育路线。橙都一号借助奉节脐橙地标品牌效应，采取地标商品销售品牌培育路线。

（三）地标品牌品质致胜引领产业发展

地标是地理标志产品的简称，是指产自特定地域，所具有的质量、声誉或其他特性本质上取决于该产地的自然因素和人文因素，经审核批准以地理名称进行命名的产品。从地标管理看，工商总局负责地理标志证明商标注册和管理，农业部负责全国农产品地理标志的登记工作，质量监督检验检疫总局负责统一管理全国的地理标志产品保护工作。

从农产品获得的资质认定看，主要有"三品一标"认证和名牌农产品系列认证。"三品"指无公害农产品、绿色食品、有机农产品，其中无公害农产品根据《无公害农产品管理办法》由农业部农产品质量安全中心颁发认证证书并核发认证标志；绿色食品标志是一种质量证明商标，由中国绿色食品发展中心颁发给获得认证的申请企业；有机食品认证根据《有机产品认证管理办法》由国家认监委批准的认证机构颁发给获得认证的独立法人机构。"一标"是指农产品地理标志，根据《农产品地理标志管理办法》由农业部负责全国农产品地理标志的登记工作，农业部农产品质量安全中心负责农产品地理标志登记的审查和专家评审工作。

截至 2016 年底，重庆市共有农产品地理标志登记产品 45 个，其中触网 26 个，未触网 19 个。在触网的农产品中，阿里平台数据跟踪显示，农产品地理标志登记产品"涪陵榨菜"上架 SKU 达到 1800 个，上架网店数近 700 家，年度销售额近 2000 万元。农产品地理标志登记产品"奉节脐橙"上架 SKU 约 800 个，上架网店数近 500 家，年度销售额近 1000 万元。

从农产品名牌认定看，2016 年重庆市评选认定重庆名牌农产品 77 个，有效期内产品个数累计 173 个；成功推荐"盘龙长岭生姜、原生派晚熟柑橘、绿源太生猪、楠竹锦橙、明月山土鸡、璧山葡萄、大地升辉白萝卜"7 个合作社产品品牌入选 2016 年全国百家合作社百个品牌。目前全市拥有全国百家合作社百个品牌 12 个，拥有全国名特优新农产品目录产品 13 个。

部分区县推进农产品品牌培育也取得实效。云阳县创建了区域公用品牌"天生云阳"，开展 GAP 认证，建立溯源系统，首批 25 家农产品企业现已授权使用；秀山县创建了"边城故事"与"武陵遗风"两个特色品牌；荣昌区正在着力打造安全优质农产品公共品牌"香海棠"；石柱县已与浙江大学合作开展农产品区域公用品牌规划创建工作；梁平县在四川省成都市金牛区万达广场打造"印象梁平"农产品（梁平柚）成都展示展销中心。

六　重庆农产品电商发展环境

党中央把认识、把握、引领新常态作为当前和今后一个时期做好经济工作的大逻辑，形成了以新发展理念为指导、以供给侧结构性改革为主线的政策体系，强调贯彻稳中求进工作总基调、强调保持站立定力。2016 年在世界经济增长动力不足、需求不振、金融市场动荡、国际贸易和投资持续低迷等多重风险和挑战下，我国经济社会保持平稳健康发展，GDP 增速达到 6.7%，实现了"十三五"良好开局，经济形势缓中趋稳、稳中向好，经济运行保持在合理区间，质量和效益提高。新常态下农业的主要矛盾由总量不足转变为结构性矛盾，深化农业供给侧结构性改革以市场需求变化为导向，而畅通市场信号正是电商的优势，因而为农产品电商产业发展创造了政策机遇。同时，从重庆市层面看，全市经济实现了持续稳定增长，发展质量效益同步提升，经济社会发展保持了稳中有进、稳中向好的良好态势。经济总量的提升、经济结构的优化、居民可支配收入的增长为重庆农产品电商产业发展营造了良好的内部发展环境。

（一）产业基础环境

1. 电商蓬勃发展为产业发展奠定了良好基础

从全国发展情况看，以"互联网＋"为引领的新型消费模式蓬勃发展，全国实物商品网上零售额同比增长 25.6%，占社会消费品零售总额比重已达到 12.6%，比上年提高 1.8 个百分点。根据国家统计局数据，2016 全年社会消费品零售总额达到 33.2 万亿元，同比增长 10.4%。2016 年我国消费市场实现了平稳较快发展，消费作为国民经济增长的第一驱动力，对经济增长的贡献率达 64.6%。《中国淘宝村研究报告（2016）》数据表明，全国淘宝村突破 1000 个、年销售额达到 100 万元的网店数量超过 11000 家。

从重庆市发展情况看，2016 年重庆实现社零总额 7271.4 亿元，增长 13.2%。大力发展十大战略性新兴服务业，现代服务业比重不断提高，其中实现电子商务交易额 8500 亿元，其中网络零售实现 800 亿元。在"互联网＋"领域，重庆市 130 个"互联网＋"试点项目总投资额超过 68 亿元，软件和信息服务业增长 20%。全市电子商务市场主体总量 2015 年底达到 14.04

万户,网店、网站 20.68 万个,在淘宝、天猫上的卖家超过 11 万家。截至 2016 年底,重庆市 119 家新三板挂牌企业中,软件和信息技术服务企业有 20 家。

电子商务在图书、3C、快消品等领域的蓬勃发展使得网络购物、网络消费、网络娱乐等形态已经渗透到普通人的生活消费场景,市场规模的不断提升、市场主体数量的不断增长,为农产品电商产业发展奠定了良好的基础。

2. 农业经济平稳发展为产业发展提供了充足的生产供给

从全国农业经济运行情况看,2016 年呈现出稳中有进、稳中向优的良好态势。全年粮食产量达到 12325 亿斤,畜禽养殖规模化率达到 56%,主要农产品加工转化率超过 65%,以休闲农业和农村电商为代表的新产业新业态成为新亮点。农村土地承包经营权确权登记颁证面积超过 8 亿亩,新型农业经营主体总量超过 270 万个。农业部召开了"互联网 + 现代农业"大会,在 10 个省份开展农业电子商务试点,在 26 个省份实施信息进村入户试点,在 8 个省份继续开展农业物联网项目试验示范。2016 年阿里平台农产品销售额可望超过 930 亿元,较 2015 年增长 35%。农业部预计 2016 年农产品网络零售交易额可望达到 2200 亿元,比 2015 年增长 46%,交易种类尤其是鲜活农产品品种日益丰富。

从重庆农业经济运行情况看,2016 年农业经济整体平稳。全市实现农业总产值 1968.28 亿元,按可比价计算,比上年增长 4.5%。土地适度规模经营占比提高到 42.1%,建成高标准农田 670 万亩、标准化产业基地 796 万亩,耕种机械化水平提高到 45%。粮食播种面积 3375.08 万亩,粮食总产量 1166 万吨,分别增长 0.7% 和 1.0%;蔬菜收获面积 1120.59 万亩,产量 1875.13 万吨,分别增长 2.1% 和 5.3%;水果产量 408.69 万吨,增长 8.7%。全市家禽、牛、羊出栏分别为 24928.08 万只、70.44 万头、300.67 万只,分别增长 3.0%、4.1%、9.6%;生猪出栏 2047.81 万头。发展新型农业经营主体 1.8 万个,培育新型职业农民 1.7 万人。同时农产品电商网销特色资源持续夯实,2016 年粮食、生猪、蔬菜等主要农产品供给能力稳中提质，柑橘、榨菜、生态渔业、草食牲畜、中药材、茶叶、调味品七大特色产业链综合产值达到 1040 亿元，增长 15%，为产业发展提供了充足的生产供给。

3. 消费升级为产业发展注入了市场动力

告别了短缺时代，市民消费需求呈现出分层化、个性化、多元化趋势，消费者对农产品提出了新的需求。一是消费层次由温饱型向全面小康型转变，消费者要求品种能吃得更多。农产品电商平台的联合需求效应和大型平台数以千、万计的上架农产品商品较好满足了消费者对品种的要求。二是消费品质由中低端向中高端转变，消费者要求能吃得更好。相比传统流通渠道，农产品电商目前上架农产品普遍是有机、绿色、生态的品牌农产品，较好满足了消费者对品质的要求。三是消费形态由物质型向服务型转变，消费者要求足不出户能吃遍全球。农产品电商的跨空间特征，使得全球美食摆上了老百姓的餐桌。四是消费方式由线下向线上线下融合转变，消费者要求吃得更方便。农产品电商交付方式送货上门，消费者足不出户即可购买到各类食材。五是消费行为由从众模仿型向个性体验型转变，消费者要求吃出品牌。

根据亚马逊中国发布的年度"吃喝白皮书"，广大消费者在选择食品时更注重营养和品质，在搭配上更看重健康平衡的饮食，在生鲜方面进口高品质的肉类及海鲜产品成为新宠。重庆晨报联合成都商报、深圳晚报等七家主流媒体发布的淘宝头条指数《2016 年城市生活消费年终报告》显示，2016年网购人群年轻化趋势更加明显，年轻人"爱美"和"嘴馋"在网购中得以体现。

课题组选择了 4 个典型的网销重庆农产品 SKU，分别采集了 2000 条消费者评价信息进行网购行为特征分析（见表 33）。从产品品质评价看，含有"新鲜""味道""品牌""满意""喜欢""好吃""不错"等与品质相关的评价数量平均达到 1772 次。从产品价格评价看，含有"性价比""价格""优惠""便宜""实惠"等与价格相关的评价数量平均有 346 次。从服务评价看，含有"服务""快""包装""客服"等与服务相关的评价数量平均有839次。从追加评价数量看，平均有137次追加评价。可见；消费升级背景下网销农产品消费者更加注重产品品质和服务，并乐于分享对所购商品的看法和体验，"口碑"驱动消费决策的特征较为明显。消费者对网销重庆农产品的现实需求和潜在需求充足，为重庆农产品电商产业发展注入了市场动力。

表33　　　　　部分网销重庆农产品消费者评论关键词词频分析　　　（单位：次）

网销商品名称	品质评价	价格评价	服务评价	追加评价
恒都牛肉安格斯牛腩1000g分割牛腩块生鲜牛肉排酸冷冻牛肉	1669	700	1266	172
良品铺子灯影牛肉丝重庆特产小吃零食灯影丝麻辣味五香爆辣小包装	2259	269	1289	175
正宗重庆特产桥头火锅底料400g×2四川牛油老火锅麻辣烫香锅调料	2263	211	559	152
辣媳妇麻辣零食大礼包1000g组合套餐36袋装休闲零食批发小吃一箱	898	205	242	49
平均值	1772	346	839	137
占比（频次/2000）	89%	17%	42%	7%

备注：每件商品采集了最近的2000条评论文本信息，一条评论出现多个关键词累积计算词频。

（二）产业政策环境

1. 国家层面相关政策为产业发展指明了方向

党和国家领导人高度重视农业农村发展和农业供给侧结构性改革、农村电商、"互联网+农业"、一二三产业融合等农产品电商相关发展问题。习近平总书记2015年12月出席第二届世界互联网大会开幕式并发表了主题演讲，强调促进互联网和经济社会融合发展，让互联网发展成果惠及13亿多中国人民。2016年4月19日，习近平总书记在网络安全和信息化工作座谈会上指出，我国经济发展进入新常态，新常态要有新动力，互联网在这方面可以大有作为。2016年11月第三届世界互联网大会习近平总书记通过视频发表了讲话，希望大家集思广益、增进共识、加强合作，让互联网更好造福人类。李克强总理在 2016 年两会记者招待会上强调，中央政府重视"三农"问题，对农业的扶持力度不会减。2016 年 4 月 6 日国务院常务会议，部署推进"互联网＋流通"行动，要求破除四大"瓶颈"。2016 年 5 月 25 日李克强总理在贵阳出席中国大数据产业峰会暨中国电子商务创新发展峰会开幕式并致辞。他强调要推动信息化与实体经济深度融合发展，不断提升全要素生产率。汪洋副总理出席了 2016 年 9 月 7 日在苏州举办的"互联网＋现代农业"大会，强调"互联网＋"现代农业的核心目标是对接生产和需求，需要什么种什么，需要多少种多少。

党中央、国务院以及国务院相关部委出台的多项"十三五"专项发展规划和相关政策措施均涉及农产品电商发展。2016 年中央一号文件（中发〔2016〕1 号）强调促进农村电子商务加快发展，形成线上线下融合、农产品进城与农资和消费品下乡双向流通格局。《"十三五"国家信息化规划》（国发〔2016〕73 号）提出实施"互联网＋现代农业"行动计划，发展农业农村电子商务。《"十三五"脱贫攻坚规划》（国发〔2016〕64 号）将农村电子商务作为精准扶贫的重要载体。《全国农业现代化规划》（国发〔2016〕58 号）提出加快发展农产品电子商务，到"十三五"末农产品网上零售额占农业总产值比重达到 8% 的目标。《"十三五"全国农业农村信息化发展规划》（农市发〔2016〕5 号）提出加快发展农业农村店招商务，大力推进农产品特别是鲜活农产品电子商务。除此之外，在《"十三五"国家战略性新兴产业发展规划》《"十三五"国家科技创新规划》《中医药发展战略规划》等相关规划中，以及新型城镇化建设、促进农产品加工业发展、促进农民持续增收、促进农村一二三产业融合发展、推动实体零售创新转型、推动交通物流融入发展、"互联网＋流通"行动计划、推进重要产品追溯体系建设、促进电商精准扶贫、推进电子商务进社区等专项文件中，均涉及大力发展农产品电商相关政策意见（具有代表性的政策文件总结见表 34）。

表 34 　　　　　　　　　　　2016 年国家层面农产品电商相关政策一览表

时间	政策文件
2015 年 12 月 31 日	中发〔2016〕1 号《中共中央国务院关于落实发展新理念加快农业现代化实现全面小康目标的若干意见》
2016 年 12 月 15 日	国发〔2016〕73 号《国务院关于印发"十三五"国家信息化规划的通知》
2016 年 11 月 23 日	国发〔2016〕64 号《国务院关于印发"十三五"脱贫攻坚规划的通知》
2016 年 11 月 29 日	国发〔2016〕67 号《国务院关于印发"十三五"国家战略性新兴产业发展规划的通知》
2016 年 10 月 17 日	国发〔2016〕58 号《国务院关于印发全国农业现代化规划（2016—2020 年）的通知》
2016 年 7 月 28 日	国发〔2016〕43 号《国务院关于印发"十三五"国家科技创新规划的通知》
2016 年 2 月 22 日	国发〔2016〕15 号《国务院关于印发中医药发展战略规划纲要（2016—2030 年）的通知》
2016 年 2 月 6 日	国发〔2016〕8 号《国务院关于深入推进新型城镇化建设的若干意见》
2016 年 12 月 28 日	国办发〔2016〕93 号《国务院办公厅关于进一步促进农产品加工业发展的意见》
2016 年 12 月 6 日	国办发〔2016〕87 号《国务院办公厅关于完善支持政策促进农民持续增收的若干意见》
2016 年 11 月 29 日	国办发〔2016〕84 号《国务院办公厅关于支持返乡下乡人员创业创新促进农村一二三产业融合发展的意见》
2016 年 11 月 11 日	国办发〔2016〕78 号《国务院办公厅关于推动实体零售创新转型的意见》
2016 年 6 月 21 日	国办发〔2016〕43 号《国务院办公厅关于转发国家发展改革委营造良好市场环境推动交通物流融合发展实施方案的通知》
2016 年 4 月 21 日	国办发〔2016〕24 号《国务院办公厅关于深入实施"互联网＋流通"行动计划的意见》
2016 年 1 月 12 日	国办发〔2015〕95 号《国务院办公厅关于加快推进重要产品追溯体系建设的意见》
2016 年 11 月 14 日	农加发〔2016〕5 号《全国农产品加工业与农村一二三产业融合发展规划（2016—2020 年）》
2016 年 8 月 30 日	农市发〔2016〕5 号《"十三五"全国农业农村信息化发展规划》
2016 年 11 月 4 日	国开办发〔2016〕40 号《关于促进电商精准扶贫的指导意见》
2016 年 10 月 28 日	商建发〔2016〕255 号《商务部民政部国土资源部住房城乡建设部质检总局关于推进电子商务进社区促进居民便利消费的意见》

2. 重庆市相关政策为产业发展保驾护航

重庆市 2016 年出台了一系列推动农产品电商产业发展的政策与措施。《"十三五"全市农业农村发展规划》（渝府发〔2016〕45 号）提出壮大电子商务市场主体、开展"十百千"农产品电子商务运营示范行动，提出了到

2020 年全市网上注册农产品电子商务主体达到 5 万个、年销售额增长 30% 以上的目标。《"十三五"建设互联网经济高地规划》（渝府发〔2016〕37 号）提出壮大特色电子商务新产业，开展 20 项互联网应用型农业经营示范工程，农产品质量追溯和产地准出覆盖"三品一标"农产品。《"十三五"现代商贸服务业发展规划》（渝府发〔2016〕148 号）提出加快发展农村电子商务，支持打造各具特色的农产品电子商务产业链，优化农产品冷链物流布局，实现鲜活农产品产地预冷、销地冷藏、保鲜运输、保鲜加工等全流程无缝对接。《重庆市人民政府办公厅关于促进农产品电子商务加快发展的实施意见》（渝府办发〔2016〕176 号）从筑牢产业基础、强化主体培育、完善配套体系、注重品牌引领、强化市场监管等方面提出了系列助推重庆农产品电商产业发展的政策措施。此外，关于全面推动农村电子商务发展、关于促进快递业发展、关于积极推进"互联网＋流通"行动计划、关于发挥品牌引领作用推动供需结构升级、加快发展战略性新兴服务业、加快农村一二三产业融合发展等相关政策和规范性文件均涉及推动农产品电商产业发展相关措施（具有代表性的政策文件总结见表35）。

表 35   **2016 年重庆市农产品电商相关政策一览表**

时间	政策文件
2016 年 12 月 1 日	渝府办发〔2016〕247 号《重庆市人民政府办公厅关于加快农村一二三产业融合发展的实施意见》
2016 年 11 月 8 日	渝府办发〔2016〕228 号《重庆市人民政府办公厅关于加快发展战略性新兴服务业的实施意见》
2016 年 10 月 17 日	渝府发〔2016〕45 号《重庆市人民政府关于印发重庆市农业农村发展"十三五"规划的通知》
2016 年 9 月 28 日	渝府办发〔2016〕204 号《重庆市人民政府办公厅关于印发重庆市发挥品牌引领作用推动供需结构升级实施方案的通知》
2016 年 9 月 14 日	渝府办发〔2016〕176 号《重庆市人民政府办公厅关于促进农产品电子商务加快发展的实施意见》
2016 年 8 月 31 日	渝府发〔2016〕37 号《重庆市人民政府关于印发重庆市建设互联网经济高地"十三五"规划的通知》

时间	政策文件
2016 年 8 月 19 日	渝府办发〔2016〕155 号《重庆市人民政府办公厅关于积极推进"互联网 + 流通"行动计划的实施意见》
2016 年 8 月 4 日	渝府办发〔2016〕148 号《重庆市人民政府办公厅关于印发重庆市现代商贸服务业发展"十三五"规划的通知》
201 年 8 月 1 日	渝府办发〔2016〕137 号《重庆市人民政府办公厅关于全面推动农村电子商务发展的实施意见》
2016 年 6 月 8 日	渝府发〔2016〕20 号《重庆市人民政府关于促进快递业发展的实施意见》

3. 重庆市部分区县相关政策明确了产业培育具体措施

在 2015 年秀山县、酉阳县、石柱县、云阳县、忠县、城口县、彭水县、巫溪县 8 个先获得全国电子商务进农村示范县称号的基础上,2016 年有万州区、黔江区、梁平县、丰都县、垫江县、武隆县、开县、奉节县、巫山县 9 个区县荣获全国电子商务进农村示范县称号,每个示范县获得国家财政 2000 万元的资金支持。

作为重庆山地农产品的主产区,渝东南生态保护发展区和渝东北生态涵养发展区部分区县以推动农产品进城为重心出台了系列政策措施。2016 年,垫江县政府出台了《关于加快推进商贸流通产业发展的意见》,提出了实施农村现代流通网络建设工程的具体措施。武隆区政府出台了《武隆县特色效益农业产业扶持政策(试行)》,重点扶持高山蔬菜、草食牲畜、观光农业等区域性特色产业,适度扶持传统产业。奉节县制定发布了奉节府办〔2016〕261 号《关于印发 2016 年度奉节脐橙营销奖扶办法的通知》,拿出 1000 万元用于奖励扶持奉节脐橙网络销售和线下销售,培育壮大市场主体,提高品牌影响力。酉阳县制定发布了酉阳府发〔2016〕12 号《关于进一步促进农村电子商务发展的实施意见》,提出培育打造 2—3 个农特产品公共品牌,培育 1—2 家亿元级电商企业,农特产品网络交易 2 亿元以上,在中央财政预算 1850 万元专项资金基础上,本级财政安排 1000 万元专项资金用于扶持电子商务发展。

城市发展新区部分区政府围绕发展电子商务和品牌农业出台了系列政策措施。2016 年,南川区出台了《重庆市南川区发展电子商务工作方案》,为入驻服务中心的电商企业、卖家提供办公场地、仓储等方面补助。铜梁区出台了《大力支持农村电子商务的实施意见》提出规划建设农村电子商务产业园，力促农村电子商务发展。璧山区出台了《关于加快发展品牌农业的实施意见》，旨在进一步提高璧山区农产品品牌建设水平。

都市功能区部分区政府围绕促进电子商务业态发展出台了系列政策措施。2016 年，江北区出台了《江北区促进电子商务发展试行办法》，通过贴租、贴息、股权投资等方式促进电子商务发展。巴南区出台了《巴南区促进电子商务发展奖励扶持办法》，为电商产业园、入驻企业、电商平台、电网网络等提供奖励支持。

七 重庆农产品电商产业发展存在的问题分析

（一）平台运营整体水平较差、资本关注较少

资本市场对农产品电商产业发展的热情持续高涨，2016 年国内农产品电商纷纷获得大笔融资，并且获得融资的平台大部分为自营 B2C 平台（见表36）。例如北京的本来生活、上海的易果生鲜、天天果园、盒马鲜生等平台都获得了上亿美元的资本投资，杭州的 U 掌柜、宋小菜、江苏的食行生鲜也获得了上亿人民币的资本投资。相比之下，本土平台在资本市场显得有点落寞，仅有恒客来获得 1000 万投资。本土农产品电商第三方平台除了香满园、吉之汇依托线下市场采取 O2O 模式在较小地域范围内开展业务外，其他本地第三平台在 2016 年几乎全军覆没。

表36　　　　2016 获得融资的部分国内农产品电商平台一览表

平台名称	平台类型	运营企业	成立年度	融资事件
本来生活	自营 B2C	北京本来工坊科技有限公司	2012	2016 年 5 月完成 C、C＋轮融资 1.17 亿美元。
易果生鲜	自营 B2C	上海易果电子商务有限公司	2005	2016 年 3 月 C 轮融资获得阿里和 KKR 投资。

总报告

续表

平台名称	平台类型	运营企业	成立年度	融资事件
天天果园	自营 B2C	上海天天鲜果电子商务有限公司	2009	2016 年 3 月获得 D 轮 1 亿美金。
盒马鲜生	自营 B2C	上海翌恒网络科技有限公司	2015	2016 年 3 月获得阿里投资 1.5 亿美元。
U 掌柜	自营 B2C	浙江佳邻电子商务有限公司	2015	2016 年 3 月，获得 1000 万美元的 A 轮融资和 3000 万美元的 B 轮融资。
食行生鲜	自营 C2B2F	江苏随易信息科技有限公司	2012	2016 年 4 月获得 2.49 亿元 C 轮融资。
宋小菜	自营 B2B	杭州小农网络科技有限公司	2015	2016 年 5 月，获得 A + 轮 8515 万。
恒客来	自营 B2B	重庆易餐网电子商务有限公司	2015	博恩科技 1000 万投资。

究其原因，第三方平台主要走平台经济路线，淘宝网、天猫、京东等大型平台具有联合需求效应、范围经济效应、锁定效应，往往呈现"赢家通吃"，对双边市场参与者的集聚能力要求较高，特别是对消费者的数量规模要求较高，新进入平台获客成本太高难以达到"引爆点"，因而很难存活，无法与全国知名平台竞争，新建第三方平台因而不被资本看好。

自营平台走垂直发展路线，农产品的地域性、季节性、保鲜（质）期短、难以标准化等特性，给自营平台提供了"百花齐放"发展可能。那些在货源组织、品质保障、物流配送、营销推广和售后服务等环节解决了农产品传统流通环节痛点的自营平台，更容易得到资本青睐。本土自营平台在货源组织、品控措施、物流配送、营销方式、客户服务等核心运营环节，与知名平台相比还有较大的差距（见表37）。

表37　　　　本土和部分国内领先农产品电商平台运营能力对比

平台名称	货源组织	品控措施	物流配送	营销方式	客户服务
天农八部	采取"公司 + 农户"模式。	全程溯源	第三方物流为主	互联网营销	质量问题退换货
恒客来	从大型批发商采购。	依靠供应商措施	重庆市区自建物流	地推	质量问题退换货

· 60 ·

续表

平台名称	货源组织	品控措施	物流配送	营销方式	客户服务
本来生活	采取"整体包园""分级包园"模式与原产地、合作社、果园达成战略合作。	建立大小、色泽、口感等指标分级。43 项检测	运营区域内自建仓储，第三方物流配送。全程冷链，次日达	互联网营销；入驻天猫、京东	质量问题退换货
易果生鲜	以"品质第一"宗旨，全球采购。	建立了质量检测实验室；第三方认证；发起"生鲜品质联盟"	运营区域内自建物流（安鲜达），配送过程中可能采用多温层保存商品。其他地区为合作第三方物流	互联网营销；入驻天猫超市运营天猫生鲜频道	48 小时退换货
天天果园	100% 全球原产地直购保证；在无锡、新疆、云南等地已经有合作的专属果园。	依托国外高度成熟的果品种植和标准化分选。专属果园全程品控	自建物流覆盖上海在北京、上海、广州、成都四个城市建设了共约 5 万平方米的 9 个温层冷链仓储配送中心	互联网营销；入驻天猫、京东	现场验货，48 小时退换货
U 掌柜	专业买手制采购团队，坚持从产地直采。	依托专业化的采购团队经验和标准	"集中式 + 分布式"仓储模式，实现三温储存。冷链配送箱集常温、冷冻、冷藏、热链等四温区为一体	移动互联网社交营销方式	推出"坏果包赔"服务
食行生鲜	从大型批发商、生产基地以及合作联社直采。	配备了专业的生鲜食材安全检测室和检测设备	自建物流，短途冷链配送至生鲜直投站；生鲜柜自提	线上线下推广、口碑传播	一线客服，无理由退换

从货源组织看，平台如果直接对接农户存在规模、范围均不经济，领先平台主要有三种方式：第一是自建农场、联合农场、专属果园、整体包园、分级包园等联合生产方式，便于实施种养、采摘、初加工、包装等环节的标准化。采用这种方式的平台规模边界由自建生产基地农产品生产组织的规模经济决定。第二是"买手"方式，由平台组建专业团队进行产地直采，辅以标准化品控手段。采用这种方式的平台对"买手"的依赖程度较高，"买手"专业水平多为缄默知识。第三是集中采购模式，向批发供应商、龙头企业批量采购，采用这种方式的平台品质受制于供应商的诚信。从领先平台的路线选择看，大部分平台兼容两种以上的货源组织方式。

从农产品品控看，货源品控环节不同的货源组织方式有不同品控措施，有生产基地的电商建立了全产业链的标准化生产、采摘、包装、物流等企业标准，"买手"方式的货源组织通常建立了产地直采标准，集中采购模式主要依托供应商既有标准。部分平台建立了独立的检测实验室、品质联盟，部分平台引入了第三方认证。物流配送环节领先企业大部分在核心业务地域建立了仓储和配送标准实现流通过程的品质控制。

从物流配送看，农产品易损特性降低了携带的便利性，易变质特性增强了消费的及时性，交付地点、交付时间、客户体验均要求较高。领先平台在核心业务区域以自建物流为主，在仓储上多采用"集中＋分布"式布置，以达到降低运输损耗、提升配送实效、质量保"鲜"的目的。部分平台采用"自建仓储＋三方配送"，在建立配送标准基础上与第三方合作实施配送环节。部分平台通过冷链配送箱、生鲜柜自提、门店自提等方式来提升"最后一公里"用户体验。

从营销推广看，领先平台主要通过互联网营销，特别是补贴营销、口碑营销和社交营销来提升品牌知名度，获取用户流量。部分平台通过入驻淘宝网、天猫、京东等第三方平台来获得流量，部分平台走O2O线下推广模式来获得流量。

从客户服务看，农产品的高频消费特征使得消费者转换购物渠道的搜寻成本较高，领先平台通常采用产品溯源等主动信息公开的信号显示机制，同时通过退换货等售后服务提供担保机制赋予消费者后悔权，从而通过与消费者的多次重复博弈实现"锁定"均衡。

（二）网店经营能力整体较弱、盈利网店较少

本地网店是农产品电商产业的关键种群，是推动本土农产品入驻第三方平台触网的主力军。从阿里平台本地网店 2016 年总体经营情况看（见表38），月均销售额大于 1 万元的盈利网店数量较少，仅有 329 家，占比仅5%。销售额等于 0 的僵尸网店数高达 1440 家，占比高达 51%。究其原因，一是第三方平台上卖家大量汇聚，消费者对网店的搜寻成本较高，第三方平

台的引流成本较高，规模较小的网店往往难以支付，因而网店往往没有流量。二是部分网店在支付了较高的引流成本后，要么没有打动消费者的"爆款"，要么品质难以满足消费者的需求，要么体验较差与消费者的多次重复博弈过程中失去消费者，导致流量无法转变为成交，更难以对消费者形成"锁定"。

表 38　　　　　　　　阿里平台本土农产品网店月均销售分段统计表

销售额分段（R，单位：万元）	网店家数	占比
R≥100	3	0%
10≤R<100	57	1%
1≤R<10	269	4%
0.1≤R<1	951	14%
0<R<0.1	1440	21%
R=0	3558	51%

　　与阿里平台外地领先的网店相比，本土网店在销售额上差距较大（见表 39）。"有友食品旗舰店"和"周黑鸭"同为生产商设立的销售公司运营的天猫网店，月均销售额"有友食品旗舰店"仅为"周黑鸭"的 1/30。"黑番区"和"鲜聚惠"同为经销商运营的淘宝网网店，均以厨房生鲜食材、本地地域配送为主，月均销售额"黑番区"仅为"鲜聚惠"的 1/8。月均销售额本地网店排名第一的"盾皇食品旗舰店"，其月均销售额仅为"新农哥旗舰店"的 1/5。究其原因，一是外地网店触网时间普遍较早，"周黑鸭"触网时间已经 7 年、"新农哥旗舰店"触网已经 9 年。二是外地网店品牌影响力较大，"周黑鸭"于 2016 年 11 月在香港交易所挂牌上市，"新农哥"已经成长为中国坚果领导品牌。三是外地网店所在地域第三方物流基础较好，"鲜聚惠"采用顺丰速运，在上海区域 6 小时限时达。

表39　　　　　　　　阿里平台本土农产品网店与领先网店对比分析表　　　　（销售额：万元）

网店	注册地	月均销售额	网店平台信用	运营者基本情况
有友食品旗舰店	重庆	91	天猫 3 年店	生产商销售公司运营。
周黑鸭	武汉	2700	天猫 7 年店	生产商销售公司运营。
盾皇食品专营店	重庆	215	天猫 5 年店	经销商运营。
新农哥旗舰店	杭州	1150	天猫 9 年店	生产商销售公司运营。
黑番区	重庆	17	3 皇冠	经销商运营。
鲜聚惠	上海	139	2 金冠	经销商运营。

（三）农产品触网比例较低、网销规模较小

从地标农产品触网情况看，截至 2016 年底，重庆市共有农产品地理标志登记产品 45 个，其中触网 26 个，未触网 29 个，触网占比 58%。地理标志证明商标中农产品品类共有 174 个，其中触网 102 个，占比 59%。地理标志保护产品有 13 个，触网 10 个，占比 76.9%。

从地标农产品触网销售情况看，总体销售额较小，排名前 9 位的地标商品单月销售额总计仅 200 万元左右（见表 40）。究其原因，一是地标农产品的规模化程度不高，产品产量较小，传统流通渠道利益联结机制较难打破，触网动力小。二是品牌知名度不高，许多品牌地域外的消费者认知较少，处于"养在深闺人未识"状态。三是上架的网店经营能力差，消费者流量少，因而消费者搜索成本较高，难以转化为交易。

表40　　　　　　　阿里平台重庆地标农产品单月 SKU 和销售额排名

地标	SKU	上架网店数	销售额（万元）
涪陵榨菜	1800	686	143
奉节脐橙	773	463	33
巫山庙党	17	16	4
城口山地鸡	9	8	3
万州玫瑰香橙	4	4	3
荣昌白鹅	17	15	2

地标	SKU	上架网店数	销售额（万元）
江津石蟆橄榄	13	10	2
铜梁葛粉	12	8	2
万州柠檬	9	6	1
小计	2654	1216	193

备注：数据为课题组 2016 年 7 月采集的单月数据。

（四）品牌培育合力较差、爆款产品较弱

从阿里平台农产品"爆款"打造情况来看（见表41），本土排名靠前的农产品爆款销售额与外地爆款相比销售额差距较大。

表41　　　　　淘宝网 2016 年度部分爆款农产品销售对比情况

爆款名称	产地	爆款网店名	网店所在地	月销售额
重庆特产渝美滋豆腐干零食小包装豆干香菇豆干麻辣豆干 1000g 散装	重庆	渝美滋厂家品牌店	重庆	18
包邮重庆特产好哥们酸辣粉 254g×5 袋正宗酸辣红薯粗粉丝	重庆	四川美食调味	四川	17
新农哥混合果仁年货礼盒 1190g 混合坚果礼包 6 盒量贩装共 42 包送礼装	杭州	新农哥旗舰店	杭州	238
正宗重庆奉节脐橙新鲜纯天然孕妇有机水果现摘橙子实发 10 斤包邮	重庆	橙都一号生态果园	重庆	17
信必果鲜橙江西赣州赣南脐橙 10 斤装手剥橙新鲜水果寻乌甜橙子	江西	信必果旗舰店	江西	270
重庆特产磁器口陈麻花美味早餐糕点零食麻花 350g×3 袋装包邮	重庆	长宁县蜀美味电子商务	四川	16
正宗陆草垫泡椒臭干子牛板筋辣条零食品小吃麻辣重庆四川特产批发	重庆	辣辣屋零食店	重庆	16
买二份送一袋麻花重庆特产糕点美味传统零食 350g×2 袋装零食包邮	重庆	盛林品牌 2 号店	四川	15
"武陵遗风"农家山坡散养土鸡蛋虫草鸡蛋重庆特产新鲜土鸡蛋 20 枚	重庆	武陵特产店	重庆	4
送 10 枚风波庄无公害土鸡蛋新鲜散养土鸡蛋柴笨鸡蛋 30 枚实发 40 枚	湖北	风波庄旗舰店	湖北	45

水果品类中，"橙都一号生态果园"的奉节脐橙爆款月销售额 17 万元，是"信必果旗舰店"赣南脐橙爆款月销售 270 万元的 1/16。蛋类中，"武陵特产店"的武陵遗风土鸡蛋爆款月销售额 4 万元，是"风波庄旗舰店"风波庄土鸡蛋爆款月销售额 45 万元的 1/11。零食品类中，"渝美滋厂家品牌店"的零食爆款月销售额 18 万元，是"新农哥旗舰店"零食爆款月销售额 238 万元的 1/13。

究其原因，本土农产品电商产业品牌培育的合力还有待提升。从产品品牌看，地标品牌"奉节脐橙"品牌价值评估为 21 亿元，[①] 而"赣南脐橙"的品牌价值高达 668.11 元。[②] 企业自有品牌"新农哥"拥有三百万会员，是行业公认的中国坚果领导品牌。从网店品牌看，"新农哥"自 2009 年起连续 5 年蝉联坚果双十一网购狂欢节坚果类目销售第一。从网店打造爆款能力看，部分本土商品"墙内开花墙外香"，三款本土农产品爆款由外地网店"四川美食调味""长宁县蜀美味电子商务""盛林品牌 2 号店"打造。

从代表性的品牌农产品销售情况看，重庆品牌农产品的网销规模相比外省市知名品牌农产品，普遍规模还较小，部分产品单价还较低（见表 42）。阿里平台 2016 年度销售数据跟踪显示，广东清远鸡网销规模达到 677 万元，而城口山地鸡仅有 122 万元。苏北农家土鸡蛋网销规模 1036 万元，而秀山土鸡蛋仅有 78 万元。赣南脐橙网销规模 8793 万元，而奉节脐橙网销规模仅有 683 万元。科尔沁牛肉网销规模达到 1.8 亿元，而重庆恒都牛肉网销规模仅 2398 万元。琯溪蜜柚网销规模达到 2868 万元，而梁平柚网销规模仅 22 万元。赣南脐橙单价达到 11.2 元/500 克，而奉节脐橙仅 5.9 元/500 克。科尔沁牛肉单价高达 158.3 元/500 克，恒都牛肉单价 40.0 元/500 克。琯溪蜜柚单价达到 7.0 元/500 克，而梁平柚仅 4.5 元/500 克。

① 2016 年 8 月第二届中国果业品牌大会资料。
② 2016 年 12 月 "2016 年中国品牌价值评价信息发布会暨论坛"资料。

表 42　　　　　　阿里平台 2016 年重庆地标产品与国内知名地标产品对比

地标产品	所属省市	销售额（万元）	销量（万笔）	客单价（元/笔）	产品均价（元/500 克）
广东清远鸡	广东	677	14	48	36.0
城口山地鸡	重庆	122	1	122	43.5
苏北农家鸡蛋	江苏	1036	63	16	15.8
秀山土鸡蛋	重庆	78	3	26	33.5
赣南脐橙	江西	8793	145	61	11.2
奉节脐橙	重庆	683	10	68	5.9
科尔沁牛肉	内蒙古	18064	215	84	158.3
恒都牛肉	重庆	2398	27	89	40.0
琯溪蜜柚	福建	2868	84	34	7.0
梁平柚	重庆	22	0.4	55	4.5

（五）产业配套基础较差、公共监管服务滞后

农产品物流基础设施还比较薄弱。一是最初一公里问题仍较突出，一些偏远山区进村入户的末端交通条件仍然较差，快递物流尚未覆盖，很多山地特色农产品需要农民自己找三轮车或搭班车送到镇上或县上，不仅物流成本增加，时效性也很难保证。二是网售农产品物流配送的最后一公里问题仍然存在，城市公共物流配送体系仍不完善，物流企业自发建设的配送点既存在重复建设问题，也存在缺漏问题。三是在冷库建设方面结构性矛盾较为突出，虽然目前总量已不小，但产地冷库资源规模小，高低温库比与市场需求之间不协调，存贮果蔬类农产品的高温库供不应求。

精商懂农通网的复合型人才严重短缺。在课题组进行的企业走访和行业主管部门调研中，复合型人才短缺是集中反映的一个共性问题。由于阿里、京东、苏宁云商等全国知名涉农电商平台企业纷纷在重庆布局设点、招兵买马，导致行业内人才争夺异常激烈。据部分本土农产品电商企业负责人反馈，复合型农产品电商人才水涨船高，十几万元年薪也难以招聘到可用的复合型人才，如此高的人力成本是企业目前面临的最大困难。

市场监管和公共服务体系还不完善。目前，工商、农委、商委等政府部

门虽从各自职能角度对农产品电商产业链特定环节进行了监管，但未能实现全产业链市场监管的无缝衔接和城乡区域的全覆盖。虽成立了网商协会和农业电子商务产业发展联盟，但整体力量较弱，尚难以真正发挥行业自律的作用。在全市农产品电商企业的信息采集、数据统计和奖励示范等公共服务方面，目前存在的突出问题是政府部门之间的协调不够，既存在交叉重复问题，又存在缺失漏项问题，全市没有一个部门能提供全市农产品电商发展的权威、准确统计数据。

八 农产品电商发展趋势研判

（一）农产品电商产业发展趋势

从电子商务的发展趋势看，"线上、线下、物流相融的新零售""智能化、个性化、定制化的新制造"在一定范围内已经成为业界共识，帮用户节省时间、帮用户做出专业选择、利用品牌抢占公众认知高点成为互联网经济追逐的目标。基于对重庆农产品电商产业发展生动实践的持续跟踪研究，结合国内农产品电商产业领先省市、领先平台、知名网店的对标分析，在总结国内外相关研究成果的基础上，课题组综合研判认为国内农产品电商产业发展呈现"规模至上、上下互动、单品引领、逆向定制、跨界融合"发展趋势。

1. 规模至上

农产品电商产业在网销资源、平台、物流配送、消费者福利等产业链环节上，均呈现规模至上的发展趋势。

从网销资源看，特色农产品种养规模是特色农产品产业链规模经济的基础。农产品的特殊性往往导致"好的不多、多的不好"，规模化的农业生产可以改善种养、采摘、初加工、包装等环节标准化的边际成本条件，从而推动特色农产品向标准化、品质化方向发展，而货源标准化正是当前农产品电商产业的"痛点"。例如获得总理点赞的赣南脐橙，2015 年电商交易额达到

13 亿元，种植面积达 157 万亩，产业集群总产值超过 100 亿元，帮助百万种植户和果农增收致富。

从第三方平台看，平台经济的本质就是规模，供应商和消费者的规模是同边网络效应和跨边网络效应发挥作用的基础。农产品的特征决定了信息不对称的程度较高，已有消费者的口碑评价信息降低了新消费者的搜索成本从而使得消费者数量继续增加、消费者总数量的增长吸引更多的供应商加入平台、供应商数量的增加丰富了产品品类从而增加消费者的切换成本使得平台的消费者"黏性"增强。消费者的平台切换成本使得消费者不会轻易到其他平台，第三方平台呈现"赢家通吃"的竞争格局。例如 B2C 市场中，天猫的市场份额近年保持在 50% 以上。

从自营平台看，其平台开发和运维技术成本、仓储租建、配送、人力资源成本开支主要属于固定成本，往往开支较大，农产品采购成本主要属于可变成本，自营平台而只有达到一定规模才可能超过盈亏平衡点实现盈利。例如每日优鲜用户规模超过 300 万，月活跃用户超过 150 万，月复购率达到 80%，日单量达到 3 万—5 万单，2016 年 7 月在北京实现区域性盈利。

从物流配送看，农产品的仓储、分拣、包装、配送要求较工业品高，特别是生鲜农产品必须要依托全程冷链，其中冷链运输、多功能冷库、冷链包装等成本均较高。只有达到一定规模，提升冷链仓储和配送的利用率，才能降低交付成本。

从消费者福利看，由于自营平台和第三方平台网店售卖的农产品 SKU 必须走品质化、差异化道路，一段时间内网售农产品特别是生鲜农产品依然会以"稀缺高价"为主，主要消费群体是城市中高收入人群。网售农产品只有达到足够的规模，规模经济效应能够使得农产品电商产业链市场主体均有利可图，才会推动网售农产品向"物美价廉"方向发展，从而增加消费者福利。

2. 上下互动

正是由于知名第三方平台"赢家通吃"效应，所以国内农产品电商平台大都采用"自营 B2C 深耕区域、复制外地"的发展路径。加之农产品非标特性加剧了建立稳定供应链的难度，区域平台单纯线上发展将面临供应端"无货可卖、无好货可卖"和交付端"抱怨多、退货多"的双重困境，因而必须与线下发展结合，呈现线上线下融合互动发展的趋势。

从线上发展看，区域平台通常需要解决网络交易结算平台建设、网络推广的重要问题。交易结算平台方面区域第三方平台大多采用自建网络交易平台接入第三方支付方式，区域自营平台大多采用自建网络交易平台并入驻知名第三方平台来获取线上流量的方式。网络推广方面通常采用网络广告、SNS 等推广模式。

从线下发展看，区域第三方平台大多依托线下有一定规模的实体批发市场或交易市场，推动市场商家入驻平台。区域自营平台大多依托农产品生产、加工、流通龙头企业，获得稳定的产品供应，领先平台通过自建农场、联合农场等方式线下切入供应链上游环节。同时，平台大多自建区域仓储设施和配送队伍切入供应链下游环节，以控制产品流通品质、提升交付满意度。

例如重庆"香满园"依托菜园坝水果批发市场多年形成的客户资源和重庆交运强大的本地配送能力，重庆"吉之汇"依托永川吉之汇国际农贸物流城，搭建线上平台推动线下商家线上融合发展。又如重庆"爱果主义"自营平台依托西部最大的进口水果批发商，自建仓储物流实现即日送达。再如起步于苏州的"食行生鲜"在社区铺设生鲜柜不送货上门，已经实现了苏州、上海、北京、无锡四个城市的扩张。

3. 单品引领

打造"爆款"不但是规模经济的具体实现，也是提升卖方品牌知名度、强化消费者黏性的重要手段，是农产品自营平台和入驻第三方平台的网店提升经营能力的抓手。

"爆款"实现了单品的规模经济效应。在农产品电商平台卖得多、人气高的农产品 SKU 实现了较高的销售额，一方面高的销售额有利于卖方突破盈亏平衡点实现良性经营，另一方面"爆款"可改善标准化的成本边界进一步降低运营成本。例如 2016 年度重庆爆款农产品淘宝网排名前十位的爆款销售额均超过了 100 万元、天猫排名前十位的爆款销售额均超过了 300 万元，为这些网店的持续健康经营奠定了基础。

"爆款"提升了品牌知名度。"爆款"的订单数量庞大，购买的消费者较多，与"爆款"相关的产品品牌和平台品牌、网店品牌受众较广，一些"爆款"营销甚至得到专业媒体和大众媒体的广泛关注。例如"本来生活"平台借助褚橙这个爆款产品迅速提升了影响力，利用社会化媒体作为传播主渠道，消费者在记住褚橙的同时记住了本来生活网站。再如天天果园、顺丰优选、京东等生鲜平台通过"车厘子"爆款的竞争，提升了消费者对平台生鲜农产品的认知。

"爆款"强化了消费者黏性。"爆款"是卖方精选的商品，利用了消费者从众心理，通过卖方推介和其他消费者的抢购这些信号显示机制，提升了消费者决策和购买的效率，一些爆款还与平台营销结合引导消费者"收藏"网店，因而极大强化了消费者黏性，使得消费者重复购买成为了可能。

4. 逆向定制

传统农产品供应链主要以农业生产、加工、流通龙头企业为核心，农产品的地域性和季节性往往使得零售环节在处于"有什么就卖什么"的尴尬状态，并且超市、农贸市场、集市等传统零售环节的地域覆盖范围非常有限，市场信号往往是从生产端向消费端单向流动。农产品电商跨时间和跨空间的优势，可以将消费者分散的需求集中起来，促进市场信号从消费端向供应端、生产端流动，从而实现生产端或供应端的"按需生产"或"按需采购"。农户按照需求订单生产，既保证了一定的规模收益，又给予了充足的时间准备保障产品质量。可见，通过 C2B、团购、预购等逆向定制手段将农产品供应链重构为以电商平台为核心的供应链，能推动农业供给侧结构性改革。

逆向定制具有更大的消费端规模。通常所说的订单农业主要是由农户（合作社、生产基地等）与中介组织（经纪人、批发商等）、龙头企业签订，社区支持农业（CSA）主要由农户（合作社、生产基地等）与处于地理位置接近的社区消费者签订。农产品电商的通过 C2B、团购、预购等逆向定制方式与订单农业和社区支持农业显著不同的是，通过网络虚拟空间可以将处于分散地理位置的消费者，更大规模进行需求的集聚。

逆向定制促进以销定产。长期以来农业生产由于有一定的周期性和季节性，生产组织往往是"看天吃饭、有啥种啥"，与市场需求之间脱节严重而又缺乏需求价格弹性，加剧了农产品价格波动，"谷贱伤农"和"菜贵伤民"现象同时存在。通过农产品电商的逆向定制，可以提前锁定市场需求，以销定产、以销定购，稳定价格预期，从而减缓农产品价格波动，生产者和消费者均可获益。

逆向定制的趋势是大数据分析。农产品电商平台积累的消费者数据通过大数据分析，可以预测农产品消费品类和规模在一定区域、一定季节的需求，按照品类的生长周期提前下订单给生产基地，基地可按订单、按标准进行生产。例如食行生鲜的 C2B2F 模式，根据平台大数据测算出某一城市、某一阶段的需求提前几个月下订单给生产基地。再如 B2B 平台宋小菜，根据每个城市对产品的需求不同在当地聚焦 50—70 种单品，做到每种每天的采购量达到几十吨。当平台做到足够规模之后，可以通过数据预测出当地一段时期内的需求，如此便可提前帮供应商制订供货计划，以订单推动从反向供应链到反向产业链的转变。

5. 跨界融合

农产品电商利用"入口"与流量优势，推动多种商业模式的相互融合和渗透、与其他一二三产业的深度融合成为发展趋势。随着"互联网＋"行动的深入推进，农产品电商商业模式呈现相互融合的发展态势，并且与农业生产、农业加工、观光农业、场景农业等多领域相互融合，成为涵盖一二三产业共同发展的大平台。例如各地都市区周边日渐流行的体验式种植、参与式采摘、专题旅游节、后备箱经济等新兴业态，通过网络营销和社交传播，将农产品的销售与都市休闲旅游、会展活动等结合，实现多方共赢。再如京东生鲜在 2016 年"618 品质狂欢节"期间与斗鱼合作的"龙虾激战之夜"网红直播活动，通过"电商＋直播"不仅实现了"吸睛效应"，引发众多消费者深度互动，还有效地拉动了产品销售——整个"618"大促期间京东生鲜自营产品订单量达去年同期 6 倍，移动端占比高达 88%。2016 年 5 月 30 日，农村淘宝"村红"（扎根农村卖农产品的人）全国直播首秀在秀山土家族苗族自治县举行，以视频直播方式带领网友深入秀山田间地头，实时展示原汁原味的农家土货采集过程，消费者则可以边看边买、指定购买，从而让重庆农产品走向全国，帮助农民增收致富。

（二）农产品电商平台发展趋势

农产品电商平台是农产品电商生态系统的核心种群，其发展呈现以下趋势。

1. 自营平台将呈现可竞争市场结构态势

农产品在生产、储运、消费等环节都与工业消费品存在显著的差异，特别是季节性、地域性使得"大众"农产品在"卖得远"上存在物流不经济临界点，加之平台难以实现对农产品货源的垄断，农产品电商平台特别是自营平台整体将呈现可竞争市场结构态势。领先自营平台具有先发优势，培育了一批黏性较高的消费者，将逐步发挥规模效应在一定区域内实现盈利；但随着第三方冷库和冷链共同配送等基础设施的逐步完善，新平台进入并不存在较大的退出成本，可利用农产品的高频消费特征实现一定范围内的规模经济。因而农产品电商平台将呈现出与传统工业品电商寡头竞争、垄断竞争不同的发展态势，长期来看是一个整体规模巨大的可竞争市场。

2. 知名第三方平台和自营平台相互渗透

知名第三方平台"双边市场"中消费者这一边汇聚了大量的买家，相比入驻的网店而言更有信誉保障，加之资金实力往往比较雄厚，农产品电商"蓝海"市场吸引力大，部分知名第三方平台开始整合资源渗透自营业务。例如第三方平台天猫推出"喵生鲜"与平台入驻商家深度融合切入自营市场，深耕全球的生鲜原产地只做进口业务，采取统一入仓、统一物流方式，与菜鸟合作推进高效并实现确定时段送达的物流服务。

知名自营平台往往在一定区域内经营势头良好，在货源组织、仓储物流体系建设上投入较大、基础较好，消费者集聚达到一定规模，具有一定的知名度和市场信誉，为了增加农产品品类、提升自建物流基础设施的使用率，部分知名自营平台开始让网店入驻平台。例如自营平台京东发挥消费者集聚优势和物流体现优势，开放自营平台，一方面引入高端农产品商家进驻京东开放平台，另一方面向商家全面开放生鲜冷链物流解决方案。再如本来生活在强化自营 B2C 模式的基础上，2016 年开始布局面向餐饮企业的 B2B 业务；易果生鲜也开始平台化发展，开放生鲜电商平台让供应商入驻，并打造安鲜达冷链物流配送体系服务入驻供应商。

3. 自营平台向产业链上下游渗透

为了保证货源以稳定消费者预期、提升品质以强化客户体验、提升标准化程度以解决非接触式交付带来的质量纠纷、减少中间环节增加利润率，自营平台通过联合生产、"买手"产地直采等方式向上游农产品生产加工环节渗透。联合生产是通过自建农场、联合农场、专属果园、整体包园、分级包园等方式，将平台拥有的消费者需求信息优势转化为生产过程指导。"买手"产地直采是按照平台建立的产品标准由平台的专业采购人员到产地进行货源组织，通过多次反复博弈将消费者需求信息传递到生产端。例如领先自营平台沱沱工社随着用户规模的增加，自建的 1200 亩有机农场难以满足用户需求，开始采取联合农场来扩大规模。沱沱工社会品控部门全程介入种植方法、药物使用、商品标准化，对种植面积、农场规模、施用肥料等环节提出相关要求，保证农产品质量。又如天天果园 100% 全球原产地直购保证，一直以海外直采智利樱桃和新西兰奇异果为消费者所熟知，并且在无锡、新疆、云南等地已经有合作的专属果园，过程中坚持把采购的过程用视频记录下来。

农产品的独特特性对仓储物流配送均提出了较高的要求，通常需要产地预冷、冷链运输、销地冷藏、控温配送等全程冷链支持，并且对配送时效性要求也较高，以保证农产品新鲜品质提升用户满意度，减少过程损耗降低成本。大型公用冷库往往难以开展初加工、包装等活动，温区分散并且入库出库耗费时间较长。因而自营平台通过贴近消费市场自建多温区冷库的方式来提升整体效率，通过创新控温配送包装、限时送达来保证"最后一公里"的冷链环境，向产业链下游物流配送环节渗透。例如每日优鲜采取的"产地采购→城市分拣中心（总仓）→社区配送中心（前置仓）→用户"仓储配送模式，在用户 3 公里左右为半径设立微仓，目前共有约 200 个微仓，其中北京地区有近 100 个微仓，在 6 个城市的主要城区提供两小时送货上门。又如食行生鲜主打大众生鲜食材，即蔬菜、肉禽蛋等日常高频品类，由基地直采，冷链配送到布置在各大社区的冷柜，由用户自取。再如 U 掌柜除了分布式仓储，还推出了物流配送上的集常温、冷冻、冷藏、热链四温区为一体的冷链配送箱，该箱可以直接安装在快递配送员的车上，里面的水果、生鲜可以直接用塑料袋包装，节省了每单的包装成本，同时避免了拆单带来的不便、效率降低、包装成本上升等问题。

（三）农产品电商网店发展趋势

农产品电商网店是农产品电商生态系统的关键种群，其发展呈现以下趋势。

1. 新农人将成为网店主力

农业大户、农业合作社、规模化农场、农产品加工企业、农产品批发零售流通企业等新型农业经营主体，在农产品生产加工上具有规模化、商品化、标准化等货源组织优势，具备开展农产品电商的供给条件。但是在仓储、配送环节主要依靠第三方物流，并且难以承担技术平台较高的开发和运营成本，因而以入驻第三方平台运营网店的方式触网成为最佳选择。在网店发展具备一定规模后，网店也可通过补齐短板发展壮大成为自营平台。

随着农产品电商市场培育和渗透率的提升，农业经营主体将面临传统销售渠道与触网直接面向消费者销售的选择。传统销售渠道往往形成基于社会根植性的利益联结机制，但在电商去中间化带来的利益重新分配、贴近消费者需求信息带来的快速反应以及消费者性价比的提升等优势推动下，农业龙头企业将加速触网，从而在一定时间内形成传统渠道和电商渠道并存的格局。

分散的农户由于生产规模有限、网销能力欠缺，加之季节性因素导致获取用户成本较高，直接触网面临规模不经济、范围不经济、推广困难的困境，因而农业生产组织化程度不高的地区乡村农产品电商宜采用"网店+农户"模式，一定区域内的农户由乡村电商带头人等"新农人"牵头抱团开设网店。一是网店能起到在乡村一定区域内将分散的生产进行集成的作用，形成较为稳定的供应。二是也能够促进产业分工合作，发挥乡村电商带头人在网店运营、营销、初加工和包装等方面的专业优势。三是可以为消费者提供稳定的乡村特色货源预期，便于消费者通过收藏网店降低搜索成本，从而提高复购率，形成稳定的消费群体。

2. 网店优胜劣汰将加剧两极分化

虽然平台经济对网店数量规模有较高要求，但网店数量增长带来的长尾效应与消费者的搜寻成本、试错成本存在均衡点，过多的网店数量增加了消费者搜寻的时间和成本，加之网店的经营水平差异，从而导致网店两级分化现象将加速。一方面领先的网店电商口碑传播的速度更快、范围更广，品牌效应、规模效应持续强化，立足耕耘细分品类、销售额上亿元、十亿元规模的网店将逐步增加，甚至出现独角兽网店从而发展成为独立平台。例如坚果网销品牌三只松鼠 2016 年销售额超过 50 亿元，其中仅双 11 一天就销售达到 5.08 亿元。另一方面部分网店由于缺乏有吸引力的农产品，运营水平差导致用户越来越少，从而沦落为僵尸店铺黯然退市。例如课题组检测到阿里平台售卖重庆农产品的重庆网店 2016 年销售额为 0 的店铺高达 1440 家，两极分化严重。

3. "爆款"加速网店和农产品品牌化进程

农产品的高频消费特征使得消费者对消费渠道的"黏性"往往较高，而复购率的提升必须建立在稳定的消费群体之上，但网店往往面临"获客"成本较高的困境。"爆款"的打造通常是品牌效应的信号显示机制、政府背书的信誉机制、无理由退换货的质保机制和平台引流的推广机制等一个或若干因素合力形成，对网店的集货能力、品控能力、第三方物流合作都有较高的要求。

一方面"爆款"效应使得网店及其农产品更容易被消费者搜寻到、更容易受到口碑效应的影响做出购买决策、更容易发挥规模效应提升盈利水平，因而打造"爆款"成为打造网店自身品牌主要的营销手段。另一方面"爆款"受到消费者的追捧，将极大提升特色农产品的网络传播范围和速度，从而占领消费者的认知共识，网店集群打造同类产品"爆款"加速农产品品牌化进程。例如淘宝网网售"赣南脐橙"的"水源红""一品优""农将军""全果优""兴盟果业""信必果""江南大叔""誉福园"等网店集群，纷纷打造各自销售额达几百万级的"爆款"，为推进"地标品牌"转化为网销品牌立下汗马功劳。

九　加快重庆农产品电商产业发展的政策建议

（一）科学规划引导农产品电商平台布局

一是围绕特色农业产业链引导区县务实推进与全国性知名平台如阿里、京东、苏宁易购、邮乐购等电商的合作，将引导入驻开网店、带动本地农产品上网销售、借力仓储配送基础设施、助推农业结构调整和增收增效作为合作的前提和重点。二是重视知名自营平台招商，推动易果生鲜、天天果园、沱沱工社、每日优鲜等自营平台开拓重庆市场业务，在渝建立本地农产品稳定的货源采购渠道，设立生鲜分仓、前置仓，推动共同配送。三是整合央地资源，推动农业生产、加工、流通龙头企业发挥供应链优势，高起点、高标准谋划打造区域化、专业化自营平台，在规模化的基础上走单品致胜发展路线。四是支持农产品电商第四方平台发展，为农产品电商产业链提供线上线下、金融、营销等配套服务。五是采取以奖代补、动态调整方式，遴选和支持发展一批商业模式优、管理团队强、市场前景好的本土农产品电商平台企业，通过政府支持引导风投跟进加速其供应链布局，提升平台知名度和市场影响力。六是发挥市场对资源配置的决定性作用，引导和督促区县和职能部门对政府和国企主办的农产品电商僵尸平台，痛下决心关停并转、一刀两断。

（二）推动农产品电商网店集群发展

一是推动特色农业产业链上的种养大户、专业合作社、生产基地和产品加工企业、流通企业优先选择入驻第三方平台，通过政府增信，借助其流量导入和开放物流配送服务，开设农产品专业网店。二是引导电商网店线下空间集聚，依托电商物流园区、众创空间等抱团发展，实现仓储、物流、技术、金融等服务共享。三是把"大众创业万众创新"与农产品网店结合起来，支持大学毕业生、返乡农民工通过开设农产品网店创业创新。四是把农产品网店经营主体纳入电商发展基金、产业发展基金予以支持，与平台经营主体享受同等待遇。五是开展网店经营能力专项提升行动，依托第四方平台对网店经营主体开展培训和指导，提升网店的综合经营能力。

（三）夯实网销农产品产业基础

一是找准产业优势，围绕七大特色农业产业链，引导农产品主产区立足区位特点和自然禀赋，培育附加值较高的特色农产品网销品类，促进农业规模化生产。二是统筹谋划网销农产品标准体系，围绕农产品分类、产品质量、等级划分、包装、物流配送、流程规范等关键环节制定标准体系建设指南，规划好标准性质和标准类别。三是转变标准体系建设观念，从消费者视角、方便辨识出发，组建标准建设专项资金，支持行业协会和领先企业为主导来制定各项标准，提升标准的实用性和有效性。四是推动一批农产品生产加工企业、农产品电商平台、网店实施标准试点，通过网站公示、颁布标准文件、新闻报道等形式公之于众，引导全产业跟进，为产业数据汇总、行业数据开发奠定基础，减少农产品电商产业发展中的信息不对称。五是通过产业标准的先行先试，建立健全标准实施信息反馈机制，形成标准制定、标准实施、标准修订的良性闭环机制，推动地方标准上升为国家标准，提升产业影响力。

（四）合力加快培育农产品电商品牌

一是大力发展农产品地标品牌，挖掘、包装、打造具有深厚历史文化传承、自然地理特色的区域公共品牌，强化独特的品牌记忆点。二是选择一批农产品品类地标品牌，联合产业链核心企业，借助电商平台面向全网加快营销策划推广，加快占领主要品类品牌记忆高地。三是扩大"名特优鲜"农产品"三品"认证和重庆名牌农产品认证，培育一批国家级和市级农产品品牌。四是通过召开产业峰会、引导媒体宣传、资助商标注册等方式，支持本地农产品电商平台、具有差异化经营能力的网店培育平台品牌和网店品牌。五是创办一年一度的"重庆农产品电商博览会"暨"重庆农产品电商产业发展论坛"，在主流媒体开展优秀农产品电商平台宣传周活动。

（五）支持建设覆盖城乡的农产品物流配送体系

一是突出田头市场这个"最初一公里"抓手，在特色产品重点区域加快建设一批集集货、分捡、加工、预冷一体的田头市场。二是深入推进农村末梢通道建设，通过进村入户与"万村千乡"市场工程网点、村级综合服务站、供销合作社、村邮点等现有商贸物流节点建立通道。三是在农产品主产地、都市功能区一二级农批市场合理布局建设一批冷链仓储设施。四是开展上下行、共同配送协作试点，通过资源共享，在互利互惠的基础上降低物流成本、提高服务水平、提升流通效率。五是鼓励开展形式多样的保鲜设备设施技术创新，实施电商菜篮子计划，支持企业开发、使用具备保鲜功能、可回收和重复利用的菜篮子，降低山地农产品在配送过程中的损耗和物流配送成本。

（六）加快完善市场监管和公共治理体系

一是加大对电商平台的监管，增强工商、农业、商业、食药监等政府部门之间的沟通、协作和数据共享，建立消费者维权和消费纠纷调处工作机制，加大对网商出售假冒伪劣生鲜农产品、后台数据造假等扰乱市场秩序行为的打击力度。二是支持创建重庆农产品电商联盟，发挥联盟的行业自律职能，通过诚信业主公示推荐和违规业主内部通报、公开曝光、联盟除名等手段构建行业诚信体系，促进整个产业的健康有序发展。三是通过打造品牌特别是区域公共品牌加强行业公共治理，引导支持区县政府、市场主体通过注册商标、发掘历史人文底蕴、开展品牌推介活动、参与评选认证等方式积极创建农产品电商品牌，引入电商销量、消费者评价等指标完善重庆名牌农产品评选机制，对知名品牌实施地域保护。四是通过动态监测、前瞻研究和战略谋划等决策情报助力公共治理，支持科研机构、高等院校、政府部门联合创立重庆农产品电商战略研究院，积极开展农产品电商产业大数据的监测、汇总和挖掘，定期面向公众发布重庆农产品电商产业发展权威报告，不定期向各级党委政府提供资政报告，围绕跨境农产品电商发展中的通关、检验检疫、冷链物流等热点问题，开展战略谋划与前瞻研究。

参考文献：

[1] Coase, R. H.: The Nature of the Firm. Economica N. S., 4, 386 – 405, 1937.

Moore, J. F.: The Death ofCompetition: Leadership and Strategy in theAge ofBusiness Ecosystems, New York: HarperBusiness, 1996.

[2] Evans D S. Some Empirical Aspects of Multi-sided Platform Industries [J]. Social Science Electronic Publishing, 2003, 2 (3): 191 – 209.

[3] Rochet J C, Tirole J. Platform Competition in Two-sided Markets [J]. Journal of the European Economic Association, 2003, 1 (4): 990 – 1029.

[4] Hagiu A, Spulber D. First-Party Content and Coordination in Two-Sided Markets [J]. Management Science, 2013, 59 (4): 933 – 949.

［5］胡岗岚，卢向华，黄丽华．电子商务生态系统及其演化路径［J］．经济管理，2009（6）：110 – 116.

［6］赵晓飞，李崇光．农产品流通渠道变革：演进规律、动力机制与发展趋势［J］．管理世界，2012（3）：81 – 95.

［7］李欣．基于产业价值链的我国农产品电子商务发展策略研究［J］．商业经济研究，2012（18）：34 – 35.

［8］程艳红．美国生鲜电子商务模式研究［J］．世界农业，2014（8）：76 – 79.

［9］向敏，陈建．重庆农产品电子商务交易模式探索［J］．商业经济研究，2014（4）：72 – 74.

［10］何德华，韩晓宇，李优柱．生鲜农产品电子商务消费者购买意愿研究［J］．西北农林科技大学学报（社会科学版），2014（4）：85 – 91.

［11］林家宝，万俊毅，鲁耀斌．生鲜农产品电子商务消费者信任影响因素分析：以水果为例［J］．商业经济与管理，2015（5）：5 – 15.

［12］杜伟．我国生鲜农产品电子商务发展中的用户体验问题研究［D］．华中师范大学，2015.

［13］侯赟慧，杨琛珠．网络平台商务生态系统商业模式选择策略研究［J］．软科学，2015，（11）：30 – 34.

［14］路征，张益辉，王坤，董冠琦．我国"农民网商"的微观特征及问题分析——基于对福建省某"淘宝镇"的调查［J］．情报杂志，2015，（12）：139 – 145 + 132.

［15］李鹏，胡汉辉．企业到平台生态系统的跃迁：机理与路径［J］．科技进步与对策，2016，（10）：1 – 5.

［16］刘建鑫，王可山，张春林．生鲜农产品电子商务发展面临的主要问题及对策［J］．中国流通经济，2016（12），57 – 64.

［17］张士华．"供应链云"下农产品电子商务物流体系和模式探究［J］．科技管理研究，2016（23）：216 – 220.

［18］郑红明．基于政府导向的农产品电子商务发展模式研究——以韶关市为例［J］．经济研究参考，2016（21）：77 – 84.

［19］冯亚伟．供销社综合改革视角下农产品电子商务模式研究［J］．商业研究，2016（12）：132 – 137.

［20］候燕．"消费者中心"理念下农产品电商品牌建设策略研究［J］．商业经济研究，

2016（5）：48－50.

［21］岳柳青，刘咏梅，陈倩.C2C 模式下消费者对农产品质量信号信任及影响因素研究——基于有序 Logistic 模型的实证分析［J］.南京农业大学学报（社会科学版），2017（2）：113－122，153－154.

［22］刘刚.生鲜农产品电子商务的物流服务创新研究［J］.商业经济与管理，2017（3）：12－19.

分　报　告

2016 年重庆农产品电商平台发展报告

李志国*

　　农产品电商平台是指利用互联网信息技术搭建的为农产品买卖双方提供交易撮合、支付、结算及交易过程信息服务的虚拟场所，是农产品电商生态系统的核心种群。从 2003 年 Rochet 和 Tirole 提出基于双边市场的平台经济商业模式以来，由于其具备网络外部性、赢家通吃、创造性破坏等特征，逐渐成为当前主要的商业模式之一。平台的本质是一种交易场所，既可存在于线下的实体空间，也可以存在于互联网上的虚拟空间。

一　重庆农产品电商平台基本情况

（一）平台分类

　　一般说来，农产品电商平台依据不同视角主要有以下几种分类。按照售卖农产品 SKU 占比的视角，可将农产品电商平台划分为农产品专业电商平台和涉农综合电商平台两类；按照平台是否由卖方建设的视角，可将农产品电商专业平台划分为自营平台和第三方平台两个类别；按照交易主体的视角，划分为共识较高的 B2C 和 B2B 两类；按照企业法人注册地及其经营覆盖范围

---

　　* 李志国，博士后，重庆大学经济与工商管理学院管理科学与工程博士后流动站。

的视角，鉴于本文研究对象主要重庆农产品电商平台，可将农产品电商平台划分为本土平台、外地平台。分类总结如表1所示。

表1　　　　　　　　　　　农产品电商平台分类及案例一览表

分类视角		B2C		B2B	
		外地	本土	外地	本土
农产品专业电商平台	自营	沱沱工社、易果生鲜、本来生活等	爱果主义、天龙八部	宋小菜、食务链	恒客来
	第三方	喵鲜生、苏鲜生等	香满园、吉之汇、重庆市农产品电子商务平台、爱与橙	一亩田	重庆农畜产品交易所、中国农副产品交易网
涉农综合电商平台		淘宝网、天猫、苏宁易购等	世纪购、村头商城、商小妹购、太极养生馆	1688食品农业市场	奇易网

备注：平台案例是对其截至2016年末经营模式对应的分类。将SKU数占比超过三分之二称为农产品专业电商平台。其他SKU数超过100非专业电商平台的称为涉农综合电商平台。

（二）重庆农产品电商平台概貌

2016年课题组持续跟踪本地平台87个、外地平台21个，主要清单如表2所示。2016年一季度运营异常平台21家，二季度新增运营异常平台40家，三季度新增运营异常平台9家，至年末仅余14家正常运营平台，平台淘汰率达到84%。从运营异常情况看，一些平台退市，平台已经无法访问或者转型不再售卖农产品。一些平台流量接近枯竭，日均访问量稀少（PV＜100），沦为僵尸平台。一些平台半年以上无商品更新，或者平台绝大部分SKU无成交量、无卖家评论，客服无法正常联系，沦为空壳平台。这些经营异常平台上架SKU几乎无人问津，与平台上线初期通过"发红包"、领奖品带来的短时热闹场面形成鲜明对比。

表 2   课题组持续跟踪平台一览表

平台名称	运营企业	商城地址	注册地
天猫	阿里巴巴（中国）有限公司	www.tmall.com	浙江杭州
淘宝	阿里巴巴（中国）有限公司	www.taobao.com	浙江杭州
京东	北京京东世纪贸易有限公司	www.1000950000	北京
苏宁易购	苏宁云商集团股份有限公司	www.suning.com	江苏南京
沱沱工社	北京沱沱工社生态农业股份有限公司	www.tootoo.cn	北京
菜管家	上海菜管家电子商务有限公司	www.962360.com	上海
一号店	1 号店网上超市	www.yhd.com	上海
邮乐购	上海邮乐网络技术有限公司	www.ule.com	上海
顺丰优选	顺丰控股（集团）股份有限公司	www.sfbest.com	深圳
1688 食品农业市场	阿里巴巴（中国）有限公司	www.1688.com/	浙江杭州
一亩田	北京一亩田新农网络科技有限公司	www.ymt.com/	北京
1919 酒类直供	微商城	微商城	四川成都
超级美味	环球华语卫视传媒有限公司	www.cmeiwei.com	北京
赶街网	浙江赶街电子商务有限公司	www.51ganjie.com	浙江遂昌
香满园	重庆香满园农产品有限公司	www.xmy365.com	重庆渝中区
九重山核桃油	重庆市九重山食品开发有限公司	cqhty.cn	重庆城口
鸡鸣贡茶	重庆市城口县鸡鸣茶业有限责任公司	www.cqjmcy.cn	重庆城口
富和礼品	重庆富和商贸有限公司	cqfhsm.com	重庆主城
芙蓉江野鱼	武隆县芙蓉江食品有限公司	www.野鱼.com	重庆武隆
武隆晶品食品	重庆市晶品食品有限公司	www.cqjpsp.com	重庆武隆
凤来谷	重庆亿拓生态农业有限公司	www.flygoo.cn	重庆武隆
冠恒	重庆市冠恒农业开发有限公司	www.guanhengny.com	重庆武隆
第三城	重庆蒂卡尔科技有限公司	www.3cq.cn	重庆主城
巫山县石龙马铃薯种植专业合作社	中国·重庆巫山黑土豆企业	www.wshtd.net	重庆巫山
巫山天地农业开发有限公司	巫山天地农业开发有限公司	www.wstdny.com	重庆巫山

平台名称	运营企业	商城地址	注册地
巫山葡萄官网	巫山农惠源信息技术有限公司	www. 9753pt. com	重庆巫山
巫山脆李官网	巫山农惠源信息技术有限公司	www. 9753cl. com	重庆巫山
淘实惠	巫山县淘实惠电子商务有限公司	www. tsh365. cn	重庆巫山
巫人农业	重庆巫人农业开限有限公司	wurennongye. taobao. com	重庆巫山
云买乐	重庆云买乐电子商务有限公司	www. yunmaile. com	重庆巫山
巫山特产商城	重庆三夏电子商务有限公司	www. wushan168. com	重庆巫山
恒都牛肉商城	北京中恒康美食品有限公司	www. 51hengdu. cn	北京
重庆绿汇食材商城	重庆绿汇农业开发有限公司	www. cqlhny. cn	重庆丰都
易木爱与橙	奉节县易木生态农业有限公司	www. ymayc. com	重庆奉节
中国农业行业网	重庆高鹏生态农业有限公司	www. cn-nyw. com	重庆忠县
胡燃一点购	重庆市胡燃商贸有限公司	www. hrydg. com	重庆忠县
秀山县钟灵茶业有限公司	秀山县钟灵茶业有限公司	www. xszltea. com	重庆秀山
咕咕嘴	重庆鲁渝立强食品有限公司	www. cnxstj. cn	重庆秀山
姜戈	重庆姜戈网络科技有限公司	www. jiangge100. com	重庆大渡口
石柱红	重庆金田农业集团有限公司	www. shizhuhong. com	重庆石柱
石柱生活网	石柱土家族自治县生活生活网络有限公司	www. 45shw. com	重庆石柱
尚之游旅行网	重庆阅游科技有限公司	www. aiszy. cn	重庆石柱
郁山	彭水县龙须晶丝苕粉有限公司	www. yushanshaofen. com	重庆彭水
例外科技	重庆例外科技有限公司	leevai. com	重庆彭水
渝陕鄂电子商务平台	渝陕鄂电子商务平台	www. yushane. com	重庆巫溪
西东电商城	酉阳县西东电子商务有限公司	www. yddsc. eccoo. cn	重庆酉阳
桃花源赶场天	重庆善贾贸易公司	www. thygct. com	重庆酉阳
购928	/	www. go928. com	重庆云阳
亲戚田园	重庆市葱枝农业投资有限公司	www. qqty888. com	重庆黔江
吉之汇	重庆吉之汇农产品有限公司	www. cqjzh. com	重庆永川
恒韵水产	重庆恒韵水产养殖有限公司	cqhengyun. china. b2b. cn	重庆合川
白羊柠檬	重庆是驰翰柠檬开发有限公司	www. cqbynm. com	重庆万州

平台名称	运营企业	商城地址	注册地
中国血橙网	重庆市万州区兴国血橙销售有限公司	www.zgwzxc.com	重庆万州
天农八部梁平柚	重庆天农八部农业科技有限公司	www.tnbb.com.cn	重庆梁平
奇易网重庆站	重庆市奇易网络信息咨询服务有限公司	www.6695.com	重庆主城
重庆渝涪农副产品电子交易市场有限公司	重庆渝涪农副产品电子交易市场有限公司	www.cqnnn.com	重庆主城
五彩田园	重庆海博园林科技股份有限公司	www.wcty168.com	重庆垫江
重庆市农产品电子商务平台	重庆市农产品（集团）有限公司	www.cqncp.com	重庆主城
田园优选	重庆田园优选电子商务有限公司	www.tyego.com	重庆主城
绿优鲜网上商城	绿优鲜网上商城	www.i6uc.com	重庆主城
每日鲜	重庆易易商电子商务股份有限公司	www.xianyizu.com/	重庆主城
鲜立达	重庆驭风博物电子商务有限公司	www.xianlida.cn	重庆主城
世纪购	重庆商社电子商务有限公司	www.sjgo365.com	重庆主城
亿农加	重庆亿农加电子商务有限公司	www.enonga.com	重庆主城
味派网	重庆味派网络科技有限公司	weipaisp.1688.com	重庆主城
百礼汇	重庆百礼汇科技有限公司	www.li91.com	重庆主城
礼兜兜	重庆礼兜兜电子商务有限公司	www.lddmall.com	重庆主城
爱果主义	重庆金果源电子商务有限公司	www.iguojoy.com	重庆主城
太极养身馆	太极集团有限公司	www.0618.com	重庆主城
掌上云阳	重庆广播电视传媒集团股份有限公司	www.zsyyang.com	重庆云阳
重庆富硒网	重庆欧尔农业开发有限公司	www.cqfxw.com	重庆江津
优码头	重庆市优鲜码头商贸有限公司	www.umatou.com	重庆主城
爱与橙	重庆衡大科技有限公司	fjqc.agr023.net	重庆奉节
武陵生活馆	秀山云智科贸有限公司	www.yz950.com	重庆秀山
商小妹购	重庆汇融文化传播（集团）有限公司	www.sxmgo.com	重庆主城
嗨购到家	一起嗨购电子商务有限公司	www.haigome.com	重庆主城

平台名称	运营企业	商城地址	注册地
重庆生活	重庆腾汇科技有限公司	life. cq. qq. com	重庆主城
晨晨优选	重庆晨报	微商城	重庆主城
大渝号	微信商城	微商城	重庆主城
三峡特购	重庆创米网络科技有限公司	sanxiategou. com	重庆万州
生鲜宅配	重庆冲之科技（集团）有限公司	www. cnsxzp. com	重庆万州
谢鸭子	重庆梁平谢鸭子食品有限公司	www. cqlpxyz. com	重庆梁平
众指成城	巫溪县致恒科技有限公司	www. 023taobao. com	重庆巫溪
土优鲜	重庆土优鲜商贸有限公司	www. tuyouxian. com	重庆主城
电商奉节	（公开信息未获取）	微商城	重庆奉节
奉节脐橙	（公开信息未获取）	www. fjqcgw. com/	重庆奉节
奉节网上商城	奉节123电子商务平台	www. fengjie123. com/	重庆奉节
青蛙网	重庆雷蛙网络科技有限公司	www. 7wa. cc/	重庆奉节
幸福云阳网	重庆幸福科技有限公司	t. cqyy. net/	重庆云阳
忠县红坊药材	忠县洪坊药材种植专业合作社	23a2114300. atobo. com. cn/	重庆云阳
猪太郎	重庆猪太郎农业股份合作社	www. zhutailang. com/	重庆忠县
忠网电商	忠县万众电子商务有限公司	www. wzgouwu. com/	重庆忠县
忠县派森百橙汁	重庆派森百橙汁有限公司	paisenbai. tmall. com/	重庆忠县
重庆疯狂购	重庆购物狂网络技术有限公司	go. cqmmgo. com/	重庆秀山
中国特色·奉节馆	阿里巴巴（中国）有限公司	fengjie. china. taobao. com/	重庆主城
恒客来	重庆易餐网电子商务有限公司	www. yicanguan. com/	重庆主城

二　本土涉农综合平台发展状况

重庆较有代表性的涉农综合平台不多，主要有采用自营B2C模式的"世纪购"、太极养生馆以及定位于农村电商"工业品下乡＋农产品进城"B2C的"奇易网""村头商城"4家（见表3）。

表 3　　　　　　　　　本土涉农综合平台典型案例基本情况

平台名称	运营商	WEB 链接	备注
世纪购	重庆商社电子商务有限公司	www.sjgo365.com	有 APP 及微商城
太极养生馆	太极集团有限公司	www.0618.com	有微信公众号
村头商城	重庆村头科技发展有限公司	www.ct918.com	有 APP
奇易网	重庆市奇易网络信息咨询服务有限公司	www.6695.com	有 APP

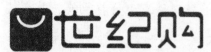

图 1

"世纪购"（见图 1）是新世纪百货旗下跨境电商综合平台，主要依托新世纪、重百和商社电器，采用综合百货加电器模式，推出上万款进口化妆品、进口母婴用品供消费者选购，其中涉农产品主要为进口食品和保健品。与一般的网上商城相比，世纪购的优势在于有重百、新世纪、商社电器的正品保障，以及多年在渝线下耕耘积累的客户资源。"世纪购"在商品及价格上与现有的重百、新世纪及商社电器线下产品进行错位。线上 60% 的商品都是以跨境商品的形式从境外报税进口，国内商品则全部直接从厂家采购，线上与实体店的商品重合率最低可控制在二至三成。根据重庆百货公布的 2016 年报，重庆百货 2016 年自建线上销售平台的交易额（GMV）为 1.13 亿元、营业收入为 9544.81 万元、访问量为 8528.62 万人、入驻商家数量 1 个，为公司自营；无加盟外部线上平台情况及营业收入；订单数量为 604564 个、PC 及移动端订单占比分别为 44.38% 和 55.62%。其中，运营"世纪购"的重庆商社电子商务有限公司营业收入 451.87 万元，营业利润亏损 222.89 万元。世纪购总经理石愚认为，跨境商品的集中采购、运输费用的压缩、行邮税代替关税和增值税是跨境电商价格具有竞争力的主要原因。

"村头商城"（见图 2）以秀山（武陵）现代物流园区为依托，以武陵山名优特产为销售对象，以"买武陵、卖全国"为宗旨，以打造武陵特色品牌为己任，构建专业的网商团队及完善的物流配送体系，从而带动秀山及武陵

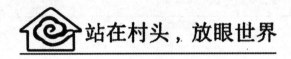

图 2

山地区经济发展。"有山有水有土货，一村一景一品牌"是"村头"平台的核心理念。通过一系列的美丽乡村计划、特色小镇计划、红色根据地计划、明星村（镇）计划等，将乡村民宿旅游与农家土货结合，释放消费者的乡愁。目前，继土货商城成熟发展之后，"村头"平台的乡村旅游、公益慈善、电商扶贫等功能接连上线，让"村头"逐步成为服务"三农"的多功能电商平台。2016 年 12 月，秀山自治县政府常务会审议通过，同意投资组建"重庆村头科技发展有限公司"，专门营运"村头"平台，在现有秀山农村电商成功发展的基础之上，通过改革创新、加快发展，让线上"村头"、线下生活馆的"互联网＋三农"电商模式迅速走出秀山、走向全国，力争用 2 年左右的时间遍及以中西部地区为主的广大农村，惠及更广泛的地区和更多的人。

从本土涉农综合平台的这些典型案例发展情况来看，目前处于发展起步阶段，基本处于亏损状态，发展态势尚不明朗。从这些典型案例采取的发展策略看，平台以争取本地消费者、首先吸引消费一方进入平台为策略，期望通过打造产品、渠道或者价格的独特竞争力寻求消费者集聚。从发展存在的问题看，综合平台往往是延续工业品电商平台的运营思维，对农产品特性关注不够，大都采用第三方物流配送，较少涉足稀缺高价的生鲜品类。从发展面临的挑战看，直接面临如淘宝、京东、苏宁等全国综合平台的竞争，要想吸引消费者或者供应商进驻平台，面临需要向平台一方进行补贴、但又无法向另一方收取过高费用的困境，往往需要较大获客资本开支。

三 本土专业第三方平台发展状况

重庆较有代表性的本土专业第三方平台主要有依托传统批发市场菜园坝水果市场的"香满园"和依托传统农贸物流城的"吉之汇"两个。

图 3

"香满园"（见图 3）以传统批发市场菜园坝水果市场为依托，首先推动入驻批发市场的传统卖家入驻平台，然后"香满园"依靠投资方重庆公运集团的城市配送优势向入驻的卖家提供增值服务，使得卖家有足够动力把相对固定的消费者迁移到平台上。从国内农产品电商平台基本情况看，生鲜电商并不容易盈利，这是由于生鲜的损耗和所需的包装、物流成本造成的。香满园做生鲜电商采取了"一种羊毛出在狗"身上的方式，不一定是产品本身能赚多少钱（当然单纯做生鲜电商也是可以赢利的），香满园平台是零利润的，利润体现在菜园坝实体市场上。香满园认为传统生鲜批发市场互联网转型升级，确实有自己的优势：第一，可以实现零库存，每天从批发市场拿最新鲜的货品配送给用户；第二，有生鲜领域中的专业人才，经过了长时间的积累；第三，线上渠道可以对应本地化的批发市场品牌，有一定品牌效应。在货源组织环节，香满园主要从四个方面强化品控措施。第一，找到出产这类产品的主产地，主产地的产品质量比较好；第二，要去主产地进行实地考察；第三，在和产地谈合作的时候要考虑产品的分拣和分级情况；第四，在产地收产品，一定要有人在产地留守，把控产品质量。

图 4

"吉之汇"（见图 4）以传统农贸物流城为依托，利用云网产品、云配产品、云贷产品的系列"云"产品吸引线下租户客商入驻平台。重庆吉之汇农产品有限公司是由深圳圆周嘉年投资有限公司于 2013 年投资控股创建，在整合永川川东农贸市场的基础上主要从事农产品电子商务、仓储、批发、配送、代理等业务。"吉之汇农贸电商平台"项目依托线下实体农贸市场——吉之汇国际农贸物流城，以为农贸批发商家提供服务的形式参与到农产品的"流通"环节中去。平台通过为商家提供服务的方式，向上覆盖供应渠道和基地,从源头把控产品质量同时降低农产品流通成本;向下覆盖消费企业和终端用户,扩大经营范围提升市场占有率。"吉之汇农贸电商平台"整体规划投资一亿元,以农贸服务为切入点,把线上与线下结合实现以"供应链电子交易平台","B2B2C 电子商务交易平台","农贸金融扶持平台","农产品物流配送平台"和线下信息化"商家服务平台"五大平台为一体的综合电子商务"云"服务平台。

从香满园和吉之汇的典型案例发展情况来看,平台成立的初衷更多是推动线下(Offline)实体批发商场向线上(Online)扩展,目前均处于亏损状况,目前的收益体现在对实体市场的效益上。从专业第三方平台采取的发展策略来看,平台以线下实体商场为基础,首先推动线下商场的商户入驻平台,以物流、品类差异化服务逐步推动原有消费者向线上平台迁移并力图吸引更多消费者。从发展面临的挑战看,专业第三方平台首先依托线下实体商场以商户优先入驻平台的策略,一定程度解决了线下利益紧密型供应商"多属行为"带来的不确定性,但数量往往有限,通常难以达到产生同边网络效应正外部性的零界点,仍然处于如何双边获客的起步阶段。

四 重庆专业自营平台发展状况

重庆较有代表性的专业自营平台主要有专注于进口稀缺高端水果的"爱果主义"、专注于"梁平柚"品牌运营的"天农八部"和专注于餐饮企业食材供应的"易餐网"3 个。

表4 **本土专业第三方平台典型案例基本情况**

平台名称	运营商	WEB 链接	移动解决方案
爱果 JOY	重庆金果源电子商务有限公司	www. iguojoy. com	主要通过微商城
天农八部	重庆天农八部农业科技有限公司	www. tnbb. com. cn	无移动方案
易餐网	重庆易餐网电子商务有限公司	www. hengkelai. com	主要通过 APP

图5

"爱果主义"（见图5），即爱果 JOY，是由西部最大的进口水果批发商金果源，和国内最大的财经期刊集群商界传媒联手打造的互联网鲜果服务供应商，专注于进口稀缺高端水果。爱果主义认为，采购、冷链、配送，离开这三样，一切生鲜电商都是空谈。爱果主义一方面依靠金果源本身的优势往前走，另一方面也在搭建自己的上游资源。水果对"新鲜度"的要求极高，一件水果从冷库到销售终端再到用户手中，通常要经过几小时甚至几天的反复入库、出库，几番折腾，再好的口感也大打折扣。爱果主义的配送，要对标的不是"隔日达""次日达"这样的标准，而是"零时差"的即买即得。爱果主义物流团队拜访了重庆所有的物流服务商，但"一日三送"与"半日达"的高标准，几乎每一家物流商都无法接招。解决方案听上去很容易，选择三家不同的物流商在不同时段服务。但要在爱果主义上线初期就把并不多的订单分成三份，并且统一选用高标准的"半日达"，"零时差"的速度背后，是无数次的讨论与艰难的抉择。尽管爱果主义已经把速度提到了极限，但仍然要面对水果损耗的问题。农产品终究无法保证产品百分之百完好，既然无法保证水果绝对完好，那么出了问题，就要有一个好的态度。所有的坏果，爱果主义都以双倍标准去补偿，并且不会上门去验证和回收。

图6

"天农八部"（见图6）专注于"梁平柚"品牌运营，线下采用"公司＋农户"建立上游紧密型利益联结机制，利用物联网建立溯源体系，充分挖掘梁平柚的文化附加值，利用平台在全国范围内寻求消费者。重庆天农八部农业科技有限公司打造的梁平柚，是国内第一个果树实现 RFID 溯源的产品，也是第一个同时建立电商平台、定制平台、拍卖平台、溯源平台的产品。果树标签记录了柚树的树龄、户主、经纬度、海拔高度、大概产量，以及何时施肥、何时修枝等信息。"天农八部"推动了梁平柚产业的整体提升，梁平区委书记吴盛海认为有两大好处。一是实现了优质优价，通过电商平台，农民生产的生态柚能卖到20元一个，确保农民的付出获得优质回报；二是调动了农民的积极性，"天农八部"对签了"订单"的柚子基地进行监管，用了什么农药、肥料，管理得好不好，都记得一清二楚，要是农民偷懒、偷施化肥的话，就不给你这个收购价，因而促进农户自己使用有机肥，确保了产品质量。

"易餐网"（见图7）由重庆博恩集团创办的重庆易餐网电子商务有限公司运营。致力于解决餐饮企业食材采购纷繁复杂的难题，通过易餐网的APP、微信公众号，餐饮用户可以在这个平台上选择明天要用到的食材品种、规模

图7

数量。而易餐网则在平台上上线农场、市场等100多家供应商提供的1000多种产品。餐饮企业下单后，易餐网会安排就近的物流在指定时间内将商品送达。易餐网负责人张定剑介绍，通过易餐网提供的竞品数据分析，商家可通过易餐网更精准地把握用户需求。前端用互联网＋把餐饮企业、中小餐馆连接起来；后端整合农产品源头、食品厂家、大型农批市场、一级供应商、农产品副食专卖店，应用云仓储物流及分级仓储物流、供应链管理、品控能力来降低终端采购成本，提高食材资源集采能力、节省运营人力及时间。自2016年3月15日易餐网上线以来，两个月时间里，已经拥有用户6000余家，B2B平台平均月交易额超过两百万元，沉淀用户复购率达60%，平台每月交易额以100%的增长速度快速倍增。

从以上专业自营平台的典型案例发展情况来看，平台拥有货源组织的核心优势，发展态势相对较好。从专业自营平台采取的发展策略来看，本土专业自营平台强化单品致胜发展路线，在货源组织上具有核心优势，以自营整合上下游产业链的极致单品和附加服务为独特竞争力寻求核心消费者的集聚和黏性。从发展面临的挑战看，采用单品策略的自营平台，在产品差异化方

面形成一定竞争力，但联合需求效应较差，必须寻找需求的差异化匹配，并且消费者群体呈现"长尾"特性，要准确识别和锁定差异化需求的消费者难度较大，还处于较高成本获客阶段。

五　外地平台拓展重庆市场情况

以淘宝、天猫、京东、苏宁易购等全国知名电商平台为代表的外地平台处于平台演进的进化阶段，网络效应正外部性充分形成，2016 年相继加快重庆全域市场布局。知名平台通过多年的发展，在用户集聚规模和用户黏性、物流基础设施、支付结算等增值服务上具有规模效应和先发优势，在巩固核心模块竞争力的同时，加大基础设施资源的开放力度，吸引更多的供应商入驻提供平台补足品。同时平台利用多年累积的消费者大数据，实现更为精准的营销推广，从而提高买卖匹配程度，提升复购率。

2016 年知名涉农平台强化与地方政府的战略合作。一是与市级层面的战略合作。例如 2016 年 9 月，苏宁控股集团与重庆市人民政府签署战略合作框架协议，将在产业投资、采购结算、农村电商、现代物流、金融、人才培训等多个领域开展全面合作，大力推动在苏宁易购平台设立以重庆地方农产品为特色的"重庆馆"。"邮乐购"平台的本地化运营商市邮政管理局与重庆市供销总社签订合作协议，发展紧密型农村物流联系网点。二是与区县政府合作继续深化打造地方"特色馆"这个大平台中的小平台。截至 2016 年底，淘宝网上有 3 家"特色中国馆"，苏宁易购上有 4 家"中华特色馆"，京东商城上有 5 家"中国特产馆"，邮乐购上有 30 家"一城一味"特色馆。特色馆通常采用"政府背书、平台导流、企业运营"合作模式，政府背书和平台导流均有排他性，政府背书解决了交易活动中关键的信号显示机制和声誉机制，平台导流激发了消费者大规模"按图索骥"消费场景，运营商运营能力成为特色馆可持续发展的关键。三是加大农产品网店招商入驻。2016 年末淘宝网平台上售卖重庆农产品的网店数量达到 9755 家、天猫平台上售卖重庆农产品的网店数量达到 505 家。2016 全年阿里平台（淘宝网和天猫）重庆农产品销售额达到 5 亿元，其中生鲜 0.8 亿元，占比 16%，非生鲜 4.2 亿元，占比 84%。2016 年 12 月底，淘宝网、京东、苏宁易购、邮乐购、一号店等全国和外地知名综合平台上架重庆农产品 SKU 达到 57078 件，相比 2015 年 33000 件增长 73%。

2016 年部分外地专业自营平台拓展覆盖重庆市场。部分在货源组织、品控措施、物流配送、客户服务等核心运营环节具有差异化竞争优势的外地知名平台，在资本助力下快速完成了于一定的核心区域内较为稳定的消费者集聚，正在逐步向包括重庆在内的外部区域进行拓展。例如 2016 年完成 C 轮融资的易果生鲜（见图 8），在成都建立了冷链仓储中心，入驻天猫超市开设"天猫超市西南生鲜"网店，以新鲜水果、猪牛羊肉、海鲜水产、家禽蛋类、速食冻品、新鲜蔬菜为主打，依托安鲜达全程冷链配送服务覆盖重庆主城区消费市场，并推出了订单满 88 元冷链包邮服务。又如中粮"我买网"（见图9）在渝北区设立 1000 平方米仓储中心，2016 年 8 月正式启用，将缩短海外产品进入西南地区的直采运输线。自营平台主要走垂直发展路线，农产品的地域性、季节性、保鲜（质）期短、难以标准化等特性，"百花齐放"发展成为可能。

图8   图9

六　平台发展趋势与竞争策略

农业部数据显示，我国农产品网络零售 2015 年交易额超过 1500 亿元，2016 年预计达到 2200 亿元，增速高达 46%，但整体消费市场渗透率仍然处于不到 5% 的较低水平。作为电商最后的万亿级"蓝海"大市场，受到产业界和学术界高度关注。然而由于农产品在种养、储运、消费等环节与工业品相比存在显著的差异，其平台经济模式、发展趋势和竞争策略也呈现新的特征。

（一）平台演进趋势

与拥有技术优势资源的核心企业通过顶层设计打造技术性平台、吸引附属企业基于技术平台提供补足品的演进道路有所不同，电商平台往往以单边成功的产品或服务为起点因而只能通过派生演化得到。参考已有的学术成果，总结国内知名农产品专业电商平台发展的历程，农产品电商平台演进可以划分为起步、成长、扩张、进化四个演讲阶段（见图 10）。其中起步阶段是指平台设立方搭建好 WEB 或者移动技术平台，并开始寻找和定位买卖双方核心群体，本阶段当平台设立方为唯一卖方主的情景下就是自营平台。成长阶段指平台将双边市场中的至少一边吸引入驻平台并形成规模效应，同边网络效应和跨边网络效应得以初步发挥，"先有鸡还是先有蛋"问题基本得到解决。扩张阶段是指平台在成功形成一定规模的双边市场后，形成了有效解决平台参与者、补足者不良行为负外部性的平台治理机制，开始走范围经济路线、或者地域范围拓展。进化阶段指电商平台个体在与同质平台种群进行竞争的过程中，颠覆式改变原有模式并进化为新的平台，并可能在新的模式下继续进行扩张。

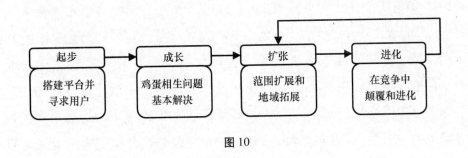

图 10

总体来看，2016 年重庆农产品电商平台呈现各类平台共生发展态势，全国知名涉农综合平台不断进化扩张相继深化重庆市场布局，部分进入扩张阶段的外地专业知名自营平台拓展重庆消费市场，本土平台总体尚处于起步阶段。绝大多数尚未培育出差异化产品或服务的、处于起步阶段的本土农产品电商平台要实现用户"锁定"具有较大挑战。

（二）平台整体呈现可竞争市场格局

综合分析，农产品在生产、储运、消费等环节都与工业消费品存在显著的差异，特别是季节性、地域性使得"大众"农产品在"卖得远"上存在物流不经济临界点，加之平台难以实现对农产品货源的垄断，农产品电商平台特别是自营平台整体将呈现可竞争市场结构态势。领先自营平台具有先发优势，培育了一批黏性较高的消费者，将逐步发挥规模效应在一定区域内实现盈利；但随着第三方冷库和冷链共同配送等基础设施的逐步完善，新平台进入并不存在较大的退出成本，可利用农产品的高频消费特征实现一定范围内的规模经济。因而农产品电商平台将呈现出与传统工业品电商寡头竞争、垄断竞争不同的发展态势，长期来看是一个整体规模巨大的可竞争市场。

具体到重庆而言，一是本土市场空间还足够大而渗透率较低。从供给侧看，2016 年全年农业总产值达到 1968 亿元，按照 2015 年商品化率 65.7% 计算农产品商品产值达到 1293 亿元，其中柑橘、榨菜、生态渔业、草食牲畜、中药材、茶叶、调味品七大特色产业链综合产值达到 1040 亿元。从需求侧看，2016 年重庆实现社零总额 7271.4 亿元，增长 13.2%；全市居民人均消费支出 16385 元，居民恩格尔系数为 34.2%，食品消费市场规模超过 1600 亿元。二是配套基础设施逐步完善，农村公路建设行政村通畅目标提前完成，复合型农产品"田头市场"加快建设，乡村物流体系建设持续加强，都市消费区分拨网络日趋完善，投运冷库容量超过 60 万吨。农产品电商产业发展的"最初一公里"、产地集货、销地分拨、"最后一公里"等配套条件日趋成熟。三是电商产业整体发展奠定了较好的基础。2016 年重庆市实现电子商务交易额达到 8500 亿元，其中网络零售实现 800 亿元，全市电子商务市场主体超过 14 万户，软件和信息服务业增长达到 20%，具备农产品电商平台发展所需要的资金、技术、人才等基础。因而总体来看，新的农产品电商平台进入成本和退出沉没成本逐步降低，总体呈现可竞争市场格局。

（三）自营平台整合产业链提升竞争能力

起步阶段的平台为了获得并巩固产品或服务的差异化能力，留住那些可能一开始通过补贴方式获得的在位消费者，需要从保证货源以稳定消费者预期、提升品质以强化客户体验、提升标准化程度以解决非接触式交付带来的质量纠纷等环节入手，通常的做法是从上下游两个方向延伸和整合产业链，以增强用户黏性，提升复购率，减少中间环节增加利润率，以期尽快突破规模经济临界点。

从知名平台差异化能力培育路径看，主要集中在上游货源组织和下游冷链配送两个核心环节。货源组织环节主要有三种主要方式来培育差异化能力，领先平台通常以一种方式为主，其他方式为辅。第一是自建农场、联合农场、专属果园、整体包园、分级包园等联合生产方式便于从种养开始标准化质量控制。主要采用这种方式的例如沱沱工社、本来生活、良食网、食行生鲜、天天果园等。第二是专业团队进行产地直采的"买手"方式，对"买手"的专业能力要求较高。主要采用这种方式的例如易果生鲜、每日优鲜、盒马生鲜、爱鲜蜂、U 掌柜、京东自营等。第三是向批发供应商、龙头企业批量采购，特别是标准化程度较高的农产品。主要采用这种方式的有我买网、每日优鲜、许鲜、食行生鲜、顺丰优选等。

冷链配送环节有多种方式来培育差异化能力，领先平台往往在冷链配送环节创新运营模式。比较有代表性的第一是全程配送创新，核心业务区域以自建物流为主，在仓储上多采用"集中+分布"式布局。第二是仓储布局创新，通过"自建仓储+三方配送"模式，核心业务区域自建仓储并在建立配送标准基础上与第三方配送合作。第三是战略合作创新，依托具有冷链仓储配送能力的第三方（例如顺丰冷链）进行配送。第四是物流技术创新，例如采用多温层冷库、多温区冷链配送箱等冷链物流新技术。第五是交付模式创新，通过在"最后一公里"设置生鲜柜自提、合作便利店自提等方式，提升交付效率。

（四）应对策略

从电子商务的发展趋势看，"线上、线下、物流相融的新零售""智能化、个性化、定制化的新制造"在一定范围内已经成为业界共识，帮用户节省时间、帮用户做出专业选择、利用品牌抢占公众认知高点成为互联网经济追逐的目标。平台作为市场主体之一，也存在着广泛的竞争，同一平台上的主体之间存在内部竞争，多个平台存在外部竞争。竞争来源于平台经济参与者的多属行为这个重要特征，由于存在多个功能可以替代的平台，平台的一方就可能会采取与多个平台发生关联的行为，例如农产品电商平台消费者一方可以根据不同农产品的质量和价格偏好在多个平台上购买，而卖方也可能同时入驻多个平台以获取更多的流量。具体到农产品电商平台而言，由于国内大部分农产品专业电商平台大都处于起步和成长阶段，关注客户需求差异化、着力服务差异化并留住核心产品的在位消费者是主要策略，是解决双边市场"鸡蛋相生"问题的关键，特别是自营平台在起步阶段由平台运营者扮演唯一"卖方"的情景下至关重要。

对于地方各级政府而言，应深刻认识平台经济的本质，充分发挥市场在资源配置中的决定性作用，在平台建设上不能越俎代庖。一方面围绕特色农业产业链引导区县务实推进与外地涉农平台的合作，重视外地自营平台招商。另一方面夯实网销农产品产业基础，引导本土平台利用特色农业产业链打造自身特色化差异化个性化的产品能力、从而留住消费者。

对于农产品电商平台而言，农产品的差异化可以从食品安全、消费升级、稀缺商品等市场痛点入手，综合品类、品牌、价格等手段获得差异化特色。例如最初以水果为切入点的电商"本来生活"通过褚橙营销一炮走红，

"天天果园"以进口车厘子为"爆款"吸附了大量消费者，而易果生鲜、每日优鲜、盒马生鲜、U 掌柜、顺丰优选、京东自营等均将标准化程度较高的进口生鲜农产品作为差异化能力之一。服务的差异化从形式上看可以通过售后服务、溯源系统、多次重复博弈、赋予消费者反悔权等手段获得，从本质上看必须解决农产品非面对面交付方式可能在品质、时效、标准等方面给消费者带来的与预期不一致的矛盾。

总的来看，无论是全国知名平台、外地知名平台还是本土平台，打造差异化、高质量的产品或服务，增加在位消费者的黏性，抓住高频消费特征提升复购率，是平台发展的必由之路。本土平台一方面更加贴近供给侧上游七大特色产业链，在依托本土"小特优鲜"农产品培育差异化能力上具有根植性优势；另一方面本土平台更加熟悉本地人的消费特性，在需求差异化、服务差异化上具有贴近消费者的优势；在农产品电商产业发展中还有较为广阔的市场空间。

参考文献：

［1］侯赟慧，杨琛珠．网络平台商务生态系统商业模式选择策略研究［J］．软科学，2015，（11）：30－34．

［2］胡岗岚，卢向华，黄丽华．电子商务生态系统及其演化路径［J］．经济管理，2009，（06）：110－116．

［3］李鹏，胡汉辉．企业到平台生态系统的跃迁：机理与路径［J］．科技进步与对策，2016，（10）：1－5．

［4］李允尧，刘海运，黄少坚．平台经济理论研究动态［J］．经济学动态，2013，（07）：123－129．

［5］柳俊，王求真，陈珲．基于内容分析法的电子商务模式分类研究［J］．管理工程学报，2011，（03）：200－205．

［6］杨克岩．电子商务信息生态系统的构建研究［J］．情报科学，2014，（03）：37－41．

［7］周述文，郭晓军，孙爱平，汤海洪．电子商务网站的分类及评价初探［J］．中国管理科学，2000，（S1）：748－754．

［8］章宁，王天梅，许海曦，刘晓征．电子商务模式研究［J］．中央财经大学学报，

2004，（02）：68 – 70.

　　［9］Amrit Tiwana. Platform ecosystems ：aligning architecture，governance，and strategy［M］. Morgan Kaufmann Publishers，2013.

　　［10］Annabelle Gawer. Platform dynamics and strategies ：from products to services［C］. Platforms ，Markets and Innovation ，2009：45 – 76.

　　［11］Caillaud，B. &B. Jullien. Chicken &egg：Competition among intermediation service providers［J］. RAND Journal of Economics ，2003，（34）：309 – 328.

　　［12］Evans D S. Some Empirical Aspects of Multi-sided Platform Industries［J］. Social Science Electronic Publishing，2003，2（3）：191 – 209.

　　［13］Hagiu A，Spulber D. First-Party Content and Coordination in Two-Sided Markets［J］. Management Science，2013，59（4）：933 – 949.

　　［14］Rochet J C，Tirole J. Platform Competition in Two-sided Markets［J］. Journal of the European Economic Association，2003，1（4）：990 – 1029.

2016 年重庆农产品网店发展报告

李志国

农产品网店是农产品电商第三方平台上的卖家。农产品网店经营者线上利用第三方平台提供的网上商城功能开展产品信息发布展示、接收用户购买信息、交易结算、用户反馈等生产活动，线下通常利用第三方物流安排农产品货源组织、包装、发货、退换货等生产活动。在农产品电商产业生态系统中，除了各具特色、百花齐放的电商平台外，入驻第三方平台的农产品网店也是关键种群，在推动农产品上行中起到关键作用。在消费者数字化程度高、认知全方位、购物路径全渠道的网络经济时代，农产品网店是以消费者体验为中心的数据驱动的"新零售"中重要的物种，对于重塑农业价值链、引领消费升级、形成零售新生态都具有重要作用。本文的农产品网店相关数据来源于重庆社科院课题组对国内阿里平台（淘宝网和天猫）的持续数据采集，考虑到阿里平台在网络消费中占据 80% 以上市场份额，[①] 其数据具有较好的代表性。

一 重庆农产品网店经营状况

根据课题组对阿里平台重庆农产品网店的月度监测数据，截至 2016 年

---

① 中国电子商务研究中心发布的《2016 年中国消费者网络消费洞察报告与网购指南报告》显示，阿里平台市场份额达到 85.6% 。

12月底，阿里平台现销售重庆农产品的网店有9755家，同比2015年末增长了113%，其中注册地为重庆的有4537家（从全年数据看共有6278家，其中有1741家关闭退市）。重庆农产品网店数量总体呈现稳中有进趋势，网店共计上架重庆农产品SKU有5.7万件左右，全年销售额5亿元。

从经营情况看，存在三个重要特征。

一是盈利网店①数量较少（见表1）。从全年整体情况看，月均销售额大于1万元的仅有329家，占比仅5%，销售额等于0的僵尸网店数高达3558家，占比高达51%，并导致1741家网店关闭。究其原因，一方面第三方平台上卖家大量汇聚，消费者对网店的搜寻成本较高，第三方平台的引流成本较高，规模较小的网店往往难以负担，因而一部分网店往往没有流量。另一方面部分网店在支付了较高的引流成本后，要么没有打动消费者的"爆款"，要么品质难以满足消费者的需求，要么体验较差与消费者的多次重复博弈过程中失去消费者，导致流量无法转变为成交，更难以对消费者形成"锁定"。

表1　　　　阿里平台重庆农产品网店2016年月均销售分段统计表

销售额分段（R，单位：万元）	网店家数	占比
$R \geq 100$	3	0%
$10 \leq R < 100$	57	1%
$1 \leq R < 10$	269	4%
$0.1 \leq R < 1$	951	14%
$0 < R < 0.1$	1440	21%
$R = 0$	3558	51%

二是与外地领先店铺相比销售额差距较大（见表2）。例如重庆月均销售额215万元、排名第一的"盾皇食品专营店"，相比注册地在杭州、月均销售额达到1150万元的"新农哥旗舰店"，差距还比较明显。又如本土月均销

①　盈利网店的判定参见重庆社科院课题组发布的《2016重庆农产品电商产业发展研究报告》。

售额 100 万元左右的"有友食品旗舰店",相比类似(经营品类类似)注册地在武汉月均销售额达到 2700 万元的"周黑鸭",差距更为明显。究其原因,一方面外地领先网店触网时间普遍较早,声誉口碑较重庆本土网店较好,例如"新农哥旗舰店"触网已经 9 年,而重庆本土农产品电商发展较晚,最长的仅为 5 年左右。另一方面外地领先网店核心产品品牌影响力较大,例如"周黑鸭"于 2016 年 11 月在香港交易所挂牌上市,"新农哥"已经成长为中国坚果领导品牌。另外,外地领先网店所在地域第三方物流基础较好,物流配送的及时性和保鲜效果更佳,消费者服务体验更好,例如注册地在上海的"鲜聚惠"采用顺丰速运,在上海区域 6 小时限时达。

表 2   **阿里平台重庆农产品网店与外地知名网店对比分析表**   (销售额:万元)

网店	注册地	月均销售额	网店平台信用	运营者基本情况
有友食品旗舰店	重庆	91	天猫 3 年店	生产商销售公司运营。
周黑鸭	武汉	2700	天猫 7 年店	生产商销售公司运营。
盾皇食品专营店	重庆	215	天猫 5 年店	经销商运营。
新农哥旗舰店	杭州	1150	天猫 9 年店	生产商销售公司运营。
黑番区	重庆	17	3 皇冠	经销商运营。
鲜聚惠	上海	139	2 金冠	经销商运营。

    三是领先网店亮点纷呈。一方面是盈利网店数量快速增长,2016 年 2、3、4 单季度盈利网店数量分别有 299 家、333 家、432 家,在所有本土网店中的占比分别是 6.4%、7.8%、9.3%。另一方面是盈利网店销售额快速增长,2016 年 2、3、4 季度合计销售额分别为 6198 万元、7869 万元、15226 万元,环比增长 30.0%、93.5%。再者,涌现了一批充分利用地域品牌优势、"老字号"触网、发挥规模经济效益打造"爆款"、挖掘范围经济驾驭"长尾"商品的明星网店。

二 重庆农产品网店的突出特征

（一）网店核心产品地域根植性强

数据分析发现，重庆农产品网店网销商品以非生鲜为主，2016 年阿里平台 5 亿元销售额中生鲜 0.8 亿元，占比 16%，非生鲜 4.2 亿元，占比 84%，两大类农产品均呈现较强的根植性。例如非生鲜农产品排名靠前的类别以休闲食品、佐餐调味、火锅底料为主，占比达到 80% 以上。非生鲜农产品标准化程度高、保质期长、无须冷链配送，更适合规模较小、依托第三方物流为主的网店售卖。生鲜农产品排名靠前的是水果和肉类，占比达到 70% 左右，水果中占比较高的奉节脐橙、梁平柚和肉类中占比较高的冷冻恒都牛肉，保质期相对较长，触网难度较低，也较适合第三方物流配送。从重庆市重点打造的柑橘、草食牲畜、生态渔业、茶叶、榨菜、中药材、调味品七大特色产业链网销数据看，网店网销规模合计达到 1.35 亿元，也表明网店核心产品地域根植性较强。

数据分析同时发现领先店铺倾向于强调自身的地域根植性。从天猫售卖重庆农产品本土网店季度销售额排行榜（见表 3）发现，网店经营者大部分是商品生产商，在企业发展过程中已经培育了一定知名度的地域产品品牌，例如"德庄火锅""有友食品""老四川""秦妈火锅""乌江榨菜""流浪汉"等。从淘宝网售卖重庆农产品本土网店季度销售额排行榜发现，网店经营者大多数是个体商户或农业大户，在其网店命名上，领先网店较多使用带有"重庆""渝""火锅""麻辣""橙都""武陵"等体现重庆本土特色美食和表明产地特色的词汇，具有一定的"地标"效应。

路征等（2015）通过对福建省某"淘宝镇"的实地调查，发现"农民网商"在个体上体现出受教育水平相对较高、年轻化、入行时间短等特征，在经营上体现出家庭化、规模小、策略简单等特征。从重庆农村网店的情况看，通常有个人卖家和企业卖家两大类别。个人卖家一般为农户、专业大户、家庭

表3　　　　　　　淘宝网售卖重庆农产品重庆网店季度销售额排行榜　　　　　（单位：万元）

排名	一季度		二季度		三季度		四季度	
	网店	销售额	网店	销售额	网店	销售额	网店	销售额
1	橙都一号生态果园	94	客来兴巴渝食品店	111	渝之味食品店	124	客来兴巴渝食品店	245
2	小七陈卤	69	小七陈卤	97	客来兴巴渝食品店	124	小七陈卤	192
3	川味水浒之香料王食品	60	橙都一号生态果园	83	渝美滋厂家品牌店	100	渝之味食品店	192
4	山里二娃子农特产	58	重庆味蕾食品店	81	小七陈卤	74	渝美滋厂家品牌店	151
5	巴鼎红火锅店专用底料	46	开火迎火锅店专用底料	74	重庆味蕾食品店	74	黑番区	132
6	辣辣屋零食店	44	渝之味食品店	72	重庆妙厨食品	69	德义火锅	115
7	芭啦啦美食店	42	重庆一诚食品	54	德义火锅	64	巴谷鲜川渝美食	108
8	客来兴巴渝食品店	40	武陵特产店	54	川味水浒之香料王食品	61	众口食材网（渝众火锅）	107
9	重庆一诚食品	38	辣辣屋零食店	51	美食汇食品	59	川味水浒之香料王食品	105
10	川味水浒之麻辣厨房	31	巴鼎红火锅店专用底料	50	重庆一诚食品	59	重庆吃货大本营	104
小计		522		727		808		1451

农场、个体户等，企业卖家有农民合作社、专业合作社、农业产业化企业等。个人卖家通常是网销农产品的生产者，企业卖家中多数为生产加工企业，因而其网销核心产品呈现很强的地域根植性。核心产品的地域根植性能够为网店带来产品差异化优势，契合消费升级时代网购消费行为个性化、多样化的需求，为网店经营水平提升奠定了基础。

（二）领先网店声誉口碑逐步建立

声誉口碑是农产品网店建立消费者信任过程中的核心要素，特别是消费者在与网店的首次接触中，由于消费者缺乏对网店产品及服务的历史认知，因此通常首先考虑企业的声誉和口碑如何。网店的声誉口碑主要来源于两个方面，一是网店在所入驻平台信誉体系上所处的位置，二是历史消费者和在位消费者对商品和服务的评价。

从网店所入驻平台信誉体系上所处的位置看，一方面是准入管理，知名平台普遍对网店入驻要求较高，对卖家信用、卖家农产品质量品控要求较高，平台使用费、保证金等相关费用要求也较高。例如京东、天猫、苏宁易购、邮乐购等第三方平台要求入驻网店必须是企业法人，必须提供相关《食品流通许可证》或《食品经营许可证》，商品必须符合法律及行业标准的质量要求，品牌商品必须出具与品牌所有权或使用授权相关的证明。另一方面是经营过程中的信用等级累积，例如淘宝网根据消费者对商品的信用评价数量化累加划分为 20 个信用等级，其中消费者做出的历史评价"好评"加 1 分，"中评"不加分，"差评"扣 1 分，从而实现了网店的动态信用评级。

从历史消费者对商品和服务的评价看，领先网店主要利用平台提供的消费者评价，线上评价均由历史买方做出，具有成本低、传播快、对购买决策影响大的特点。数据研究发现，销售额排名靠前的重庆领先店铺（见表4），5 分好评率（5 分制）普遍在 90% 左右，最高达到 95% 以上，具有较好的口碑传播效应。从数量上看，半年动态评分最多的是"丁丁食品专营店"，达到 22.6 万人次；从 5 分好评比例看（天猫平台和淘宝网均采用 5 分制评价），最高的是"德庄旗舰店"，达到 95%。

表4　　　　　阿里平台售卖重庆农产品本土领先网店用户体验措施

网店名称	信号显示机制	质保机制	声誉机制	平台消费者保障
橙都一号生态果园	"奉节脐橙"公用品牌	无忧退货，优于消费者保障服务	消费者评价，5 分好评率 84%，口碑传播	平台消费者保障服务
小七陈卤	培育"小七"网店品牌，连续八期金牌卖家	七天无理由退款，客服至零点	消费者评价，5 分好评率 89%，口碑传播	平台消费者保障服务
盾皇食品专营店	连续经营 5 年，专注重庆特产美食	正品保障，七天退换，优于消费者保障服务	消费者评价，5 分好评率 93%，口碑传播	平台消费者保障服务，10 万元高额保证金
黑番区	金牌卖家，专注重庆火锅食材	消费者保障服务，客服至零点	消费者评价，5 分好评率 89%，口碑传播	平台消费者保障服务
德庄旗舰店	"德庄"企业知名品牌	正品保障，七天退换	消费者评价，5 分好评率 95%，口碑传播	平台消费者保障服务，5 万元高额保证金

（三）领先网店服务体验追求极致

由于农产品具有明显的季节性、地域性、保鲜（质）期短、难以标准化等特性，要想把消费者从传统的面对面、挑拣式购物场景引导到跨空间、跨时间的网络交易场景中，解决消费者的对质量安全、口感、品质的后顾之忧，必须要为消费者提供极致用户体验。网店提升用户体验通常可以从两个层面着手，平台层面加入平台制订的消费者保障计划，自身层面提供个性化客户服务。

从平台消费者保障计划层面看，通常包括质量保证、退换货和物流等消费者最为关心的几个问题。例如申请加入淘宝消费者保障服务的网店可以选择向消费者做出先行赔付、假一赔三、七天无理由退换货、闪电发货等一项或者多项服务承诺，并向平台提交履行服务的保证金。阿里平台上重庆本土领先店铺均加入了多项消费者保障服务，部分网点提交了高额保证金，例如"盾皇食品旗舰店"保证金达到 10 万元、"德庄旗舰店保证金达到 5 万元"，相比农产品百元级的客单价而言，网点向消费者充分展示了履行服务承诺的信心和能力。

从网店自身的个性化服务看，通常包括在线客服服务、冷链物流服务和免退货直接退款服务等。针对网购跨时间的特性，领先重庆店铺通常提供 9：00—21：00 在线客服服务，个别网店如"小七陈卤""黑番区"等提供 9：00—24：00 在线客服服务。针对生鲜农产品保质期短的特性，领先店铺选择如顺丰冷链配送等第三方服务。针对非面对面交付带来的消费者对品质预期的不确定性，领先店铺纷纷赋予消费者反悔权，如"小七陈卤"甚至做出了"无理由退款并无须退货"承诺。通过这些个性化的用户服务，消费者和网店多次博弈达到均衡状态，许多消费者转化为网店的"忠实粉丝"，例如"小七陈卤"的收藏人气超过 22 万。

（四）领先网店网络营销打造"爆款"

"爆款"是指在农产品网店卖得多、人气高的农产品单品，通常对应唯一的 SKU。由于店铺网销产品的本地根植性，通常店铺能够组织的货源品类上较为有限，难以利用农产品的联合需求效应走范围经济路线，因而更多采取单品引领策略，通过打造"爆款"走规模经济路线，利用边际成本递减的优势来提升店铺盈利能力（见表5）。例如重庆领先网店"有友食品旗舰店"的一款"泡椒凤爪"单品，2016 年全年销售额达到 592 万元；再如由网店"橙都一号生态果园"上架的一款"奉节脐橙 10 斤装"单品，2016 年全年销售额达到 198 万元。

表5　　　　　　　　　　阿里平台 2016 年度部分重庆爆款农产品销售情况　　　　　　　　（单位：万元）

爆款名称	大类	类别	爆款网店名	年度销售额	平台
良品铺子灯影牛肉丝重庆特产小吃零食灯影丝麻辣味五香爆辣小包装	非生鲜	休闲食品	良品铺子旗舰店	737	天猫
包邮重庆特产正宗好哥们酸辣粉 254g×5 袋含调料的红薯酸辣粗粉丝	非生鲜	休闲食品	盈棚食品专营店	665	天猫
有友泡凤爪山椒味泡椒凤爪 428g×2 袋 YUYU 迷你散装鸡爪重庆特产	非生鲜	休闲食品	有友食品旗舰店	592	天猫
正宗重庆特产桥头老火锅底料 400g×2 四川牛油红火锅麻辣烫香锅调料	非生鲜	火锅底料	盾皇食品专营店	577	天猫
恒都牛肉安格斯牛腩 1000g 分割牛腩块生鲜牛肉排酸冷冻牛肉	生鲜	肉类	恒都食品旗舰店	515	天猫
重庆特产渝美滋豆腐干零食小包装豆干香菇豆干麻辣豆干 1000g 散装	非生鲜	休闲食品	渝美滋厂家品牌店	216	淘宝
包邮重庆特产好哥们酸辣粉 254g×5 袋正宗酸辣红薯粗粉丝	非生鲜	休闲食品	四川美食调味	202	淘宝
正宗重庆奉节脐橙新鲜纯天然孕妇有机水果现摘橙子实发 10 斤包邮	生鲜	脐橙	橙都一号生态果园	198	淘宝
重庆特产磁器口陈麻花美味早餐糕点零食麻花 350g×3 袋装包邮	非生鲜	休闲食品	长宁县蜀美味电子商务	195	淘宝
正宗陆草垫泡椒臭干子牛板筋辣条零食小吃麻辣重庆四川特产批发	非生鲜	休闲食品	辣辣屋零食店	187	淘宝

"爆款"打造从网店的视角看最关键的要素是流量和转化率。其中流量是搜索和浏览该商品的消费者数量，主要来源于两个渠道，一是电商平台推广导流，二是网店会员等"回头客"。转化率是流量转化为消费订单的比例，影响消费者消费决策的影响因素较多，品牌是关键因素之一。农产品电商品

牌是由农产品电商产业相关地区、企业、产品或服务的名称、口号、术语、标识、标记、设计、象征、包装等若干显性要素组成，能在公众或消费者头脑中形成一系列品质、功能、情感、自我表现等独特感知的多维形象组合。从淘宝网和天猫重庆爆款农产品商品的特性看，品牌是网店"爆款"必不可少的关键法宝。

三 重庆农产品领先网店案例分析

（一）典型网店案案例

阿里平台售卖重庆农产品本土网店中，2016 年涌现了一批充分利用地域品牌优势、"老字号"触网、发挥规模经济效益打造"爆款"、挖掘范围经济驾驭"长尾"商品的明星网店，其经营能力独树一帜。其中较为典型的有"小七陈卤""盾皇食品专营店""橙都一号生态果园"3 家。

表6　　　　　　　　　重庆农产品网店典型案例基本情况

网店名称	卖家	网店链接地址	网店核心产品定位
小七陈卤	"洪小七"	xiaoqichenlu. taobao. com	专注于重庆香辣卤味
盾皇食品专营店	重庆盾皇商贸有限公司	dunhuangsp. tmall. com	专注重庆特产美食
橙都一号生态果园	奉节县橙都电子商务有限公司	orone. taobao. com	专注于奉节脐橙

1. 网店"小七陈卤"

图1

网店"小七陈卤"（见图1）由店主"洪小七"在 2014 年创建，2016 年在销售重庆农产品的淘宝本土网店中销售额名列前茅，其 1—4 季度分别实现网络销售收入 69 万元、97 万元、74 万元、192 万元（合计 432 万元），并且连续八期获得淘宝金牌卖家信誉。"小七陈卤"提出了自己的基本定位——"来自重庆的香辣卤味，认认真真地为吃货服务，每日亲手卤制，现做现发，新鲜直达；家常卤味，食材香料取自新鲜上乘；重庆家乡味道，就是辣，辣是生活的一部分。招牌七星椒香辣，就是辣，爱辣者不容错过"。其主要成功秘籍在于四方面因素。一是极致用户体验。以"认认真真为吃货服务"的使命出发，卤制品口味可按需定制，遵从"这里的每一根牙签、每一张纸巾，满满的都是小七对吃货们的细心和爱"服务理念；执行七天无理由退款，"7天内有任何不满意，均可以无条件退款"。二是营销能力强。例如2016年借欧洲杯推出"激情欧洲杯、美食共分享"顺丰包邮¥98套餐，具有很强的主题营销能力和事件营销能力。三是客户定位精准。瞄准"吃货"这个细分市场，产品卖得更贵，网店的主营商品卤制品触网难度居中，价格显著高于线下其他同类商品。四是通过给客户"讲故事"培育品牌形象。打造"小七"品牌故事："从前小七是一名海员，漂泊于世界各个地方……"能够引起漂泊在外地的重庆人共鸣，获得情感依赖，从而提升了用户黏性。

2. 网店"盾皇食品专营店"

图2

网店"盾皇食品专营店"（见图2）由自然人况刚强独资的重庆盾皇商贸有限公司运营，持续经营了5年，2016年夺得天猫销售重庆农产品的本土网店销售额冠军，其1—4季度分别实现网络销售收入388万元、414万元、629万元、1153万元（合计2584万元）。"盾皇食品专营店"提出了"唯家人与美食不可辜负"的"吃货理念"，深受消费者喜欢。其主要成功秘籍在于四方面因素。一是地理标志效应显著。专注重庆特产美食，用地标品牌背书，将重庆特色食品一网打尽。有麻花、怪味胡豆、米花糖、桃片糕等特产糕点，也有榨菜、腐乳、酱菜、萝卜干等特色下饭菜，还有重庆知名的麻辣底料及油碟、配菜等火锅相关食材。二是规模经济效果明显。网店累计评价上万的爆款超过10个，前三甲依次为：桥头火锅底料400g、陈昌银陈麻花原味400g、陈昌银麻花全家福6味528g。三是范围经济效益凸显。

单店铺运营商品 SKU 数高达 600 个，而天猫平台重庆农产品店铺前十强平均 SKU 数仅为 162 个，SKU 数量增加会显著提升网店的运营难度。四是产品定位准确。经营的麻花、火锅、调料、佐餐等重庆特色农产品触网难度小，便于第三方物流配送，容易迅速凸显规模效应。

3. 网店"橙都一号生态果园"

图3

"橙都一号生态果园"（见图3）主营奉节脐橙，属于水果生鲜类别，触网难度较高、附加值较高，由奉节县橙都电子商务有限公司运营，其1—4季度分别实现网络销售收入 94 万元、83 万元、5 万元、19 万元（合计 201 万元）。公专注于脐橙以及周边农产品的种植、分装及网络品牌销售，团队成员由一群充满活力的年轻人组成，拥有多年运营线上网店以及其他电商平台的经验。其成功秘籍来源于两个关键要素。一个关键因素是商品的集货能力。公司采用"农户＋企业"的运作模式，与奉节多家脐橙种植合作社进行全面合作，在奉节脐橙核心产区有建设现代化包装仓储基地。另外一个个核心因素是奉节脐橙的品牌效应显著。奉节脐橙是重庆市奉节县特产，中国地理标志产品。2016 年 8 月第二届中国果业品牌大会中国果品区域公用品牌价值评估中，价值为 21.64 亿元人民币。此外，公司创始人、1985 年出生的奉节青年方刚被媒体喻为电商"保守派"。因为方刚认为，不管是电商还是传统的经销商，其本质都在于一个"商"字，尊重市场、准确判断、诚实守信、契约精神等都是永不过时的核心价值观。

（二）案例理论分析

围绕如何能经营好网店，学术界主要从"买方"消费者行为视角和"卖方"经营者决策视角展开研究。基于消费者视角的研究核心是要回答"消费者网购决策过程中有哪些因素起到关键作用"这个问题。基于经营者视角的研究核心是要回答"网店经营者在经营决策中有哪些因素需要重点关注"这个问题。总结现有的研究成果，无论从消费者视角还是从经营者视角的研究，落脚点都是如何提升网店的经营成果，影响消费者网购行为的因素有平台信任、店铺信用、网店可视化、产品品质、价格、服务等多个方面，从而网店经营者需要在提升信任度、产品质量、店铺声誉、关系营销等决策上要予以回应。然而，现有的研究对于农产品网店而言还存在明显不足。一方面伴随中国经济进入新常态，消费成为推动经济发展的主要动力，已有的研究成果特别是基于假设情景得到的研究结论，对消费升级时代网络消费和网店经营的新变化还缺乏指导意义。另一方面现有研究成果特别是案例研究成果，其研究对象网销产品主要是标准化程度较高的图书、电子产品等工业品，基于农产品在生产、流通、消费环节显著区别于工业品的特征相关研究比较匮乏。

本文认为农产品网店的核心经营能力包括核心产品、声誉口碑、服务体验、网络营销四个主要要素。告别了短缺时代，我国消费需求呈现出分层化、个性化、多元化趋势，消费层次由温饱型向全面小康型转变，消费品质由中低端向中高端转变，消费形态由物质型向服务型转变，消费行为由从众模仿型向个性体验型转变，消费者对网购提出了新的需求。本文认为，随着网络消费对普通人日常生活场景的深度渗透，三个网店所在的阿里平台为代表的知名平台，其消费者信任度较高，交易平台本身的资金安全、支付安全、个人信息安全等相关问题不再是制约网购消费的主要因素。对于网销农产品而言，由于农产品在生产环节存在周期性、季节性等特征，在运输环节存在易腐烂、高损耗等特征，在消费环节存在即时性、高频率等特征，加剧了网购非面对面挑拣式商品交付模式可能带来的质量争议，因而消费者对农产品品质、品类、品牌、消费服务有更多的诉求。在之前的三个案例中，从核心产品看，小七陈卤和橙都一号两家网店在核心产品的打造上，均渗透到了生产加工环节，而盾皇食品专营店主要围绕重庆特色向供应商进行集采。从声誉口碑看，三家网店在持续经营过程中均积累了较高的消费者口碑，对新用户的消费决策具有较大的说服力。从服务体验看，三家网店都提供了极致用户体验，对在位消费者的绑定效果较好，黏性强，复购率较高，摊薄了获客成本。从网络营销看，三家网店都关注到了网络营销与传统营销的不同，注重事件营销、关系营销，开始有意识进行网店品牌的塑造，注重与"吃货"的精神沟通。

四 农产品网店发展趋势及应对策略

较之于建设农产品电商独立平台，网店具有进入门槛低、借助第三方优势资源、能够形成类似"淘宝村"的网店集群等优势，是农产品电商产业发展的重要种群，是促进本地特色农产品触网销售的主力军。本文根据重庆农产品网店发展的状况，结合网店能力培育的要素模型，研判网店发展呈现以下特征。

（一）新农人将成为网店主力

农业大户、农业合作社、规模化农场、农产品加工企业、农产品批发零售流通企业等新型农业经营主体，在农产品生产加工上具有规模化、商品化、标准化等货源组织优势，具备开展农产品电商的供给条件。但是在仓储、配送环节主要依靠第三方物流，并且难以承担技术平台较高的开发和运营成本，在大学生、返乡城市务工人员等"新农人"的推动下，以入驻第三方平台运营网店的方式触网成为最佳选择，并可以在此基础上开展订单农业（C2B）、社区支持农业（CSA）等新模式。虽然传统销售渠道往往形成基于社会根植性的利益联结机制，但在电商去中间化带来的利益重新分配、贴近消费者需求信息带来的快速反应以及消费者性价比的提升等优势推动下，新兴农业经营主体将加速触网。

（二）整体优胜劣汰两极分化加剧

虽然平台经济对网店数量规模有较高要求，但网店数量增长带来的长尾效应与消费者的搜寻成本、试错成本存在均衡点，过多的网店数量增加了消费者搜寻的时间和成本，加之网店的经营水平差异，从而导致网店两极分化现象将加速。一方面领先的网店电商口碑传播的速度更快、范围更广，品牌效应、规模效应持续强化，立足耕耘细分品类、销售额上亿元、十亿元规模的网店将逐步增加，甚至出现独角兽网店从而发展成为独立平台。例如坚果网销品牌三只松鼠 2016 年销售额超过 50 亿元，其中仅双 11 一天销售额就达到 5.08 亿元。相信在 3 年左右重庆也会有销售额上亿元的网店出现。另一方面部分网店由于缺乏有吸引力的农产品，运营水平差导致用户越来越少，从而沦落为僵尸店铺黯然退市。例如数据跟踪检测到阿里平台售卖重庆农产品的重庆网店 2016 年销售额为 0 的店铺高达 3558 家，从季度趋势看，预计两极分化还会加速。

（三）"爆款"加速网店品牌化进程

"爆款"的打造通常是品牌效应的信号显示机制、政府背书的信誉机制、无理由退换货的质保机制和平台引流的推广机制等一个或若干因素合力形成，农产品的高频消费特征使得消费者对消费渠道的"黏性"往往较高，因而"爆款"打造将加速网店品牌化的进程。一方面"爆款"效应使得网店及其农产品更容易被消费者搜寻到、更容易受到口碑效应的影响做出购买决策、更容易发挥规模效应提升盈利水平，因而打造"爆款"成为打造网店自身品牌主要的营销手段。另一方面"爆款"受到消费者的追捧，将极大提升特色农产品的网络传播范围和速度，从而占领消费者的认知共识，网店集群打造同类产品"爆款"也将加速农产品品牌化进程。例如淘宝网网售"赣南脐橙"的"水源红""一品优""农将军""全果优""兴盟果业""信必果""江南大叔""誉福园"等网店集群，纷纷打造各自销售额达几百万元级的"爆款"，为推进"地标品牌"转化为网销品牌立下汗马功劳。

（四）应对策略

对于农产品网店经营者而言，要从核心产品、声誉口碑、服务体验、网络营销四个重要维度培育提升网店经营能力。对于政策制定者而言，建议一是通过政府增信，推动特色农业产业链上的优势企业优先选择入驻第三方平台作为触网渠道，借助其流量导入和开放物流配送服务，开设农产品专业网店。二是把"大众创业万众创新"与农产品网店结合起来，在农业生产组织化程度不高的地区优先支持"网店 + 农户"模式，支持大学毕业生、返乡农民工等"新农人"牵头抱团开设网店。从而在乡村一定区域内将分散的生产进行集成形成较为稳定的供应，为消费者提供稳定的乡村特色货源预期提高复购率，同时也能促进产业分工合作，发挥乡村电商带头人在网店运营、营销、初加工和包装等方面的专业优势。三是开展网店经营能力专项提升行动，依托第四方平台对网店经营主体开展培训和指导，提升网店的综合经营能力。

参考文献：

［1］Chevalier J A, Mayzlin D. The Effect of Word of Mouth on Sales: Online Book Reviews. ［J］. Social Science Electronic Publishing, 2003, 43（3）: 345 – 354.

［2］Mcknight D H, Choudhury V, Kacmar C. Developing and Validating Trust Measures for e-Commerce: An Integrative Typology ［J］. Information Systems Research, 2002, 13（3）: 334 – 359.

［3］Pavlou P A, Dimoka A. The Nature and Role of Feedback Text Comments in Online Marketplaces: Implications for Trust Building, Price Premiums, and Seller Differentiation ［J］. 2006, 17（4）: 392 – 414.

［4］付媛. 在线消费者购买意愿与网店环境氛围关系实证研究 ［J］. 未来与发展, 2012,（11）: 34 – 38 + 43.

［5］黎志成, 刘枚莲. 电子商务环境下的消费者行为研究 ［J］. 中国管理科学, 2002, 10（6）: 88 – 91.

［6］路征, 张益辉, 王坤, 董冠琦. 我国"农民网商"的微观特征及问题分析——基于对福建省某"淘宝镇"的调查 ［J］. 情报杂志, 2015,（12）: 139 – 145 + 132.

［7］金玉芳, 董大海. 消费者信任影响因素实证研究——基于过程的观点 ［J］. 管理世界, 2004（7）: 93 – 99.

［8］孙永波, 刘晓敏. 电商新趋势下影响网络消费者购买行为因素研究 ［J］. 北京工商大

学学报（社会科学版），2014，（04）：93 - 101.

[9] 王有为，徐云杰，彭志伟，黄丽华，凌鸿. 社会资本、网络口碑和网商绩效——基于面板数据的实证研究 [J]. 研究与发展管理，2010，（05）：31 - 38.

[10] 赵宏霞，刘岩峰. 关系营销、网店声誉对 B2C 电子商务交易信任的影响 [J]. 软科学，2013，（08）：80 - 84.

[11] 张圣亮，陶能明. 快递公司服务失误对网店顾客满意和忠诚的影响——基于心理账户理论和归因理论 [J]. 现代财经（天津财经大学学报），2014，（06）：89 - 102 + 113.

[12] 张越，李琪. 网商成本与消费者预期满意度关系实证研究 [J]. 山西财经大学学报，2014，（06）：67 - 77.

[13] 张艳. 客户认知价值视角下企业网络营销效果分析 [J]. 中国统计，2013，（07）：45 - 47.

[14] 曾宪凤，赵晓雨. 民族地区原生态产品的网络营销探讨 [J]. 贵州民族研究，2013，（06）：123 - 126.

2016 年重庆生鲜农产品触网状况报告

丁忠兵[*]

生鲜农产品是我国消费者除粮食以外最主要的食物营养来源，它在日常生活消费中占有十分重要的地位。重庆集大都市、大农村、大山区、大库区于一身，总人口超过 3000 万，城镇人口超过 1800 万，2015 年常住居民人均可支配收入达到 20110 元，城镇常住居民人均可支配收入达到 27239 元，生鲜农产品触网销售的潜力巨大，意义重大。近年，在市场驱动和各级政府的大力支持下，重庆生鲜农产品电商产业较快发展。全市涌现出了五彩田园、鲜立达、土优鲜、香满园、亿农加、爱果主义、在村头等一大批本土生鲜农产品电商平台，丰都牛肉、奉节脐橙、梁平柚子、巫山脆李、秀山土鸡蛋等地方特色生鲜农产品网上热销，重庆也被农业部确定为全国七个鲜活农产品电商试点省市之一。但与此同时，当前重庆生鲜农产品电商产业发展也存在市场竞争激烈、物流成本高、企业盈利难等突出问题，亟待深化认识，进一步优化产业发展环境。

一　重庆生鲜农产品触网状况

所谓生鲜农产品，是指由农业部门生产的没有或经过少许加工的，在常

---

* 丁忠兵，博士，重庆社会科学院研究员。

温下不能长期保存的初级食品，一般包括蔬菜、水果、肉类、水产品等农畜产品，人们习惯称其为"生鲜三品"（果蔬、肉类、水产）。在交通部和国家发改委联合发布的《关于进一步完善和落实鲜活农产品运输绿色通道政策的通知》中，鲜活农产品被细分为新鲜蔬菜、新鲜水果、鲜活水品（仅指活的、新鲜）、活的畜禽、新鲜的肉、蛋、奶等品类。在本报告中，基于消费者视角和农产品电商实践的考量，所说的生鲜农产品主要包括水果、蔬菜、肉、蛋、奶、水产、蜂蜜、鲜花绿植等品类。

（一）生鲜农产品网售渐成规模

据课题组初步统计，2016 年，淘宝和天猫平台共销售重庆生鲜农产品7768.51 万元，占两平台销售重庆农产品的 16%，比 2015 年提高了 1.3 个百分点。其中，肉类销售 4226.57 万元，蔬菜销售 1206.78 万元，水果销售1167.97 万元，触网销售规模总体较大。蜂蜜销售 93.76 万元，水产销售185.71 万元，禽蛋销售 214.81 万元，奶销售 115.94 万元，鲜花绿植销售556.97 万元，触网销售规模总体较小。从淘宝、天猫平台之间的比较来看，消费者明显倾向于在淘宝平台购买重庆的水果、禽蛋、奶、水产四类生鲜农产品，倾向于在天猫平台上购买重庆的肉类和鲜花绿植等两类生鲜农产品（见表1）。在荣昌区，当地的生猪、生姜、鹅、蜂蜜等特色生鲜农产品通过苏宁易购面向全国销售。在云阳县，当地的云安雪梨、本地蜂蜜、猕猴桃等生鲜农产品在淘宝特色中国·云阳馆热销。在城口县东安镇，当地农民通过微信商城将土蜂蜜卖向了全国各地，增收效果明显。在江津，当地晚熟柑橘在京东生鲜"中国特产江津馆"热销，2000 件上线商品一日之内全部售出。在秀山，通过包装技术的创新和质量追溯体系的建立，当地土鸡蛋通过电商平台走出大山，身价倍增仍供不应求。另外，奉节脐橙、梁平柚子已形成了较高的品牌知名度，单品网售规模较大。

表1　　　　　　　　2016 年重庆各类生鲜农产品在淘宝、天猫平台销售额　　　　　单位：万元

平台	蔬菜	水果	肉类	禽蛋	奶	水产	蜂蜜	鲜花绿植	合计
淘宝	427.03	1090.85	841.51	143.21	109.15	132.34	42.55	88.59	2875.23
天猫	779.75	77.12	3385.06	71.60	6.79	53.37	51.21	468.38	4893.28
合计	1206.78	1167.97	4226.57	214.81	115.94	185.71	93.76	556.97	7768.51

（二）生鲜农产品触网品类不断丰富

2016 年，重庆生产的蔬菜、水果、肉、蛋等各类生鲜农产品均实现了触网销售。其中，肉类、蔬菜、水果、鲜花绿植四类生鲜农产品网售规模较大。据课题组采集的数据显示，在淘宝、天猫网上销售的各类重庆生鲜农产品中，肉类销售额占比为 54%，蔬菜销售额占比为 16%，水果销售额占比为 15%，鲜花绿植销售额占比为 7%，蛋、奶、水产、蜂蜜四类生鲜农产品销售额占比之和为 8%（见图 1）。在本土生鲜电商平台，水果触网情况明显好于其他生鲜农产品。如在香满园电商平台，在售的生鲜农产品近 200 件，包括国产水果 56 件、进口水果 48 件、蛋品 9 件、海鲜水产 52 件、活禽 8 件、精品肉类 20 件，其中水果的在售商品数最多，销量最大。在重庆亿农加云商城，销量前几位的新鲜蔬菜水果类商品分别是登云坪脐橙、卫寺蜜柚、黑山谷红心猕猴桃、梁平柚子、木鱼山优质香柑、九龙坡桃林社葡萄，全是水果，未见蔬菜。网站在售的肉禽水产蛋类产品共 16 件，其中 14 件商品为鸡蛋，仅 2 件为肉品。在鲜立达电商平台，鲜果蔬菜类在售商品有 22 件，全为果品，没有蔬菜。据课题组问卷调查结果显示，调查对象网购的生鲜农产品中，水果所占比重最高，为 25.4%。究其原因，可能是由于果品的标准化和品牌化程度相对较高，在常温状态下保存时间相对较长，在采用特制包装工具后又相对便于运输，且其价格和利润空间尚能支撑物流配送成本。

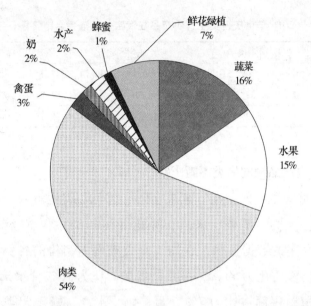

图1　2016 年重庆各类生鲜农产品在淘宝、天猫平台销售占比

（三）生鲜农产品触网销售的时效性越来越强

2016 年，在市场竞争的推动下，各大生鲜电商企业不断创新商业模式，优化仓储物流网点，生鲜农产品的物流配送时效越来越强，消费者网购生鲜农产品的消费体验不断改善。次日达、当日达已成为生鲜电商企业的普遍承诺，宅配到家、2 小时内送达也有个别生鲜电商企业能够实现。如京东集团新近打造的京东到家，它既基于京东物流体系和物流管理优势，同时依托"互联网＋"技术大力发展"众包物流"，并通过 LBS 定位，实现了 2 小时内生鲜及超市产品的快速送达。在本土生鲜农产品电商企业中，香满园物流配送的时效性较强。它依托于母公司——重庆公路运输（集团）有限公司的专业物流企业实行同城易配，能够做到当日订货，次日送达，宅配到府，并向用户承诺"无条件退单，无条件换单"。重庆梁平柚专营电商平台——天农八部的诚信经营意识较强，售后服务完善。另有一些生鲜电商企业采用 O2O 发展模式，通过自建线下门店、与小区物业或社区店合作等方式构建起了日益便捷的生鲜农产品配送体系，提高了配送时效。

（四）生鲜农产品触网平台更加多元

近年来，包括淘宝、天猫、京东、苏宁易购、邮乐购等在内的全国知名涉生鲜综合性电商企业纷纷与重庆市及下属区县签订战略合作协议，搭建重庆特色馆、区县馆，开通重庆土特产频道，从生鲜农产品销售和集货两端发力深耕重庆生鲜农产品电商市场，成为重庆生鲜农产品触网的主渠道。阿里巴巴（中国）软件有限公司与重庆市商委签署了重庆市农村电子商务建设合作协议，淘宝特色中国重庆馆、云阳馆、奉节馆、丰都馆相继上线，大批重庆生鲜农产品生产企业签约入驻，奉节脐橙、梁平柚、万州柠檬、大足冬菜等重庆地产特色生鲜农产品依托淘宝平台向全国售卖。京东生鲜"中国特产江津馆"正式开馆，羊儿山富硒土鸡蛋、石门晚熟柑橘、慈云富硒有机蔬菜等 6 大类 20 多个地方特色农产品上线销售。邮乐网开通了重庆土特产频道，红炉苦瓜等二十余种重庆特色农产品上网销售。在重庆本土，香满园、鲜立达、亿农加、天农八部、吉之汇等涉生鲜农产品电商平台逆势突围，发展势头良好，有力助推了重庆生鲜农产品的触网销售。如"重庆农村电商第一县"秀山县，通过打造本土大型电商交易服务平台——云智网商城"武陵生活馆"和引进阿里巴巴电商平台，已形成"180 多家农村电商企业＋遍布行政村的农村网点＋10 亿销售额"的电商网络。香满园电商平台年农产品销售额超过 1 亿元，被评为中国农产品电商 20 强。天农八部电商平台年销售优质梁平柚超过 10000 吨，交易额突破 5000 万元。

（五）生鲜农产品电商消费群体渐成规模

据课题组开展的网络问卷调查结果显示（见表 2），重庆有 64.2% 的调查对象曾尝试过网购生鲜农产品，有 19.1% 的调查对象已形成网购生鲜农产品的稳定习惯，只有 16.7% 的调查对象从未网购过生鲜农产品；在网购生鲜农产品的产地上，选择重庆本地产生鲜农产品的占 41%，选择外地和进口生鲜农产品的分别占 23% 和 7.9%。可见，重庆消费者已对生鲜农产品电商有了较高认知度，有相当一部分消费者已形成网购生鲜农产品的消费习惯，重庆生鲜农产品触网销售的市场空间广阔。

表2　　　　　　　　　　重庆消费者网购生鲜农产品的频率及产地

项　目	选　项	频　次	比　例
网购生鲜 农产品的频率	每天一次	23	1.8%
	每周两三次	45	3.6%
	每周一次	174	13.7%
	偶尔试试	814	64.2%
	从未购买过	212	16.7%
网购较多的生鲜 农产品的产地	重庆本地	520	41.0%
	外地	303	23.9%
	进口	101	7.9%
	不清楚	345	27.2%

二　重庆生鲜农产品触网存在的主要问题

受区位条件、经济发展基础及产业发展环境等多方面因素制约，当前重庆生鲜农产品触网销售仍面临诸多困难和问题，突出表现为"三低三少、一弱一差"。

（一）地产生鲜农产品网售规模低、品类少

一是重庆生鲜农产品上网销售的规模较低。在中国最知名的涉农电商平台淘宝、天猫上，奉节脐橙、梁平柚、恒都牛肉、秀山土鸡蛋、城口山地鸡作为当前重庆最热销特色生鲜农产品，2016 年的销售额分别是683.26 万元、22.09 万元、2397.9 万元、77.52 万元和121.93 万元。与之相比较，同期淘宝、天猫平台上赣南脐橙、琯溪蜜柚、科尔沁牛肉、苏北农家土鸡蛋、广东清远鸡的销售额分别为8792.76 万元、2867.87 万元、18063.85 万元、1035.84 万元和676.61 万元（见表3）。重庆生鲜农

产品优势单品的网售规模与全国知名生鲜农产品优势单品相比较还存在不小差距。

表3　　重庆特色生鲜农产品与全国同类生鲜农产品在阿里平台销售规模比较

品类	销售额（万元）	单价（元/斤）
赣南脐橙	8792.76	11.21
奉节脐橙	683.26	5.95
琯溪蜜柚	2867.87	6.98
梁平柚	22.09	4.50
科尔沁牛肉	18063.85	158.34
恒都牛肉	2397.90	40.00
苏北农家鸡蛋	1035.84	15.80
秀山土鸡蛋	77.52	33.48
广东清远鸡	676.61	35.70
城口山地鸡	121.93	43.54

二是重庆地产生鲜农产品上网销售的品类较少。据课题组初步统计，在中国电商第一平台——淘宝网上，在售的重庆农产品绝大多数为牛肉干、火锅底料、豆腐干等非生鲜农产品，只有脐橙、柚子两类使生鲜农产品的销售额进入了前十位。在天猫和京东商城，在售的重庆农产品虽有上千件，但基本都是休闲零食、榨菜、火锅底料等非生鲜农产品。在香满园电商平台上，在售的水果共有百余件商品，销量排名前十位的商品中没有一件是重庆地产水果。

（二）本土平台运营水平低、盈利企业少

一是本土涉生鲜农产品电商企业的知名度偏低。据课题组以重庆市民为重点开展的网络问卷调查结果显示，大家在网购生鲜农产品时对全国性电商平台的信任程度明显高于对本土电商平台的信任程度。如天猫、京东商城、苏宁易购等全国性涉农电商平台的受信任程度分别是14.1%、8.7%、6.1%和5.6%，而本土的土优鲜、香满园、鲜立达等知名农产品电商平台的受信任程度分别只有4.2%、2.3%、1.5%（见图2），明显低于全国性涉生鲜电商平台。

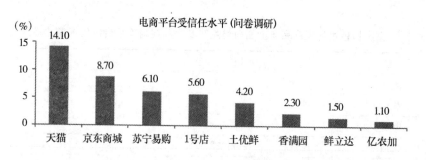

图2 调查对象对主要涉农电商平台信任程度比较

二是本土涉生鲜农产品电商平台的访问量偏低。据课题组通过 alexa 获取的网站近三月日均访问量显示，重庆本土涉生鲜电商平台仅有世纪购和太极养身馆两家平台的日均访问量达到万级，但与淘宝、京东等全国性涉农电商平台相比仍存在显著的数量级差距。奇易网重庆站、商小妹购等六家平台的日均访问量为千级，有四十余家平台的日均访问量只有数百人次，有十余家平台的日均访问量几乎为零，已成"僵尸网站"。曾获 2013 年重庆市第二届青年农业创业大赛一等奖的"智慧的餐桌"电子商务平台，由于经营管理不善，已黯然退出。

三是本土生鲜农产品电商企业的整体盈利水平偏低。据课题组对重庆虎嗅科技、重庆土优鲜商贸有限公司、重庆易易商电子商务有限公司等 12 家重庆本土涉生鲜农产品电商企业的问卷调查结果显示，有 3 家企业盈利，1 家企业微盈利，2 家企业持平，有 5 家企业亏损，亏损企业多于盈利企业。在我们实地走访调研的几家涉生鲜农产品电商平台企业中，香满园是唯一一家能实现保本微利运行的企业，其他企业都处于试运营和亏本经营状态。

（三）参与发展的市场主体层次低、数量少

一是平台企业总体实力偏弱。经对企业工商注册信息梳理，重庆本土 60

余家涉生鲜农产品电商平台企业的户均注册资金仅有 2000 余万元，部分企业的注册资本仅有十余万元、几十万元。如此弱小的资金实力很难满足企业开展平台建设、平台营销和线下资源整合的资金需求。与此相比较，全国 15 家大型涉生鲜电商平台的户均注册资本超过 12 亿元，其中，苏宁易购注册资本超过 70 亿元，京东商城注册资本超过 50 亿元，顺丰优选注册资本达到 20 亿元，资金实力远高于重庆本土涉生鲜农产品电商平台。另与近期易果生鲜、宋小菜、盒马鲜生、天天果园、食行生鲜、每日优鲜等兄弟省市生鲜平台获得知名风投动辄上亿投资的热闹局面相比，重庆本土生鲜平台很少获得风投资金青睐，差距明显。

二是入驻涉生鲜农产品电商平台的网店经营者实力较弱。目前重庆入驻各大电商平台的生鲜农产品网店经营者以个人、个体工商户为主，他们的经济实力、稳定集货供货能力及与平台之间的价格谈判能力普遍较弱，既难以为消费者提供良好的电商服务，自身也难以实现必要的规模经济。据课题组采集的数据显示，在淘宝和天猫平台上，注册地在重庆且销售重庆农产品的店铺共 4537 家，绝大多数为个体卖家，年销售额超过 100 万元的网店全部以销售非生鲜农产品为主。

三是农民发展生鲜农产品电商的能力和意愿普遍较低。通过电商平台实现千家万户农业小生产者与千变万化大市场的有效对接是生鲜农产品电商产业发展的核心。从这个意义上讲，农民无疑是生鲜农产品电商产业发展的最重要市场主体。但目前，受农村自然条件差，从事农业生产的比较效益低等因素影响，重庆留守农村的多是老人和小孩，他们既缺少发展生鲜农产品电商的内在动力，也缺少上网营销的基本技能，较大制约了重庆生鲜农产品电商产业发展的层次、规模和速度。

（四）配套服务能力弱、物流基础差

一是生鲜农产品物流配送的"最初一公里"问题突出。尽管近年政府在农村商贸物流配送体系建设方面花了很大力气，一些快递物流企业也逐渐向

农村延伸，但在重庆的一些偏远山区，进村入户的末端交通条件仍然较差，快递物流尚未覆盖，农民有货运不出、运不起的问题仍然突出。在课题组进行问卷调查的12家重庆本土生鲜农产品电商企业中，有4家企业只配送至重庆主城，有2家企业只配送至全市城镇。在课题组实地调研的城口县河鱼乡，当地乡上和村上都没有快递物流企业，客户订购的商品需要自己找三轮车或搭班车送到县上，不仅物流成本增加，时效性也很难保证。

二是城市末端物流配送无序竞争。目前，重庆城市公共物流配送体系尚不完善，不少生鲜农产品电商平台企业都在自己买车、自己布点、自己做物流，结果是重复建设问题突出，多数企业的物流规模都上不去，单位成本高，企业难以盈利。在实地调研中，据某生鲜农产品电商企业负责人介绍，企业目前每单农产品的物流配送成本高达40—60元，经营一单亏损一单，致使企业电商平台的交易功能基本停用，活跃用户越来越少。另一家本土生鲜农产品电商企业自建了物流体系，但每天仅能配送2车、10余吨货物，难以实现必要的规模效应，维持运营面临较大困难。

三是社会化配套服务体系不健全。生鲜农产品电商产业发展涉及平台建设与运营、产品分类分拣和包装、产品数据化、市场营销、金融支持等诸多领域和环节，需要健全的社会化配套服务体系支撑。然而目前，重庆围绕生鲜农产品电商发展的社会化服务企业偏少，水平偏低，众多生鲜农产品电商平台企业还不得不自己招聘员工研发建设电商平台，费时费力，还难以达到需要的效果。在生鲜农产品的初加工、清洗、分拣、分类、包装、集货环节，重庆的田头市场建设较为滞后，大量网售生鲜农产品不得不依靠农户或农产品加工企业自己来完成这些初期工作，产品的共同配送和物流资源的优化配置难以实现，导致人工成本和物流运输成本偏高，效率偏低。在冷链物流方面，全市有规模的第三方冷链物流企业仅9家，且冷藏车数量不足，大量生鲜农产品未用冷藏车运输，"两头冷、中间断"情况普遍，果蔬流通腐损率达30%左右。在金融支持方面，重庆面向生鲜农产品电商创业者的金融服务企业和金融产品较少，很少有本土生鲜农产品电商平台企业和生鲜农产品电商经营商户获得风投资金、天使资金等支持，难以淘到第一桶金和突破发展"临界点"。

总的来看，当前重庆生鲜农产品触网销售的水平较低，尚处于初级阶段。其主要特征是：生鲜农产品电商交易量低，电商仅是全市生鲜农产品交易的有益补充，生鲜农产品电商产业对重庆山地农业转型升级的带动引领作用较为有限。产业自主发展能力弱，外来涉生鲜电商平台在市场中处于支配地位，本土生鲜农产品电商平台知名度低，盈利水平差，广大生鲜农产品生产经营者主要依靠外地平台上线销售产品，博弈能力弱，利润分享水平低，面临较大市场风险。

三 重庆生鲜农产品触网难的根源

一是产品特性导致生鲜农产品触网较难。生鲜农产品的显著特征是产品的品种多、个体差异大、标准化程度低，产品生产的季节性和地域性强，产品储运难度大、成本高，产品对时间敏感性强，其鲜活程度随着时间的推移而降低。由此导致生鲜农产品电商企业发展不仅要解决供需信息的对接问题，还必须耗费更大成本构建专用渠道、购置专用设备和聘请专业人才，着力解决产品的集货、包装、分等定级、仓储、运输、配送等问题。如在集货环节，受我国以家庭经营为主的农业生产经营方式制约和生鲜农产品生产的地域性特征影响，电商企业直接与生产农户联系供货的难度大，成本高，难以形成稳定的供货渠道，依托批发市场集货又面临供应链长、速度慢、采购成本高等问题。在生鲜农产品的分拣、包装、定级环节，生鲜农产品普遍缺乏公开、通行的质量判别标准和分等定级标准，在很大程度上不得不依靠经营者的个人经验，增加了生鲜电商企业发展的难度和风险。在仓储、运输、配送环节，生鲜农产品的全程冷链储运特征使得相关企业既需购买价值高昂的冷链设备，也需支付较高的全程冷链运输费用，且难以与其他商品共享既有仓储物流体系，难以通过规模效应降低单位成本。

二是生产基础薄弱导致重庆生鲜农产品触网较难。重庆农业生产资源较为有限，人均耕地面积仅 1 亩左右，远低于全国平均水平，且多为望天田、鸡窝地，农业生产的自然风险非常大，具有规模优势的生鲜农产品不多。加之农村劳动力大量外出，以家庭为单元的农业生产组织形态越来越难以开展高效生产，以农民合作社为代表的新型农业生产经营主体尚处于起步阶段，全市农业生产的规模化、标准化、品牌化程度低，产品知名度和市场影响力弱，造成上网销售的重庆生鲜农产品总体规模偏低，品类较少。另外，由于重庆地处西部落后地区，农业发展水平偏低，农村经济社会发展较为滞后，创业创新意识不强，人们的观念转变和能力提升未能跟上生鲜农产品电商产业发展的进度，也在一定程度上阻碍了生鲜农产品的触网销售。

三是产业发展虚热导致重庆生鲜农产品触网较难。当前，重庆生鲜农产品电商产业发展出现了一哄而上、急功近利、画地为牢等虚热现象。一些市场主体受"电商蓝海"愿景吸引，在缺乏深刻认识和深入调研情况下就盲目建平台、开网店，经营模式选择不尽合理，目标客户定位不清晰，与同边主体、跨边主体之间的竞合策略不尽科学，导致网站流量规模小，技术更新慢，用户体验差，维护成本高，供应链体系不稳固，对客户黏性不强，难以突破盈利临界点。一些地方传统政绩思维浓厚，热衷于引进大平台，推工业品下乡，增加表面政绩，不太愿意下大力气支持生鲜农产品通过电商渠道进城。一些地方思想封闭，在推动发展生鲜农产品电商产业时总想方方面面都立足本土资源，自建平台，自供产品，自打品牌，结果是起点低、规模小、市场影响力弱，相关市场主体很难真正盈利。一些政府部门支持生鲜农产品电商发展的思维简单，盲目补贴，导致一些市场主体投机心理严重，仅仅为获得政府补贴而搭建一些"名存实亡"的生鲜农产品电商平台，扭曲市场优胜劣汰的竞争机制。一些政府部门计划思维根深蒂固，一提到支持生鲜农产品电商发展就想让尽可能多的农民上网开店，完全没考虑到由此可能带来的市场过度竞争和规模不经济问题。一些区县政府在支持生鲜农产品电商产业发展时侧重于增强电商平台的交易功能，但对电商平台在拓展、集成金融功能、物流功能及公共服务功能等方面缺少关注和支持。

四是公共服务体系不完善导致重庆生鲜农产品触网较难。当前重庆生鲜农产品电商产业尚处于发展初期，市场自身的信息传递机制、失信惩戒机制和自我调节机制尚不健全，亟待政府在市场监管、行业信息统计发布等方面加强和完善公共服务职能。目前，重庆虽成立了网商协会和农业电子商务产业发展联盟，但整体力量较弱，尚难以真正发挥行业自律的作用。工商、农委、商委等政府部门虽从各自职能角度对生鲜农产品电商产业链特定环节进行了监管，但未能实现全产业链市场监管的无缝衔接和城乡区域的全覆盖。在生鲜农产品电商企业的信息采集、数据统计和奖励示范等公共服务方面，目前存在的突出问题是政府部门之间的协调不够，既存在交叉重复问题，又存在缺失漏项问题，全市没有一个部门能提供全市生鲜农产品电商发展的权威、准确统计数据。

五是复合型生鲜农产品电商人才短缺导致重庆生鲜农产品触网较难。生鲜农产品电商的运营管理涉及农业、商业、电子信息技术等多个领域，迫切需要懂农、通商、精网的复合型人才。然而课题组在实地调研中发现，重庆生鲜农产品电商复合型人才短缺问题十分突出，并在较大程度上制约了产业的较快发展。在课题组与全市 17 个区县商务部门领导进行的专题座谈中，复合型人才短缺是集中反映的一个共性问题。一家传统农业专业合作社转型做电商，自己不懂电脑技术，不得不从学校聘请电脑软件设计专业的研究生来负责研发设计电商平台，但由于这些研究生基本没有农业和商业方面的知识和经验，所设计的平台始终难以满足实际需要。另外，由于近年阿里、京东、苏宁云商等全国知名涉农电商平台纷纷在重庆布局设点、招兵买马，导致行业内人才争夺异常激烈，一家本土生鲜农产品电商企业将年薪涨到十几万元都难以招聘到可用的复合型人才，而如此高的薪资水平企业已难以承受。

四　政策建议

（一）营造公平竞争的市场环境

加强工商、农业、商业、食药监等政府部门之间的沟通、协作和数据共享，加大对网商出售假冒伪劣生鲜农产品、消费者恶意差评、后台数据造假等扰乱市场秩序行为的打击力度，为生鲜电商产业发展构建便捷、高效、全覆盖的市场监管体系。支持创建重庆生鲜电商联盟，推动相关企业在信息共享、物流仓储、集货配送等方面进行协同合作，优化资源配置。发挥联盟的行业自律职能，通过诚信业主公示推荐和违规业主内部通报、公开曝光、联盟除名等手段构建行业诚信体系，促进整个产业的健康有序发展。

（二）构建产品质量监控体系

加大财政投入，在生鲜农产品主产区、主销区加快建设公益性农产品品质监测机构，从总体上保障生鲜农产品质量安全。通过财政补贴、税收优惠等方式，支持生鲜电商企业、生鲜农产品交易市场或生鲜农产品生产经营者针对特定的农产品品类自建农产品品质检测设施设备，提升品质保障水平。鼓励生鲜电商平台企业加强与生鲜农产品供应商、生产者之间的合作，通过采用二维码标签、射频识别、远程电子监控、口碑排行等技术，实现对生鲜农产品全供应链的监控。

（三）完善生鲜农产品标准体系

按照政府指导、行业协会主导、企业和消费者参与模式，加快制定适应电商市场特点的生鲜农产品分类体系，并通过下发文件、网站公示、新闻报道等形式将该分类体系公之于众。实施政府专项补贴，引导各个生鲜电商平台企业、网站经营者都按此体系将所售生鲜农产品进行归类上架，既方便消费者上网检索购买，也为各个平台和网店的数据汇总、行业数据开发奠定基础。充分吸收企业和民间经验，针对网上热销的生鲜产品推出一批电商企业易操作、消费者易识别的生鲜农产品品质分等定级标准，减少生鲜电商产业发展中的信息不对称。

（四）加强人才培养和引进

整合各方面培训资金，完善竞争择优的人才培训机制，加大对生鲜农产品电商实用人才的培训力度，扩大培训规模和覆盖面，提升培训效果。完善社保、职称、住房等配套政策，积极采用"不求所有、但求所用"的柔性人才引进机制，加大对高层次复合型生鲜农产品电商人才的引进力度。支持科研机构、高等院校、政府部门联合创立重庆生鲜农产品电商战略研究院，积极开展高层次复合型农产品电商人才培养与深造，着力开展生鲜农产品电商产业大数据的监测、汇总和挖掘，并定期面向公众发布重庆生鲜农产品电商产业发展权威报告，不定期向各级党委政府提供资政报告，打造全市生鲜农产品电商人才高地。

参考文献：

［1］郭慧伶，鲁再平：我国农业标准化理论研究综述【J】，经济纵横，2002 年第 1 期。

［2］《农产品质量安全生产消费指南》编委会：农产品质量安全生产消费指南（2012 版），中国农业出版社，2012 年 6 月。

［3］肖芳：供应链是生鲜电商成败的关键［J］. 互联网周刊，2013 年第 7 期。

［4］胡冰川：生鲜农产品的电子商务发展与趋势分析【J】，农村金融研究，2013 年第 8 期。

［5］丁景涛：三年感悟：生鲜电商还得走 O2O 模式［J］. 成功营销，2013 年第 10 期。

［6］张越：生鲜之殇，生鲜电商三大难题【J】，中国信息化，2016 年第 3 期。

［7］历岩，王高飞：对于我国生鲜有机电商发展的思索和建议【J】。中国管理信息化，2013 年第 14 期。

［8］陈逸辰：生鲜电商盈利难冷链物流成取胜关键【J】，IT 时代周刊，2014 年第 1 期。

［9］李博：生鲜电商行业发展研究【D】，中国社会科学院研究生院，金融管理专业，2014

年硕士学位论文。

　　［10］段雅丽：深耕供应链：生鲜电商嬗变中的出路【J】，物流技术，2015 年第 10 期。

　　［11］李亚坤：基于产业链模式的农产品电商发展模式研究——以生鲜电商为例【J】，商，2015 年第 42 期。

　　［12］罗芳茜，王明宇：我国生鲜电商发展现状及行业前景分析【J】，中国商论，2015 年第 20 期。

　　［13］中国食品（农产品）安全电子商务研究院：2014 - 2015 中国农产品电子商务发展报告，载于 http：//nc. mofcom. gov. cn/articledzswzt/zt/dzswzt/dzswztsjbg/201504/18865042_ 1. html。

　　［14］易观智库：中国生鲜电商市场发展趋势【J】，农经，2016 年第 4 期。

　　［15］蒋一帆：艰难维持的生鲜电商市场【J】，互联网经济，2016 年第 3 期。

　　［16］罗芳，元斐：生鲜电商未来发展模式研究——以飞牛网为例【J】，物流工程与管理，2016 年第 3 期。

　　［17］金频生，韦亚洲：从优菜网的起死回生看生鲜电商的发展之道【J】，物流工程与管理，2016 年第 3 期。

专 题 报 告

农产品电商生态系统——
一个理论分析框架[*]

王　胜[**]　丁忠兵

一　问题的提出

中国是农产品生产大国和消费大国，破解农产品生产者的"卖难"问题和消费者的"买贵"问题，对于夯实中国农业基础地位、保障国家经济社会稳定、促进农民增收具有重要意义。农产品电子商务作为一种新型农产品流通方式，能够在产销之间架起对称、开放、透明的交换渠道，促进农产品供需信息顺利流动，改变生产者、消费者作为"价格接受者"的被动地位，缩减中间交易环节，被誉为最后的"电商蓝海"。

近年来，在《国务院办公厅关于促进内贸流通健康发展的若干意见》（国办发〔2014〕51号）、《商务部关于促进电子商务应用的实施意见》（商电函〔2013〕911号）及2015年中央"一号文件"等国家相关政策的大力支持下，中国农产品电子商务迅速发展。中国食品（农产品）安全电子商务

---

　*　此文刊发于《中国农业观察》《中国农村观察》2015年第4期，第39—48页。作者略作修改。

**　王胜，重庆市政府发展研究中心副主任、重庆社会科学院副院长。

研究院 2015 年 4 月发布的《2014—2015 中国农产品电子商务发展报告》①显示，2014 年，中国共有各类涉农电商 3.1 万家，其中，涉农交易类电商有近4000 家②，仅阿里平台农产品销售额就突破 800 亿元。农产品电商的快速发展为解决中国农产品卖难问题和促进农民就业增收发挥了重要作用。例如，"聚划算"团购平台与当地传统水果经销商联合发起"聚果行动"，短短月余就将陕西省武功县 80 多吨滞销红富士苹果团购一空；江苏省睢宁县沙集镇在3 年中有 1000 多户农民通过开网店实现了创业③。

但是，横向比较，当前中国农产品电商发展仍停留在初级阶段，与发达国家农产品电商以及中国服装、3C 产品的电子商务发展水平相比存在较大差距。农产品电子商务交易额在农产品交易总额中占比很小，80% 以上的农产品交易额是由传统方式实现的④；网上售卖较好的农产品以耐储存、易运输的农产品为主，生鲜农产品的电商发展较为缓慢；农产品电商企业叫好不叫座，"赔本赚吆喝"的企业多，营利的企业少，试水的企业多，能实现持续发展的企业少，亏本经营成为该行业的常态。《2014—2015 中国农产品电子商务发展报告》显示，目前国内近 4000 家交易类农产品电商企业仅有 1% 盈利，7% 巨亏，88% 略亏，4% 持平。可以说，当前中国农产品电商发展在表面繁荣的背后潜伏着巨大危机，亟须引起相关政府部门和理论研究者的重视。

二 文献综述

近年来，关于农产品电商的讨论越来越多，成为学术界研究的一个热点。梳理相关文献，目前国内关于农产品电商的研究大体可分为以下几类：

---

① 洪涛：《2014—2015 中国农产品电子商务发展报告》（简版），2015 年 4 月，商务部主办的"全国农产品商务信息公共服务平台"网站（http：//nc.mofcom.gov.cn/articledzswzt/zt/dzswzt/dzswztsjbg/201504/18865042_1.html）。

② 涉农电商中有很大一部分企业只是通过网络平台进行产品展示、宣传和推销，但产品的销售必须要在线下进行，这类电商企业就不属于"交易类电商"。

③ 金敏：《农产品电子商务的阿里巴巴模式》，《农经》2013 年第 5 期。

④ 陈余玮：《加快促进农产品电子商务发展》，《光明日报》2014 年 10 月 8 日。

　　一类是围绕"是什么"命题开展的现实总结和理论解构。有学者从广义和狭义两个层面对电子商务概念进行了辨析，认为广义的电子商务可以理解为一切以电子技术手段进行的与商业有关的活动，狭义的电子商务是指以网络为交易平台的商务活动。基于广义的电子商务概念，农产品电子商务是指将电子商务等现代信息技术手段引入现行的农产品生产、经营中，以保证农产品信息收集与处理的有效畅通，建立起适合网络经济的农产品营销体系①。有学者基于相关文献梳理认为，农产品电子商务概念是指在农产品生产加工和销售配送过程中全面导入电子商务系统，利用信息技术与网络技术，在网上进行信息的收集、整理、传递与发布，同时依托生产基地与物流配送系统，在网上完成产品或服务的购买、销售和电子支付等业务的过程②。还有学者将电子商务概念界定为"网络化和数字技术"与"商务活动"二者的交集，并以此概念为基础，将不进行农产品实物的网上交易，而只是为农产品网上实物交易提供服务的目录模式、信息中介模式、虚拟社区模式也归为农产品电子商务的三种模式③。还有学者对农产品电子商务、农民电子商务和农村电子商务进行了比较分析，认为农产品电子商务的最终落脚点是实现农产品买卖畅通，农民电子商务是指以农民为主体开展的电子商务活动，农村电子商务是指发生在农村地区的电子商务活动④。

　　一类是围绕"为什么"命题开展的理论分析和实证检验。有学者从供应链视角对农产品电子商务的作用进行了研究，认为电子商务可以通过非中介化、再中介化、信息中介和垂直门户等方式简化原有农产品供应链的复杂结构，更好地进行农产品的价值创造和转移，推进和实现农产品流通模式高级化和成熟化⑤。有学者基于交易成本理论及供应链、价值链理论分析了电子

---

① 徐悦：《我国农产品电子商务发展研究》，《农业科技与装备》2014 年第 4 期。
② 杨跃辉：《农产品电子商务研究文献综述》，《安徽农业科学》2011 年第 18 期。
③ 胡天石：《中国农产品电子商务模式研究》，中国农业科学院，博士学位论文，2005 年。
④ 叶秀敏：《涉农电子商务的主要形态及对农村社会转型的意义》，《中国党政干部论坛》2014 年第 5 期。
⑤ 孙炜、万筱宁、孙林岩：《电子商务环境下我国农产品供应链体系的结构优化》，《工业工程与管理》2004 年第 5 期。

商务对降低农产品交易成本和实现价值增值的机理，并从农产品交易不规范、交易信息不对称、交易量大、价格波动快等 8 个方面分析了农产品贸易与电子商务之间的适应性和互补性[①]。有学者提出了电子商务下的农产品物流供应链整合模型，认为通过电子商务信息平台可将农产品生产、加工、流通、消费等环节有机结合起来，形成农产品产、供、销的一体化运作和各环节之间的无缝衔接[②]。还有学者基于对浙江农产品电子商务的实证研究，认为农产品电子商务具有供应链信息充分共享、全程供应链可视、降低农产品流通环节的交易成本、提升服务质量、改善客户关系等优点[③]。还有学者认为，电子商务有助于削弱供应链失真的长鞭效应，有助于农产品流通企业"再造"业务流程和"重塑"供应链[④]。还有学者基于波特的"价值链"概念和卡普林斯基的"产业价值链概念"提出了"农产品电子商务产业价值链"概念，阐释了该价值链的构成主体[⑤]。

一类是围绕"怎么办"命题开展的宏观战略探讨和微观创新总结。有学者应用"交易对象标准化程度低""交易过程面临道德风险"等经济学专业术语分析了农产品电子商务发展问题，并从培养农产品电商经纪人来弥补卖方信息链、充分利用现有公共网络资源搭建农村电子商务平台等四个方面构建了一个农产品电子商务新模式[⑥]。有学者基于农产品生产、加工、流通、经营方法的不同及市场行为主体的不同总结了中国农产品电商的四种模式，并从信息不对称、交易环节过多、社会信用体系不健全、产品标准化水平低等方面分析了农产品流通及农产品电商发展中存在的问题[⑦]。有学者从交易

① 胡天石：《中国农产品电子商务模式研究》，博士学位论文，中国农业科学院，2005 年。
② 王宁、黄立平：《基于信息网络的农产品物流供应链管理模式研究》，《农业现代化》2005 年第 2 期。
③ 刘辉、刘瑾：《基于电子商务环境的浙江省农产品供应链整合模式研究》，《农业经济》2008 年第 1 期。
④ 刘丽华：《农产品电子商务供应链体系构建研究》，《物流技术》2012 年第 8 期。
⑤ 李欣：《基于产业价值链的我国农产品电子商务发展策略研究》，《商业时代》2012 年第 18 期。
⑥ 胡俊波：《农产品电子商务发展模式研究——一个模式构想》，《农村经济》2011 年第 11 期。
⑦ 刘洋：《多方推进农产品电子商务健康发展——我国农产品电子商务发展态势分析》，《中国信息界》2014 年第 2 期。

主体、交易对象、交易平台、交易环境四个方面分析了制约中国农产品电子商务发展的主要因素①。有学者建议从管理信息系统、生产供应基地网络、仓储和分拣加工体系、运输体系、终端销售体系等方面构建农产品电子商务供应链体系②。有学者认为，未来农产品电商 O2O 模式将形成一种多层次、多维度的复合生态系统，演变出平台型、外包型、区域型、垂直型等多种形态，出现针对水产品、鲜花、水果、蔬菜等特定农产品类型的 O2O 形态，线下资源整合将是未来农产品 O2O 模式发展的重点③。有学者从确定农产品电子商务的产品选择、优化农产品电子商务的物流管理、加快农产品电子商务的标准化建设、解决农产品电子商务过程中的信任问题四个方面提出了促进农产品电商发展的路径④。还有学者分析了美国生鲜电商 O2O 模式、平台运营模式、"C2B + 快物流"模式及高密度仓库快物流服务模式对中国的启示，提出中国未来生鲜农产品电商的发展方向应该是和采购基地或家庭农场通力合作，实现上游与下游供应链的整合⑤。

在国内关于农产品电商发展的相关理论研究中，学者们对于"农产品电子商务是什么"命题的研究虽然成果不多，但得出的观点和结论很明确，主要从广义和狭义两个视角考虑，且目前基本形成共识，侧重于从农产品电子交易这一狭义视角理解农产品电商。对于"为什么发展农产品电商"命题的研究，学者们主要运用供应链理论、价值链理论和交易成本理论进行了较深入的研究和阐释，形成了大量研究成果，提出了农产品电商能畅通农产品产销信息、扩大贸易机会、降低交易成本、优化供应链，实现价值链增值、促进农业发展方式转变等普遍认可的研究结论。对于"怎么发展农产品电子商务"命题的研究，学者们基于对发达国家经验的借鉴和中国发展实践，总结了中国农产品电商发展的主要模式及存在的主要问题，并从产品标准化程度

① 廖香香：《我国农产品电子商务发展的制约因素及对策研究》，《全国商情》2014 年第 14 期。
② 刘丽华：《农产品电子商务供应链体系构建研究》，《物流技术》2012 年第 8 期。
③ （汪旭晖、张其林，2014）
④ 陈余玮：《加快促进农产品电子商务发展》，《光明日报》2014 年 10 月 8 日。
⑤ 程艳红：《美国生鲜电子商务模式研究》，《世界农业》2014 年第 8 期。

低、信息不对称、物流体系不完善、社会信用体系不健全等方面分析了制约中国农产品电商发展的主要因素，构建了一些农产品电商发展新模式，提出了相关政策建议。但是，总体来看，目前学者们对于"怎么发展农产品电子商务"命题的研究仍较为薄弱，从静态、局部视角进行研究的成果多，从动态、系统视角进行研究的成果少，总结性成果多，前瞻性成果少，对农产品电商模式的总结存在标准不统一、类型杂乱的问题，对影响农产品电商发展的市场环境、社会环境等因素认识不充分，提出的发展模式与路径选择滞后于日新月异的农产品电商发展实践，对实践的指导性不强。基于此，本文将重点围绕"怎么发展农产品电子商务"这一命题构建一个理论分析框架并展开相关研究。

三 农产品电商生态系统理论分析框架构建

自 20 世纪 90 年代以来，随着知识经济的兴起和网络信息技术、经济全球化的快速发展，各类产业的内部分工越来越细密，产业之间、企业之间的竞争、合作关系日益复杂，现代企业越来越像是自然界的生物，企业与企业所在的商务环境共同构成了类似自然生态系统的商业生态系统，传统经济中企业之间的竞争转化为商业生态系统之间的竞争①。在这一背景下，简单地将农产品电子商务发展等同于农产品电商企业的发展，或是仅立足于农产品电商企业的发展来思考和谋划农产品电子商务的发展必然造成理论与现实的严重脱节。构建一个有关农产品电商的系统性理论分析框架，成为当前理论研究的迫切任务。

（一）相关理论基础

自然生态系统理论是本文构建系统性的农产品电商理论分析框架的最重

---

① Moore, J. F., *The Death of Competition*: *Leadership and Strategy in the Age of Business Ecosystems*, New York: Harper Business, 1996.

要理论基础。自然生态系统的概念最早由英国的 Tansley 提出。Tansley[1] 认为，自然生态系统在最广泛意义上不仅包括复杂的有机体，还包括由复杂的物理因素组成的生物群落环境——生物因子，而且自然生态系统有不同的种类与规模。经过半个多世纪的发展，自然生态系统这一概念逐渐得到理论界的普遍认可：它是指在一定的空间和时间内，在各种生物之间以及生物与无机环境之间，通过物质循环和能量流动而相互作用的一个自然系统[2]。自然生态系统的组成成分包括非生物的物质和能量、生产者、消费者、分解者，生产者与消费者通过捕食、寄生等关系构成的相互联系被称作食物链，多条食物链相互交错就形成了食物网。食物链（网）是自然生态系统中能量传递的重要形式，其中，生产者被称为第一营养级，初级消费者被称为第二营养级。自然生态系统具有能量流动、物质循环和信息传递三大生态功能。自然生态系统中的能量流动具有两个基本特点：一是能量在生态系统中的传递不可逆转；二是能量在传递过程中逐级递减，传递率为 10%—20%，这也就是著名的林德曼定律。由于能量有限，一条食物链上的营养级一般不超过 5 个。自然生态系统保持自身稳定的能力被称为自然生态系统的自我调节能力，其强弱是通过多方因素共同作用来体现的。一般而言，成分多样、能量流动和物质循环途径复杂的自然生态系统自我调节能力强，而结构与成分单一的自然生态系统自我调节能力就相对弱些。

近年来，自然生态系统理论被广泛应用于社会科学研究。Moore[3] 较早地将自然生态系统理论应用于商业研究，提出了商业生态系统概念。他认为，商业生态系统可以被看成一个由各种组织控制的关联小生境[4]构成的网络。

---

[1] Tansley, A. G., The Use and Abuse of Vegetational Concepts and Terms, *Ecology*, Vol. 16, No. 3, 1935, pp. 284–307.

[2] 杜国柱、王博涛：《商业生态系统与自然生态系统的比较研究》，《北京邮电大学学报》（社会科学版）2007 年第 5 期。

[3] Moore, J. F., *The Death of Competition: Leadership and Strategy in the Age of Business Ecosystems*, New York: Harper Business, 1996.

[4] 生境：原是一个生态学概念，指生物的个体、种群或群落生活地域的环境，包括必需的生存条件和其他对生物起作用的生态因素，这里借指相关经济主体的生存环境。

有学者从狭义和广义角度对商业生态系统概念进行了界定，认为狭义上的商业生态系统是一种包括供应商、制造商、竞争者、市场中介、有关协会等组织的经济联合体，广义上的商业生态系统还包括自然资源、市场环境、政策环境、科技环境等环境因素。商业生态系统具有强调系统成员多样性、突出关键成员作用、边界模糊、动态开放、协同进化、自组织、反馈调节和动态平衡等特征①。还有学者在商业生态系统的理论基础之上，提出了电子商务生态系统模型，认为电子商务生态系统是由一系列关系密切的组织机构超越地理位置界限，将互联网作为竞争和沟通平台，通过虚拟、联盟等形式进行优势互补和资源共享而结成的一个有机系统，其"物种"成员按其定位可划分为领导种群、关键种群、支持种群和寄生种群四大类，其发展一般要经历形成、发展、成熟及衰退的逐步演化过程。电子商务生态系统与传统商业生态系统相比较具有高系统更新率、核心企业绝对领导、系统边界高模糊性、高环境威胁等特征②。还有学者认为，电子商务改变了企业的竞争方式、竞争基础和竞争对象，使企业的信息传递方式由单向"一对多"向双向"多对多"转换，系统中众多企业通过采取与自然界生物类似的竞争、合作等行为以适应日新月异的环境，构成一个内部"生物"不断出生、成长、成熟甚至死亡的生态系统，该生态系统具有自适应、自组织、多变量、强耦合、大规模、多尺度等显著特征③。

　　除了生态系统理论之外，由哈肯④正式提出的协同理论和由科斯⑤开创的交易费用理论对于构建有关农产品电商的系统性理论分析框架也具有重要借鉴意义。所谓协同，是指系统内部各组织之间以及组织与环境之间通过物质、能量或者信息交换等方式相互协调配合，能产生 $1+1>2$ 的协同效应。

---

① 欧阳泉：《基于商业视角的物流生态系统及协同演进机制研究》，博士学位论文，西南财经大学，2013 年。

② 胡岗岚、卢向华、黄丽华：《电子商务生态系统及其演化路径》，《经济管理》2009 年第 6 期。

③ 邵阔义：《电商生态系统的研究意义及发展动态》，《金融电子化》2012 年第 8 期。

④ ［西德］赫尔曼·哈肯（H. Haken）：《协同学导论》，张纪岳、郭治安译，西北大学科研处，1981 年。

⑤ Coase, R. H., *The Nature of the Firm*. Economica N. S., Vol. 4, 1937, pp. 386 - 405.

交易费用理论认为，企业和市场是两种可以相互替代的资源配置机制，由于存在有限理性、机会主义、不确定性，使得市场交易费用高昂。为节约交易费用，企业作为代替市场的新型交易形式应运而生。交易费用决定了企业的存在，企业采取不同的组织方式最终目的也是为了节约交易费用。

（二）农产品电商生态系统概念的提出

在中国，农产品电商发展是一项复杂的系统工程，它不仅涉及农产品生产者、收购商、加工企业、批发商、电子商务企业、流通企业、经销商、消费者等众多直接利益相关者，还涉及农资生产供应商、农业技术研发推广单位、农产品检验检疫等诸多间接利益相关群体。这些利益相关者通过彼此之间的交换、合作、竞争等互动行为实现物质、价值的有序流动以及信息的有效传递，从而形成一种相互依存的共生共进关系，并与特定的经济社会环境一起构成了一个具有特定协同功能且不断演化的复杂系统。该系统在组成成分、组织结构、作用机理等方面与自然生态系统具有很强的共通性，可以借助于生态系统相关理论方法和概念范畴来分析其结构、机理和功能，以此构建农产品电商生态系统的理论概念。基于生态系统理论、协同理论和交易费用理论，结合农产品的交易特征，可以认为，农产品电商生态系统即是指由农产品生产者、加工者、流通者、消费者、电商企业及利益相关群体与外部经济、社会、政策环境共同组成的，以互联网为主要交流、合作、竞争平台，以实现物质、价值有序流动和信息有效传递为目的，具有协同功能和一定环境适应能力的动态有机整体。通过该理论概念，一方面可以更充分地认识农产品电商企业发展对其他利益相关群体发展的依赖性和互动性，以一个更广阔的视角来分析制约农产品电商发展的主要因素；另一方面，可以将社会环境、经济环境、政策环境等因素纳入分析视野，从更宏观层面提出推动农产品电商发展的政策建议；同时，可以从动态角度分析农产品电商生态系统的演化趋势，找准促进其良性演化的关键环节。

与学者们已提出的电子商务生态系统概念相比较，农产品电商生态系统可以看作电商生态系统的一个子系统。与工业品等其他类产品电商生态系统相比较，由于其交易对象、交易主体、交易范围的特殊性，农产品电商生态系统概念的提出具有特殊的现实意义。第一，农业既是中国的基础产业，又是中国当前的弱势产业，通过培育良好的农产品电商生态系统实现农产品"小生产与大市场"的有效对接，不仅具有降低交易成本、提高农民收入、增加农业产出等直接经济效益，而且对转变农业发展方式、夯实农业基础地位、实现第一第二第三产业融合发展具有重要意义。第二，农产品与每个人的生活息息相关，农产品的生产、流通、销售、消费联系着千家万户，农产品电商生态系统的良性演进为全社会带来的正效益远非其他类产品电商生态系统所能比拟。第三，农产品电子商务涉及农产品生产、流通、交易、消费等众多环节，且每一个环节都与工业品相应环节存在显著差异，简单借用电商生态系统的一般理论无法解决农产品电商生态系统运行中的现实问题。

（三）农产品电商生态系统的特征

与自然生态系统相类比，农产品电商生态系统具有以下四个方面特征：

1. 农产品电商生态系统是一个开放互动的系统

与任何一个自然生态系统一样，农产品电商生态系统也是存在于一定的外部环境之中的，并且系统与外部环境之间时刻需要进行物质、能量交换。第一，农产品电商生态系统的出现和发育是以一定的社会生产力水平和技术水平为基础的。如果没有农业生产技术的进步和可交易农产品的极大丰富，没有互联网技术的重大突破和广泛应用，没有保鲜、运输设备的技术进步，农产品电商生态系统是不可能出现的。第二，农产品电商生态系统所必需的各类要素条件都需要外部环境来提供。农产品电商生态系统创建所需的初始资金必然来源于其他产业发展的积累或现代金融体系的支持，所需技术、设备、设施得靠研发单位的技术突破和相关生产企业的产品供给，所需专业人才得靠学校、培训机构或其他行业的培养。第三，农产品电商生态系统有序运行所必需的规则体系需要政府、社会和市场来共同提供。政府的相关政策法规为系统运行提供了基本的制度框架，市场规则为系统中各行为主体的活动提供了相对完善、有效的激励与约束机制，社会环境则对系统中各行为主体的价值取向、行为抉择具有重要影响。第四，农产品电商生态系统的演进对外部环境也有重要影响。一个良好运行的农产品电商生态系统既能创造价值，为社会增加财富积累，也能培养造就更多专业人才，增加全社会的人力资本，还能增强人际互信关系，促进社会和谐；此外，其所探索的商业模式可以为其他产业发展所参考和借鉴。

2. 农产品电商生态系统是一个多元共生的系统

与自然生态系统强调物种的多样性、食物链的丰富性相类似，农产品电商生态系统也需要"物种"构成的多元化和产品供应链的复杂化。农产品生产者包括小规模家庭生产者、专业大户、家庭农场、专业合作社、企业化的种养殖基地等诸多类型和众多主体，农产品本身包括蔬菜、水果、粮油、畜禽、水产品等众多种类，而消费者对农产品的消费偏好更是千差万别。农产品电商生态系统要将各种品类的农产品从各个农产品生产者送达千差万别的消费者手中，其复杂性可想而知，农产品供应链上的各个环节都不可能由单一主体独立完成。而多元化的市场主体则能依靠各自的比较优势，通过细分市场和创新经营模式，更好地满足农产品生产者和消费者的个性化需求。同时，从增强系统稳定性的角度看，即便多元化市场主体不比单一市场主体更有效率，也应尽可能保持系统中各环节市场主体的多元化。强调农产品电商生态系统的多元共生特征，其政策含义在于，要建立尽可能公平的市场竞争环境，让系统内各主体共享全产业链增值收益，防止任何环节出现市场垄断行为。另外，强调农产品电商生态系统的多元共生特征，并不意味着系统中各类"物种"的地位、作用都是一样的。同自然生态系统类似，农产品电商生态系统中的"物种"也有层级之分和高下之别，其中，主导性"物种"（例如电商企业）和关键性"物种"（物流企业、经销商等）对整个系统的类型、特征和演化趋势具有更直接的影响。

3. 农产品电商生态系统是一个协同共进的系统

同自然生态系统具有 $1+1>2$ 的协同功能类似，农产品电商生态系统也具有各个"物种"简单组合所不具有的协同功能，这种协同功能既是支撑农产品电商生态系统能在传统农产品流通系统中独立并脱颖而出的核心竞争力，也是农产品电商生态系统内部各物种、各链条实现优胜劣汰的内在准绳。农产品电商生态系统的协同功能一方面体现为它能通过便捷、实时的信息沟通更好地满足农产品生产者和消费者的个性化需求，同时增加农产品生产者和消费者剩余，实现价值增值；另一方面体现为它能借助网络平台大幅度降低农产品生产、流通、销售各环节的信息搜寻成本和契约成本，压缩中间环节，优化供应链，为相关市场主体实现价值增值。那些既不能拓展需求空间，又不能通过节约交易成本、优化供应链实现价值增值的物种、供应链、电商模式及系统都是无法长期生存的。当然，农产品电商生态系统的协同功能不是与生俱来的，也不是一蹴而就的，其功能发挥将随着系统规则的完善、供应网络的构建和信息沟通渠道的畅通而逐步增强。

4. 农产品电商生态系统是一个动态演化的系统

与自然生态系统要经历兴起、发育、成熟、衰退等阶段类似，农产品电商生态系统也是一个具有反馈调节功能、处于动态演化过程中的有机系统。当然，农产品电商生态系统的动态演化既存在快速进入成熟阶段的可能，也存在难以成熟或快速衰退的风险。当环境适宜、外部条件有利时，农产品电商生态系统就将向成熟阶段演进，即参与主体越来越多，"物种"越来越丰富，供应链日益复杂并逐渐形成一张相互交织、相互补充的网络，系统的协同功能和抗逆能力越来越强大。当外部环境出现巨大的不利变化（例如，新的技术进步导致更高效的替代性农产品流通模式出现，假冒伪劣产品横行导致消费者放弃农产品电商模式等），或是内部主导性"物种"、关键性"物种"出现大面积消亡（例如，电商企业长期缺少盈利支撑而纷纷破产，物流企业因能源价格短期过快上涨而退出市场等）时，农产品供应链就会断裂，整个系统也会进入衰退阶段。

（四）农产品电商生态系统的理论分析框架

基于农产品电商生态系统的概念及特征，同时结合中国农产品电商生态系统发展中存在的问题以及开展该项研究的着眼点，本文拟从环境、结构、功能、演化四个维度构建农产品电商生态系统的理论分析框架（见图1）。

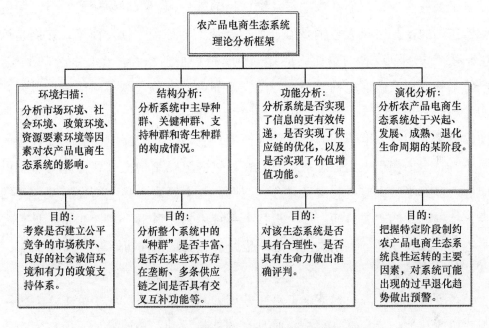

图1　农产品电商生态系统理论分析框架示意图

1. 环境扫描

农产品电商生态系统是一个开放的系统，需要不断与外部环境进行信息、物质和能量交换，环境因素对农产品电商生态系统的发育和功能实现具有重要影响。所谓环境扫描，即是对农产品电子商务发展的外部环境进行系统性研究，分析市场环境、社会环境、政策环境、资源要素环境等因素对农产品流通的影响。与中国农产品电商发展现实相结合，环境扫描主要是考察公平竞争的市场秩序、社会诚信环境、政府政策支持、劳动力成本和运输成本、技术条件等因素对农产品电商生态系统的影响。

2. 结构分析

农产品电商生态系统中的"种群"结构、供应链结构是系统实现协同功能的重要载体，也是影响系统稳定性的重要因素。借鉴胡岗岚等[①]对电子商务生态系统中"种群"的分类，本文将农产品电商生态系统中的"种群"分为主导种群、关键种群、支持种群和寄生种群。其中，主导种群即核心农产品电子商务企业，它们在该生态系统中扮演着资源整合和协调的角色；关键种群包括农产品生产者、消费者、加工企业、零售商、批发商等，它们是该生态系统中不可或缺的重要组成部分；支持种群包括物流企业、金融机构、电信服务商以及政府机构等，它们是农产品电子商务必须依附的组织，但它们并不完全依赖于农产品电商生态系统而存在；寄生种群包括网络营销服务商、技术外包商、电子商务咨询服务商等，它们为农产品电商交易提供增值服务，完全依赖于电商生态系统而存在。供应链在结构上大致可分为单一供应链、多元平行供应链和交叉复合供应网。与中国农产品电商发展现实相结合，结构分析的主要目的在于分析整个系统中的"种群"是否丰富、是否在某些环节存在垄断、多条供应链之间是否具有交叉互补功能等。

3. 功能分析

农产品电商生态系统是一个协同共进的系统，能够实现单个主体无法实现的协同功能。与自然生态系统所具有的能量流动、物质循环、信息传递三大功能类似，农产品电商生态系统的协同功能具体表现在物质流动、价值增值和信息传递三个方面。其中，信息传递功能对物质流动和价值增值功能的实现具有重要支撑作用，也是农产品电商生态系统相对于传统农产品流通系统优势尤其突出的一点。物质流动功能的内涵是指通过供应链优化提升农产品流通效率。价值增值功能是指通过压缩中间环节、节约交易成本为各市场主体创造更大价值。与中国农产品电商发展现实相结合，功能分析的目的在于判断农产品电商生态系统相比于传统农产品流通系统是否实现了信息的更

---

① 胡岗岚、卢向华、黄丽华：《电子商务生态系统及其演化路径》，《经济管理》2009 年第 6 期。

有效传递，是否实现了供应链的优化，以及是否实现了价值增值，以此可以透过纷繁复杂的各类电商模式而对该生态系统是否具有合理性、是否具有生命力做出准确评判。

4. 演化分析

与自然生态系统类似，农产品电商生态系统也存在兴起、发展、成熟、退化的生命周期。处于不同生命周期的农产品电商生态系统具有不同的"种群"结构，面临不同类型的挑战，一般来说，当农产品电商刚刚兴起时，系统中核心电商企业较少，它们既面临传统农产品流通企业的市场竞争，也面临市场需求不足、电商企业本身运行不规范的挑战。当农产品电商生态系统进入发展阶段时，系统中核心电商企业数量较多，企业发展的市场空间迅速扩大，但同时也面临电商企业之间竞争加剧、整个市场较为无序混乱等问题。当农产品电商生态系统进入成熟期后，垄断竞争成为电商企业之间最主要的竞争形式，市场秩序基本建立，需求群体趋于稳定，系统表现出较强的稳定性。当农产品电商生态系统进入退化阶段时，该系统赖以生存的外部环境和内部条件都会发生重大变化，系统内的核心企业如果不进行重大变革将被迫退出市场。与中国农产品电商发展现实相结合，分析农产品电商生态系统演化阶段的目的在于更准确地把握特定阶段制约农产品电商生态系统良性运转的主要因素，及时对农产品电商生态系统可能出现的过早衰退趋势做出预警。

四 中国农产品电商生态系统的演化趋势及主要障碍

近年来，中国传统电商企业、传统涉农企业和大量新兴市场经营主体都敏锐地意识到电子商务将对未来农产品流通模式产生深刻影响，纷纷涉足农产品电商领域，甚至一些物流企业也创办了农产品电商网站，不断向产业链的上游、下游端延伸，形成了中国农产品电子商务蓬勃发展的整体态势。据阿里研究院统计，截至 2014 年底，阿里零售平台农产品卖家数量达 75 万家，同比增长达 98%。① 从中国当前迅速增长的农产品电商数量和农产品电子商务销售额来看，应该说，中国农产品电商生态系统总体处于快速发展阶段。当然，从相关行业统计报告及在重庆等地的实地调研中发现，当前中国农产品电商生态系统在外部环境、内部结构、功能实现等方面还面临不少障碍，整个生态系统远未迈入良性有序运行的成熟阶段。

（一）农产品电商发展的政策环境、市场环境、社会环境和资源要素环境有待改善

在政策环境方面，当前存在的突出问题是：政府在支持农产品电商发展过程中缺位与越位问题并存，农村末端物流配送体系不完善，网络基础设施仍较薄弱，大量传统家庭小规模农业生产者通过电子商务销售农产品、购买农资和生活用品的硬件条件不具备。而政府在运用财政手段支持农产品电商发展时又存在条块分割、各自为战、资源浪费严重、财政补贴资金利用效率偏低和导致不公平竞争等问题。在市场环境方面，"农产品具有周期性、价格波动性，农产品订单农业难以形成，俏销农产品不受订单限制，滞销农产品过多地依赖订单农业，导致市场波动性较大，生产者、经营者、消费者利益均不稳定，难以形成一种协同关系"。② 在社会环境方面，全社会的诚信意识和食品安全意识仍待加强，农产品质量安全监管难，"三品一标"产品数量及其比例较低，在一定程度上制约了农产品电商的发展。在资源要素环境方面，面临的突出问题是房租和人工费用过快上涨，特别是既掌握网络开发技术又懂农产品营销、同时还会经营管理的复合型人才极为稀缺，电商企业之间为争夺人才展开了"白热化"竞争，加重了企业负担。

---

① 阿里研究院：《阿里农产品电子商务白皮书（2014）》，2015 年 6 月，商务部主办的"全国农产品电子商务信息公共服务平台"网站（http: //nc. mofcom. gov. cn/articledzswzt/zt/dzswzt/dzswztsjbg/201506/18882508_ 1. html）。

② 洪涛：《2014—2015 中国农产品电子商务发展报告》（简版）。

（二）"种群"结构不合理，不同层级"物种"之间和谐共生的关系尚未形成

作为农产品电商生态系统中的主导种群，目前中国涉农电商企业数量很多：既有传统第三方电商平台通过功能拓展将农产品销售纳入其业务范围，更有大量传统农产品商贸企业、批发市场、物流企业、经纪人、农产品生产加工龙头企业凭借各自优势创办的网购平台；既有专做第三方网络平台的农产品电商企业，也有自营网络平台的农产品电商企业；既有经营范围大而全的农产品电商企业，也有专做特定农产品的垂直型电商企业。这些数量众多、类型多元的农产品电商企业为中国形成农产品电商生态系统奠定了重要基础，但同时也存在一些问题。例如，当前农产品电商市场是"寡头市场"，除了阿里系、京东系外，其他农产品零售电商主要受两大电商影响，"优质优价"农产品电商优势难以发挥，导致劣币驱逐"良币"。特别是"小众特色"电商难以得到正常发育。[①] 在广大新兴农产品电商企业中，市场细分不够，模式雷同，目标客户群体重复，重平台建设轻平台营销，平台知名度和流量难以提升，导致市场竞争激烈，彼此都难以成长壮大。在关键种群中，农产品生产者和消费者受组织化程度和信息渠道等因素限制处于相对弱势地位。在支持种群中，物流企业、金融企业与电商平台的结合不够紧密，物流成本高、融资难问题限制了整个系统的较快发展。

（三）系统的信息传递功能、供应链优化功能、价值增值功能存在较大提升空间

目前中国大量出现的农产品电商平台虽为相关市场主体提供了便捷的信息传递渠道，但由于平台过多，大量信息未经核实和归类整理，又会造成新的信息选择困难。在供应链优化方面，当前中国的农产品电商企业基本处于各自为战的状态：有的企业掌握较丰富的生产基地信息，便创建了 F2B 或

[①] 洪涛：《2014—2015 中国农产品电子商务发展报告》（简版）。

F2C 模式的电商平台；有的企业掌握较完善的流通网络，便创建了 B2B 或 B2C 模式的电商平台；有的企业掌握大量的终端销售渠道，便创建了自营型电商平台。但是，这些企业由于不能实现有效联合，不能将农产品收购、物流、销售的全供应链打通并形成优势，在较大程度上限制了供应链优化的空间。在价值增值上，受当前中国农产品标准化程度低、价格波动大、物流成本高、全社会信用体系不健全及消费习惯传统等因素影响，农产品生产者、经营者和消费者通过电商平台完成交易的成本仍然较高。

（四）系统处于快速发展阶段，电商企业之间的竞争日益激烈

当前中国农产品电商生态系统的总体发展状况是市场规模迅速扩张，农产品电商的发展愿景美好，但各个农产品电商企业的现实生存状况却十分艰难，"大把烧钱"的企业多，真正赢利的企业少，小农女（微信上卖菜）、优菜网、谊万家、济南买菜网、上海天鲜配、福州家百福等一大批近年兴起的生鲜农产品电商先后关闭。其原因是，目前中国农产品电商生态系统正处于快速发展阶段，行业进入门槛低，产业竞争规则、盈利模式还处于探索之中，"客户数量越大越能吸引更多潜在客户"的"正网络效应"明显，阿里、京东等行业领导型企业都想通过前期不计成本的高风险投入而一跃成为"通吃"的唯一赢家，新兴农产品电商企业面临巨大竞争压力。另外，在买方市场这一大背景下，中国农产品电商企业之间的激烈竞争还体现在对线下终端销售体系的争夺上。不少电商企业都着眼于通过组建社区店的形式来实现"网订店取"的目标，降低农产品的末端物流配送成本。然而，目前普遍存在的问题是，电商企业竞相在社区布点，成本很高，重复建设和过度竞争问题突出。加之不少电商企业并没有经营管理实体店的经验，有的电商企业（如重庆"绿优鲜"）终端销售网点扩张过快，超过了自身的人力资源承受范围，造成巨大的经营风险。

五 结论与政策含义

本文在阐述农产品电商生态系统概念、特征的基础上，从环境、结构、功能、演化四个维度构建了一个研究农产品电商的理论分析框架，其核心观念是强调系统内各"物种"之间是一种既相互竞争、又相互合作的共生关系，信息沟通、利益共享是实现系统内农产品供应链优化和价值增值的纽带。同时，农产品电商生态系统与自然生态系统一样也是一个开放的、具有一定自我调节能力的动态系统，外部环境及系统自身所处的发展阶段在很大程度上影响着系统面临的矛盾和问题，推动农产品电商生态系统向着有序、稳定、成熟的发展阶段演进，是政府及相关市场主体共同的目标。

本文的政策含义主要体现在：一是政府应着力为农产品电商发展打造良好的外部环境，特别是要在构建全社会诚信体系、健全农产品品质监测体系和创建农产品标准体系方面发挥主导性作用。二是以培育农产品电商企业为核心优化农产品电商生态系统的物种结构。鼓励和扶持民营企业创建农产品电商平台和涉足农产品电商领域，通过民营农产品电商企业之间充分的市场竞争探索农产品电商的有效发展模式；重视"支持种群"和"寄生种群"在促进整个农产品电商生态系统和谐发展中的作用，形成各个市场主体既相互分工、又相互协作的良性发展态势。三是高度重视农产品电商生态系统中的信息传递和大数据开发利用。支持创建第四方农产品电商服务平台，为电商企业提供信息交流与合作服务，为消费者、商家选择合适的农产品电商平台提供便捷的渠道；支持和引导企业开展大数据整理、整合和挖掘、开发工作，为本企业提供市场预测、消费主体分析等服务，也为全社会的数据整合、生产引导、精准营销提供数据支撑。四是尊重市场规律，推动农产品电商生态系统加快向成熟阶段演进。政府应立足于相关法律来守住整个系统发育的底线，完善企业退出机制，通过企业在市场机制作用下的有进有退、有生有死来促进整个系统的成熟。

参考文献：

［1］Moore，J. F. The Death of Competition：Leadership and Strategy in the Age of Business Eco-systems［M］. New York：Harper Business，1996.

［2］Tansley，A. G. The Use and Abuse of Vegetational Concepts and Terms. Ecology，Vol. 16，No. 3（Jul.，1935），pp. 284 – 307.

［3］陈余玮：《加快促进农产品电子商务发展》，《光明日报》，2014 年 10 月 8 日。

［4］程艳红：《美国生鲜电子商务模式研究》，《世界农业》2014 年第 8 期。

［5］曹国钰：《多元化扁平化的我国农产品大流通创新机制探讨》，《商业时代》2014 年第 26 期。

［6］杜国柱、王博涛：《商业生态系统与自然生态系统的比较研究》，《北京邮电大学学报（社会科学版）》2007 年第 5 期。

［7］H. 哈肯：《协同学导论》，北京：原子能出版社，1984 年。

［8］胡岗岚、卢向华、黄丽华：《电子商务生态系统及其演化路径》，《经济管理》2009 年第 6 期。

［9］胡俊波：《农产品电子商务发展模式研究——一个模式构想》，《农村经济》2011 年第 11 期。

［10］胡天石：《中国农产品电子商务模式研究》，中国农业科学院 2005 年 6 月博士论文。

［11］金敏：《农产品电子商务的阿里巴巴模式》，《农经》2013 年第 5 期。

［12］李欣：《基于产业价值链的我国农产品电子商务发展策略研究》，《商业时代》2012 年第 18 期。

［13］廖香香：《我国农产品电子商务发展的制约因素及对策研究》，《全国商情》2014 第 14 期。

［14］刘辉、刘瑾：《基于电子商务环境的浙江省农产品供应链整合模式研究》，《农业经济》2008 年第 1 期。

［15］刘丽华：《农产品电子商务供应链体系构建研究》，《物流技术》2012 年第 8 期。

［16］刘洋：《多方推进农产品电子商务健康发展——我国农产品电子商务发展态势分析》，《中国信息界》2014 年第 2 期。

［17］马西友：《加快构建山东农产品现代流通体系》，《山东经济战略研究》2014 年第 8 期。

［18］欧阳泉：《基于商业视角的物流生态系统及协同演进机制研究》，西南财经大学 2013

年 4 月博士论文。

　　［19］孙炜、万筱宁、孙林岩：《电子商务环境下我国农产品供应链体系的结构优化》,《工业工程与管理》2004 年第 5 期。

　　［20］邵阔义：《电商生态系统的研究意义及发展动态》,《金融电子化》2012 年第 8 期。

　　［21］王宁、黄立平：《基于信息网络的农产品物流供应链管理模式研究》,《农业现代化》2005 年第 2 期。

　　［22］徐悦：《我国农产品电子商务发展研究》,《农业科技与装备》2014 年第 4 期。

　　［23］杨跃辉：《农产品电子商务研究文献综述》,《安徽农业科学》2011 年第 18 期。

　　［24］叶秀敏：《涉农电子商务的主要形态及对农村社会转型的意义》,《中国党政干部论坛》2014 年第 5 期。

平台经济视角下生鲜农产品电商
发展规律、模式与战略研究

——基于重庆个案

丁忠兵

当前，平台正在成为一种普遍的市场形式或行业组织形式，拥有一个成功的平台已成为企业获得竞争优势的重要手段。以微软、谷歌、苹果、淘宝、京东为代表的一大批企业通过采用平台战略获得了巨大成功。在世界市值最大的 100 家企业中，至少有 60% 的企业超过一半的收益来自于平台市场。拉卡拉支付有限公司创始人孙陶然指出，做平台之所以会成为几乎所有有企图企业的梦想，一方面平台处于产业链的高端，不但收益丰厚、主动权大，在竞争中也会处于较为有利的位置，往往可以号令天下莫敢不从；另一方面也是因为平台的商业模式比较好，这是一种可以让所有合作者共赢、经营越久价值越大的商业模式。我国生鲜农产品有着万亿级的市场规模，被称为电商领域的新"蓝海"，近年得到了各大电商平台企业的垂青。阿里、苏宁、京东等平台电商巨头纷纷抢滩生鲜农产品电商市场，推出了"喵鲜生""苏鲜生"和京东商城生鲜频道。2013 年，全国生鲜电商交易规模 130 亿元，同比增长 221%。2014 年，阿里零售平台销售的肉类蔬果等生鲜农产品销售额同比增长 76.97%，增长率在七大类涉农产品中居第二位。2015 年，全国生鲜电商市场交易规模 542 亿元，同比增长 87%，远高于同期全国网络零售市场规模33.9%的增长率。但同时我们也看到，在当前我国生鲜农产品电商市场快速扩张的背后却是生鲜电商企业的普遍亏损。据《2014—2015中国农产品电子商务发展报告》显示，目前国内农产品电商接近4000家，其中仅有1%盈利，4%持平，有7%巨亏，88%略亏。甚至有报道称"生鲜电商市场庞大却无一家盈利"。更为显见的是，优菜网、好帮手、谊万家、永辉半边天、天鲜配等一大批名噪一时生鲜农产品电商平台近年都黯然退出。毫无疑问，当前我国生鲜农产品电商企业的整体经营形势不容乐观，谋生存仍是生鲜电商发展的主题。有鉴于此，本文拟立足对我国生鲜农产品电商发展前景的判断，运用平台经济理论，总结我国生鲜农产品电商发展的基本特征和典型模式，探索提出我国生鲜农产品电商突破生存"临界点"、实现持续发展的战略抉择。

一 文献综述

近年，随着平台经济的快速发展，近年学界对平台经济相关理论进行了广泛研究，为认识生鲜农产品电商的特征、规律提供了有价值的理论工具。2002年，Cawer A. 和 Cusumano M. 合著的《*Platform Leadership：How Intel，Microsoft，and Cisco Drive Industry Innovations*》是平台理论研究的重要阶段性成果，提出了平台战略的四个原则：确定公司的业务范围、制定产品技术战略、与外部补足品开发商形成友好关系、优化内部组织结构。Eisemann 等[1]认为，平台的定价必须仔细思考获得跨边网络效应的能力、用户的价格敏感度、用户的质量敏感度、产出成本、用户的品牌价值五个方面的因素。库苏玛诺[2]对平台领导型企业如何确立其市场支配地位、如何协调行业创新来支持自己的产品等重大问题做出了新的思考，认为平台战略需要通过一个外部

---

[1] Eisenmann T. , Parker G. , Van Alstyne M. , "Strategies for Two-sided Markets", *Harvard Business Review*, Vol. 84, No. 10, 2006, pp. 92 – 101.

[2] ［美］迈克尔·库斯玛诺：《耐力制胜：管理战略与创新的六大永恒法则》，科学出版社2010年版。

生态系统来催生补足性产品或服务的创新，在补足品和平台之间建立一种正反馈，来共同维系生态系统的繁荣。陈威如、余卓轩①以中国本土的互联网企业作为案例研究分析的对象，运用"同边效应""跨边效应""网络效应"等概念系统阐释了平台战略的建构、成长、进化、竞争、覆盖等战略环节，提出了"平台生态圈""利润池之战""机制设计""突破引爆点"等有价值的概念。张小宁②基于相关文献梳理认为，平台战略应该作为企业层面的成长和竞争战略，而不是简单的产品开发平台概念。

总的来看，近年学者们对我国生鲜农产品电商的发展模式进行了较多研究，所提出的 B2B、B2C、C2C、O2O 等模式已为人们所熟知和广泛接受，并成为人们论及生鲜电商的基本语言范式，为人们深化对生鲜电商发展规律的认识发挥了重要作用。学者们对平台经济现象及其理论本质和规律的理解也较为充分，为平台经济理论在相关领域的应用奠定了较好基础。目前相关研究存在的明显不足是，学者们较少从平台经济的视角对生鲜农产品电商发展规律、发展模式进行总结和剖析，对生鲜农产品电商企业的发展战略缺少关注。

二　我国生鲜电商发展基本态势

生鲜农产品是指由农业部门生产的没有或经过少许加工的，在常温下不能长期保存的初级食品，一般包括蔬菜、水果、肉类、水产品等农畜产品，人们习惯称其为"生鲜三品"（果蔬、肉类、水产）。生鲜农产品是我国消费者除粮食以外最主要的食物营养来源，它在日常生活消费中占有十分重要的地位。电子商务能够实现产品供需信息的跨时空匹配，降低交易成本，拓展市场空间，日益成为我国生鲜农产品流通的重要渠道。近年，受消费水平不断提高和消费升级影响，我国生鲜农产品的市场需求较快增长，为生鲜电商

---

① 陈威如、余卓轩：《平台战略——正在席卷全球的商业模式革命》，中信出版社 2013 年版，封底。

② 张小宁：《平台战略研究评述及展望》，《经济管理》2014 年第 3 期。

发展提供了广阔空间。

据《2014年中国统计年鉴》相关数据分析，尽管从1990至2012年，我国人均粮食购买量大幅下降，城镇居民从1990年的131千克下降到2012年的79千克，农村居民从1990年的262千克下降到2012年的164千克，但人均生鲜农产品（含蔬菜、水果、肉、禽、蛋、奶、水产品）购买量却保持上升趋势，城镇居民人均购买生鲜农产品从1990年的225千克增加到2012年的244千克，农村居民人均购买生鲜农产品稳定在150千克左右。更有意义的是，城镇居民的人均生鲜食品消费量远高于农村居民，城镇居民的人均粮食消费量远低于农村居民（见图1）。因此，未来随着我国居民收入水平、生活水平的提高以及城镇化进程的持续推进，我国城乡居民生鲜农产品购买总量的增长空间仍十分广阔，生鲜农产品电商发展的市场潜力巨大。据中国电子商务研究中心发布的《2015年中国生鲜电商研究报告》显示，基于9645份在线调查数据，虽然目前我国在网上购买过生鲜的用户仅占24.5%，但却有将近半数的用户表示未来有兴趣尝试，未来生鲜电商在用户规模和市场规模上存在较大增长空间。或许正是基于这一认识，尽管有不少生鲜电商企业已成"先烈"，但仍有大批电商巨头和创业者"前仆后继"投身生鲜电商。

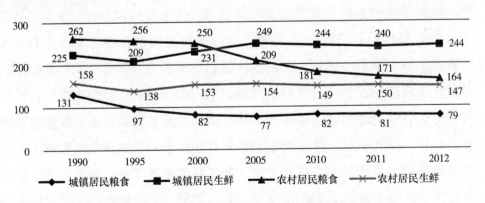

图1　1990—2012年城乡居民人均粮食和人均生鲜农产品购买量

近年，我国生鲜农产品发展历程可以划分为两个较明显的发展阶段：生鲜农产品电商 1.0 时代和生鲜农产品电商 2.0 时代。在 1.0 时代，生鲜电商发展的基本生态环境是：生鲜农产品的标准化程度低，接受生鲜电商模式的消费者数量少，冷链物流体系不完善、成本高。在此环境背景下，电商企业选择特定消费群体做高附加值单品生鲜电商成为这一时期生鲜电商企业的普遍选择，典型企业如沱沱工社、本来生活、菜管家、易果网等。在 2.0 时代，接受电商模式的生鲜农产品消费者越来越多，生鲜农产品的标准化、品牌化水平有了较大提高，集成多个高端单品电商的综合性生鲜电商平台开始出现，典型企业如淘宝、天猫、京东等大型电商平台的生鲜频道。此时的生鲜电商平台的规模经济和范围经济得到较充分体现，网络效应明显，寡头垄断型市场结构正在形成。展望未来，随着消费需求的升级、技术的进步和竞争格局的变化，我国生鲜农产品电商发展将进入 3.0 时代，产业链延伸、纵向一体化、大数据管理和开发应用、产品定制、精准营销将成为这一时期生鲜电商发展的显著特征。

三　平台经济视角下的生鲜农产品电商发展规律

综合相关理论研究成果，平台经济理论的核心主要包括四个方面：第一，由同边正效应、跨边正效应带来的规模效应递增和网络效应是平台优势的重要来源，是平台战略实施的理论前提。第二，平台领导者（或称核心产品与技术供给者）、平台追随者（或称补充品生产者）和消费者三方互动是一个良好平台生态系统的基本运转模式。第三，一个良好的平台生态系统必须同时具备良好的技术基础和商业模式，其中商业模式的核心是通过合理定价（或补贴）构建多方共赢、竞合有序的利益联结机制。第四，平台是一个开放的生态系统，它既需要内部"物种"之间的良性互动，也离不开外部环境要素的支持。尽管不是所有的生鲜电商都企图做平台，更不是所有的生鲜电商都能做成平台，但毫无疑问，任何一个生鲜电商要在市场竞争中谋生存、谋发展都离不开平台，生鲜电商平台之间的模式与战略竞争已成为生鲜农产品电商竞争的主战场。立足平台经济理论，生鲜农产品电商发展应把握三个重要规律：

一是构筑一个良好生态系统。一个生鲜农产品电商平台的成员构成大致包括平台运营企业、入驻商户、配套企业、消费者四类主体，它们各司其职，各取所需，共同构成了一个相互作用、协同演化的生态系统。其中，平台运营企业是整个生鲜电商平台的领导者，它主导制定各类主体参与的游戏规则和实施平台营销，负责解决平台搭建的技术手段。入驻商户和消费者是平台经济发展的主体，平台能否吸引足够的商户和消费者直接决定着平台的存亡。配套企业主要包括物流配送企业、金融服务企业、技术支持企业，它们是平台经济得以发展壮大的重要支撑和保障。

二是充分利用跨边效应。在生鲜电商平台上，消费者、商户、配套企业等多边主体之间存在显著的正向跨边效应，即一类主体的增加有利于吸引更多另两类主体的参与。如平台上集聚的消费者数量越多，商户和物流企业的价值就会增加；平台上的商户和物流企业越多，消费者就可以更方便、更有选择余地购买到自己需要的生鲜商品，消费者福利也会增加；同时，随着各边市场主体数量的增加，平台自身的价值也会增加。正向跨边效应的存在使得各个生鲜电商平台都有动力在发展初期采取免费、补贴的商业模式来积聚人气，突破网站流量的"引爆点"，以期收获后期收益的爆发式增长。当然，在一个有限的市场上，如果各个生鲜电商平台都着眼于未来的"赢家通吃"而采取相应战略，必然使得整个市场在发育初期的竞争异常激烈。

三是走多元化、渐进式发展之路。从平台的开放性角度考虑，由于不同地区、不同时代生鲜农产品的生产水平、消费水平、消费偏好、物流配送水平都存在较大差异，使得生鲜农产品电商平台的发展模式既不可能一蹴而就，也不可能千篇一律，生鲜农产品电商平台发展的区域性特征和阶段性特征较其他产品电商平台会强得多。

四 平台经济视角下的生鲜农产品电商发展模式

根据平台战略定位的不同和产品类别的不同，我国生鲜农产品电商平台大致可分为三种典型模式。

一是成本领先型综合生鲜电商平台。如淘宝、天猫"喵鲜生"、苏宁"苏鲜生"、京东商城生鲜频道、1号店、雅玛逊生鲜等。它们依托网站的品牌效应和流量优势涉足生鲜，面向大众提供服务。其突出优势是网站客流量大、产品全、大众生鲜农产品多，产品价格较便宜。存在的劣势是产品质量和商户服务水平管控难，客单价偏低，物流成本占客单价的比重偏高，利润薄，跨区域配送的成本较高，时效性难以保证。正由于此，我国成本领先型综合生鲜电商整体表现为表面生意繁忙，但实际上企业赢利不多，甚至有不少企业长期亏本经营。

二是服务领先型专业生鲜电商平台。如光明菜管家、鲜直达、莆田网、优菜网等。它们着眼于市场细分，通过全产业链的深度整合为消费者提供更便捷、更安全的生鲜农产品。其优势是消费者针对性强，产品质量有保障。劣势是服务半径小，规模扩张慢，客单成本偏高。

三是品质领先型单品生鲜电商平台。如沱沱工社、多利农庄、本来生活网、天天果园等。它们立足生态有机生鲜农产品或特定类别的生鲜农产品做精做专，服务于对生鲜农产品品质有较高要求的客户群体。其优势是对该类产品分类识别的专业化水平高，对特定产品的供应保障能力强，较易与特定消费群体形成良性互动关系。存在的劣势是网站流量偏低，物流配送成本高，规模扩张受限。

总的来看，这三类生鲜农产品电商平台各有优劣势，也各有其生存空间，作为平台追随者的生鲜农产品供应商选择进入哪类平台，既取决于自身经营生鲜产品特征，也取决于自身发展的目标定位。从市场竞争角度看，我国生鲜电商竞争包括商户之间的竞争、平台之间的竞争和模式之间的竞争三类。其中，同一模式生鲜电商平台之间的竞争最为激烈。不同模式生鲜平台之间尽管也面临其他平台企业越界发展的竞争压力，但由于彼此间的战略定位存在较大差异，总体竞争形势不会太激烈。商户之间由于存在不同电商平台的选择空间，相互之间更常体现为合作共赢关系（同边正效应），即便竞争也较易控制在一定范围之内。

五　平台经济视角下的生鲜电商发展战略

相比于图书、服装、电子类产品的电商发展而言，我国的生鲜电商发展尚处于起步阶段，生鲜电商的商业模式、赢利机制尚在探索过程之中，生鲜电商企业的战略选择对企业的发展前景具有决定性影响。

一是目标定位选择。尽管做平台是多数企业的企图，但从现实考虑，真正能做成平台的企业毕竟只是少数，多数企业只能做平台追随者，生鲜电商发展同样如此。基于平台经济相关理论，一个生鲜电商企业是选择做平台领导者还是选择做平台追随者，主要取决于两个因素。一是企业是否拥有不易为他人超越的核心技术或产品。二是企业能否解决平台构建、运营、管理的资金、技术、人才问题。如传统的电商巨头淘宝、京东等企业，它们在品牌知名度和网站流量方面拥有多数生鲜生产经营企业难以企及的优势，在平台的构建、运营、管理方面更是实力雄厚，它们将电商业务延展到生鲜领域而做生鲜电商平台可以说是最有条件。当然，即便这些电商巨头来做生鲜电商平台，如不能对入驻平台的生鲜农产品生产经营企业进行有效管控，不能较好解决生鲜农产品的安全保证、标准化、物流配送等难题，平台运营也会面临较大风险和挑战。对于生鲜农产品的生产经营企业（如永辉超市）、物流企业（如顺丰快递）而言，它们也可以凭借在产品供应、物流配送等方面的独特优势而选择做生鲜电商平台，其关键就是要解决好平台构建、运营、管理方面的资金、技术、人才问题，并处理好与其他平台追随者（补足品生产者）之间竞争与合作关系，推动全产业链的有效衔接和优化整合。

二是平台模式选择。对于定位于做平台追随者的生鲜电商企业而言，由于它们可以在选择入驻综合性生鲜电商平台的同时选择入驻专业性生鲜电商平台，因此它们不太存在平台模式选择问题。但对于定位于做平台的生鲜电商企业而言，平台模式选择就至关重要。选择做综合性生鲜电商平台，就意味着一方面要集聚足够多的生鲜农产品经营商户，以保证平台上生鲜农产品供应的多样性和稳定性；另一方面要吸引来足够多的生鲜农产品消费者，以保证平台上供应的生鲜农产品能及时出清。同时，由于平台上的生鲜农产品经营商户与生鲜农产品消费者之间存在显著的跨边正效应，二者之间既相互促进，也相互制约。这就需要平台在发展初期有一个强大推力来使二者突破"引爆临界点"而进入正向演化的爆发式增长阶段。能否有这样一个持续的强大推力恐怕就是做综合性生鲜电商平台能否取得成功的关键所在。对于选择做专业性生鲜电商平台的企业而言，由于是通过细分市场而为消费者提供专业化的服务和特定的生鲜农产品供给，比较容易产生消费者黏性，如能持续改进平台、商家的服务质量和产品品质，平台能够进入一个由小到大、由弱到强的良性发展轨道。专业性生鲜电商平台成功的关键就是服务和产品质量的持续改进。

三是定价机制选择。基于平台经济相关理论，定价机制是平台治理的核心。当然，这里的定价不是指平台上所售卖商品的定价，而是指平台领导者与平台追随者（补足品生产者）、平台使用者（消费者）之间服务价格的确定。对于一个生鲜农产品电商平台而言，平台领导者一方面要考虑自身的长期赢利问题，另一方面又要考虑平台追随者的集聚和平台使用者的吸引，因此不得不在收费与补贴之间权衡，必须要分清向谁收费、向谁补贴。一般而言，当平台初创期，增加平台追随者和使用者对平台的发展至关重要时，平台领导者向平台参与的另外两边都采取免费甚至补贴的定价策略是明智的。当平台发展起来之后，如果平台使用者增加带来的边际成本较小，对价格的敏感性强，跨边效应较大，平台使用者应继续给予免费或补贴。如果平台追随者增加带来的边际成本较大，对价格的敏感性较弱，跨边效应较小，就可以通过提取固定佣金、交易额分成、收取增值服务费等方式向平台追随者收费。当平台发展到一定阶段或对于一些专业性生鲜电商平台而言，平台使用者增加的边际成本较大、跨边网络效应较小，平台也可以通过收取会员费、预付费、产品定制费等形式向消费者收费，同时对平台追随者通过提供优惠金融支持等形式进行补贴。

六　案例剖析

近年，随着居民消费水平的提高和消费观念的转变，重庆的生鲜农产品电商快速发展。不仅阿里巴巴、京东、苏宁等全国性电商巨头纷纷布局重庆，抢占重庆生鲜农产品和农村电商市场，也涌现出了香满园、天农八部、五彩田园、鲜立达、土优鲜等一大批本土生鲜电商平台企业。其中，重庆香满园农产品有限公司是重庆众多本土生鲜电商平台企业中运营较为成功的一家，被评为中国农产品电商 20 强。其实践探索经验为我们认识生鲜电商发展的规律、模式与战略提供了有价值启示。

（一）企业概况

香满园农产品有限公司是重庆市国有大型物流骨干企业重庆公路运输（集团）有限公司投资成立的农产品商贸企业。公司以菜园坝水果市场、菜园坝农副产品市场和农产品种植产地为依托，通过超市及集团配送、个体零售、销售代办及冷冻储藏业务的开展，形成了稳定的农产品销售网络。2011年，为加快菜园坝水果市场、菜园坝农副产品市场等初级农产品实体市场的转型升级，公司借助多年来形成的农产品集散资源，以现代物流体系为坚实依托，搭建起了"香满圆——菜园坝水果市场网购平台（www.xmy365.com）"。该平台定位于以水果销售为主的区域性电商平台，采用 B2C 电商模式。平台入驻商家 2000 余家，上架商品达到 25000 余个，注册会员近 20000名，日均浏览量 1.8 万余次。

(二) 运营模式及特点

(1) 公司专注于做第三方电商平台，自己不在平台上直接销售商品，避免与平台入驻商户形成竞争关系，避免侵占公司管理的菜园坝水果市场、菜园坝农副产品市场等实体市场入驻商家的利益。(2) 平台的入驻商户主要为公司管理的菜园坝水果市场、菜园坝农副产品市场等实体市场的经营商家，平台与入驻商户之间存在深度合作关系，既为上网入驻商家提供代办上网、产品设计、订单处理、分拣包装、配送结算的一条龙服务，又与入驻商户共同把控生鲜农产品品质，共同确定网售商品价格，网售收入也按比例与商户分成。(3) 在生鲜农产品集货方面，平台主要依托于公司下属的菜园坝水果市场、菜园坝农副产品市场等实体市场。平台入驻商户基本都在这两个实体市场经营数十年，形成了稳定的供货渠道，积累了丰富的生鲜农产品分类、分级、包装、储藏经验，在实现"非标准化商品的标准化经营"方面有着显著优势。(4) 香满园的物流配送依托于母公司——重庆公路运输（集团）有限公司的专业物流企业实行同城易配，能够做到当日订货，次日送达，宅配到府。并依托国企信誉，向用户承诺：无条件退单，无条件换单。(5) 在网站营销方面，香满园采取全方位营销战略，既开展网络营销和传统媒体广告营销，也联合社区、商家策划一些社区营销活动。如 2014 年与某一新楼盘业主组织了碧山采果游，与万科、金科等重庆知名物管公司开展了合作促销活动。

(三) 经验启示

(1) 立足区域市场做强本土生鲜电商平台。受绝大多数生鲜农产品配送半径较小、时鲜性强等特征影响，生鲜农产品很难形成价格、品质大一统的全国性市场，本土生鲜电商平台凭借其在生鲜农产品集货、仓储、配送等方面的比较优势仍有生存发展空间，并能在优化本土生鲜农产品供应链体系方面发挥积极作用。(2) 强化线下资源整合能力。像香满园这类非传统电商企业虽在网站流量方面不占优势，但凭借其强大的线下资源整合能力，也能形成核心竞争力，较好担纲平台领导者角色。（3）构建利益相关者之间的紧密合作关系。相对于其他产品的电商平台，生鲜电商平台的领导者需要在产品分等定级和质量管控方面承担更大责任，由此决定了平台领导者需要为平台追随者提供更全面的服务，平台领导者与平台追随者之间需要建立更加紧密的合作关系，共同定价、收入分成是维系这种紧密合作关系的一种可行价格机制。（4）纵向延伸与横向拓展相结合。在综合性电商与单品电商的选择问题上，生鲜电商平台的入驻商户可以选择做单品，以充分发挥其专业优势。但平台的经营企业应在突出某类主打商品的同时，尽可能扩大平台展销商品的覆盖范围，以满足消费者在同一平台上多样化的消费需求，并在客单价值、物流配送方面实现规模经济和范围经济。

七　研究结论

基于生鲜农产品电商发展基本态势和平台经济理论视角，结合重庆香满园电商发展的案例分析，本文有以下四点主要研究结论：（1）受生鲜农产品需求弹性较大、产品标准化程度低、地域性和时鲜性强、储运成本高等特征影响，我国生鲜农产品电商发展的潜力较大，对线下综合配套能力的要求高，区域性生鲜农产品电商平台也有发展空间。（2）生鲜农产品电商是典型的平台经济，任何一个生鲜电商企业都离不开平台，多数生鲜电商企业都希望做平台，但真正能做成生鲜电商平台的只有少数既具有较强线下资源整合能力又具有一定平台经营管理能力的企业。（3）我国生鲜电商的运营模式很多，根据平台战略定位的不同和产品类别的不同，大致可分为成本领先型综合生鲜电商平台、服务领先型专业生鲜电商平台、品质领先型单品生鲜电商平台三种典型模式，不同模式的生鲜电商都有其优势和劣势，多种模式共存可能成为我国生鲜电商发展的常态。（4）选择合适的定价机制是生鲜电商平台运营企业的核心战略，边际成本、价格敏感度、跨边效应、群体规模是决定平台企业补贴谁和向谁收费的关键因素。

参考文献：

［1］Eisenmann T. Managing Networked Businesses：Course Overview for Educators［K］. HBS note no. 807 - 104. Harvard Business School：Boston，MA，2007.

［2］陈威如，余卓轩：平台战略——正在席卷全球的商业模式革命【M】。北京：中信出版社，2013 年。封底。

［3］易观智库：中国生鲜电商市场发展趋势【J】，农经，2016 年第 4 期。

［4］中国电子商务研究中心：2014—2015 年中国农产品电子商务发展报告摘要。载于中国电子商务研究中心网站，网址：http：//b2b. toocle. com/detail—6246398. html。

［5］郑志辉：生鲜电商市场庞大却无一家赢利。新快报，2014 年 6 月 3 日。转摘网址：http：//tech. hexun. com/2014 - 06 - 03/165333825. html

［6］Cawer A，Cusumano M. Platform Leadership：How Intel，Microsoft，and CiscoDrive Industry Innovations［M］. Harvard Business School Press： Boston，MA，2002.

［7］Eisenmann T，Parker G，Van Alstyne M. Strategies for Two-sided Markets［J］. Harvard Business Review，2006，84，（10）：92 - 101.

［8］［美］迈克尔·库斯玛诺：耐力制胜：管理战略与创新的六大永恒法则【M】。北京：科学出版社，2010.

［9］陈威如，余卓轩：平台战略——正在席卷全球的商业模式革命【M】。北京：中信出版社，2013 年 1 月。

［10］张小宁：平台战略研究评述及展望【J】。经济管理，2014 年第 3 期。

［11］中国电子商务研究中心：2015 年中国生鲜电商研究报告。载于中国电子商务研究中心网站，刊载网址：http：//www. 100ec. cn/detail—6259963. html。

重庆农产品电商品牌现状
及发展对策研究

唐　敏[*]

随着涉农电子商务的发展，"互联网＋农业"成为一个蕴藏巨大商机的领域，农产品电商作为现代农业发展的重要方向在近年得到迅速催生。重庆作为西部唯一直辖市，大城市与大农村并存，其农业具有典型的山地特征，着力发展农产品电商是助推农业供给侧改革、实施精准扶贫的一条重要路径。自 2015 年底开始，我们对重庆农产品电商发展全貌进行了大数据在线扫描，通过一年多的数据迭代与深度挖掘，重庆农产品"无品牌不电商"是大数据揭示出的深度事实。农产品电商品牌作为一个新生事物，从实践的维度来看尚处于"摸着石头过河"的阶段，从研究的维度来看其理论基础才刚刚奠定，厘清农产品电商品牌的定义及其分类，刻画其成长路径，既可以明晰重庆农产品电商品牌的发展技术路线图，助力重庆山地农产品电商迅速发展，又可以明确农产品电商品牌的研究基点，丰富农产品电商品牌理论丛林。

---

* 唐敏，重庆工商大学信息管理系主任、副教授。

一 相关文献梳理

品牌理论研究发展至今，经历了不断的深入拓展和融合变化，现已经成长为一片茂盛的"研究丛林"。农产品电商品牌是这个"丛林"中的新生苗木，若能从品牌研究重心更替、实践主导领域变化这个成长脉络将其从层叠的密林中清晰地透视并展现，将能破解农产品电商品牌当下"是什么"和未来该"怎么发展"的难题。

（一）品牌理论的研究历程

品牌理论依次大致经历了品牌、品牌战略、品牌资产、品牌管理和品牌关系五个重要阶段，每个阶段的研究重心、回答的基本科学问题、重要定义如表1所示：

表1 品牌理论的研究历程梳理表

阶段	特征	回答的基本科学问题	重要定义
品牌	品牌定义的提出和初始研究阶段	什么是品牌；为何需要品牌。	美国营销协会（AMA）：品牌是一个名称、术语、标记、符号或设计，或是这些元素的组合，用于识别一个销售商或销售商群体的商品与服务，并且使它们与其竞争对手的商品与服务区分开来。
品牌战略	从产品品牌化的维度研究有效实施品牌战略的路径	如何进行品牌化的决策；如何通过品牌化及品牌层级管理形成品牌识别。	品牌层级清晰界定了品牌之间的层次秩序，定义品牌与产品之间的关系（Keller，2008）。在品牌层级中，公司品牌占有主导地位，位于品牌层级的顶端，其次是族系品牌（family brand），再次是产品品牌（product brand）。
品牌资产	从资产维度研究品牌的溢价问题	品牌资产的来源；品牌资产的构成要素模型；品牌资产的评估与测量。	D. Aaker（1991）认为，品牌资产是与品牌、名称、标识、符号等相关联的一系列资产或负债，它可能增加或减少相应产品或服务对公司和顾客的价值。
品牌管理	从品牌族群的维度研究品牌的长期健康发展策略	品牌管理的长期要素构成；母品牌与延伸品牌的关系模型；品牌管理业绩。	品牌延伸是指将现有品牌的名称用于其他产品，Tauber（1979）在《品牌授权延伸：新产品得益于老品牌》一文中首次提出了品牌延伸的思想。

续表

阶段	特征	回答的基本科学问题	重要定义
品牌关系	从顾客关系和关系营销维度研究品牌	品牌关系的类别和维度；如何测量品牌关系；如何发展品牌关系。	卢泰宏等[1]认为，品牌关系之所以能开辟最新的学术领域，至少因为以下五方面的背景：（1）体验经济的到来；（2）品牌的消费者导向；（3）关系营销的盛行；（4）顾客关系资产受到认同；（5）品牌个性的奠基性研究。

（二）农产品品牌及分类

国内学者对农产品品牌研究主要从理论和应用两个维度进行。陈良珠是国内最早研究农产品品牌的学者之一，他认为实施品牌农业是未来农业发展的必然要求。但目前国内还没一个被广泛认可的"农产品品牌"概念，学者们一般认为产品品牌是区别不同地区农产品的重要标志[2]。我国学者白光、马国忠（2006）认为，农产品品牌是指农业生产者或经营者在其农产品或农业服务项目上使用的用以区别其他同类和类似农产品或农业服务的名称及其标志。朱玉林、康文星[3]认为，农业区域品牌是指在某区域范围内形成的具有相当规模和较强生产能力、较高市场占有率和影响力的农业企业（或家庭）所属品牌的商誉总和。周发明[4]认为，农产品区域品牌是一个地域范围内的农业或农产品在较大范围内所形成的具有较高影响力的一种整体形象。可见，农产品品牌不仅是一种标记，也是一种象征和声誉。从应用角度来看，李云海[5]认为我国农产品品牌建设现状主要表现在以下几个方面：一是品牌发展处于初级阶段。虽然各地区农产品品牌发展所处的阶段不同，但绝大部分尚处于创牌阶段，品牌内涵低，品牌延伸少，尚未涉及品牌开发之核心，即品牌文化理念的设计及营销。二是品牌数量多、名牌少。三是品牌稳定性差。品牌稳定性与

---

① 卢泰宏：《品牌理论里程碑探析》，《外国经济与管理》2009年第1期，第32—42页。

② 胡晓云：《中国农产品的品牌化》，中国农业出版社2007年版。李敏：《国外农产品品牌研究述评》，《乡镇经济》2009年第10期，第92—95页。

③ 朱玉林、康文星：《基于农业产业集群的区域品牌需求与供给分析》，《求索》2006年第7期，第35—37页。

④ 周发明：《论农产品区域品牌建设》，《经济师》2006年第12期，第235—236页。

⑤ 李云海：《区域品牌竞争力分析》，《特区经济》2008年第9期，第274—275页。

品牌产品质量、售后服务、品牌营销的连续性有直接关系。杨全顺[1]也认为我国目前农产品品牌现状,一是农产品中名牌产品数量不多,二是农产品品牌中,传统产品多,开发创新的产品少。郭守亭等[2]认为我国农产品品牌虽然有了一定的发展,但是由于历史的原因,总体水平偏低。

(三) 农产品品牌的特殊性

农产品品牌需要依靠农产品生产、销售、营销推广等环节共同塑造,其品牌价值受到农产品产地资源禀赋、气候条件、地理环境、平台能力、物流配送、营销推广等一系列互相关联的要素的影响和制约。因此农产品品牌农产品自身产品特性、产品品质与特定区域资源禀赋强相关两个维度具有一定的特殊性。

1. 农产品质量具有隐蔽性

根据消费者掌握信息的难易程度不同,将农产品质量特性分为三类:(1) 观察型特征,如农产品外观、新鲜程度;(2) 经验型特征,如对于大米的糯性,水果的口感等;(3) 信任型特征,如农产品生产过程是否符合环保要求,是否为转基因产品。农产品的大部分质量特性具有隐蔽性,这不仅导致农产品存在的质量问题难以被购买者察觉,同时也使得在具有资源优势和区位优势的区域内生产出来的农产品的优良品质不能向消费者展示出来,导致逆向选择:即由于消费者难以在高质量产品和低质量产品之间做出判别,于是消费者就倾向于以较低的价格去购买低质量产品,而使统一区域品牌的高质量产品就难以出售,最终导致优质产品流出市场,劣质产品不断流入。

2. 农产品区域品牌具有准公共物品的属性

其一,农产品区域品牌对于区域范围之外的经济主体具有排他性,但对

① 杨全顺:《农产品品牌战略探析》,《农村经济》2004年第4期,第52—53页。
② 郭守亭、李佛关:《中国品牌的价值演化与价值分布研究》,《中南财经政法大学学报》2012年第2期,第56—60页。

于区域范围内的经济主体具有非排他性，农产品区域品牌一旦创建起来，可以让区域范围内的众多经济主体共同受惠。因此，农产品区域品牌对于该区域范围内的经济主体来说，具有非排他性的同时具有一定的竞争性，所以它应该属于准公共物品；其二，农产品区域品牌具有区域特定性。农业再生产是经济再生产和自然条件再生产相统一的过程，区域品牌蕴含了具有地理特征、资源优势和悠久的人文历史渊源内涵，尤其是农产品的区域品牌，与其特定产地有十分密切的联系，许多名、优、特农产品都具有鲜明的区位特定性，脱离了特定的区域，这些产品就会失去原有的特色；其三，农产品区域品牌使用主体的行为具有巨大的外部性。其外部效应表现在：当某些经济主体通过大量的经济行为，如向市场提供优质产品时，对区域品牌进行大量的宣传，使区域品牌形象得以提升，该地区内所有经营同一产品的经济主体都可以受益。这就是区域品牌的正的外部效应。相反，如果使用区域品牌的经济主体出现了某些不良的经济行为，如制假贩假，将损害区域品牌形象，就会产生负外部效应，会使该地区内所有共享该品牌的经济主体受到品牌株连危机。实际上，在市场经济体制下，产生正外部性的经济行为由于边际收益小于边际成本，往往是偏少的，而产生负外部性的经济行为由于边际收益大于边际成本往往是偏多的。

（四）政府在农产品品牌战略管理中的地位及作为

关于农产品品牌发展战略方面的研究，大多数学者都认为地方政府在创建农产品区域品牌中起着重要作用。何燕等（2006）认为，政府应该建立和完善农产品质量标准、检测认证和监督服务体系，为农产品品牌的发展奠定坚实的基础。同时要建立激励机制、投入机制、服务机制、保障机制和建立评价体系，促进品牌的发展。蔡玲[①]认为，政府可以打破行政区划的界限，实行相同品种农产品联合经营，共同经营同一品牌，可以节省品

---

① 蔡玲：《对浙江欠发达地区农产品品牌整合的思考》，《经济论坛》2007 年第 2 期，第 28—29 页。

牌的营销费用，对企业发展和农产品品牌的建立非常有利。李敏[1]认为，政府应该从以下几个角度入手进行农产品品牌战略管理：其一，明确农产品区域品牌的经营主体；其二，构建农产品区域品牌的保护机制；其三，加强农产品区域品牌的传播、促进品牌提升；其四，充分发挥地方政府的引导与扶持职能。

二 农产品电商品牌基本概念的厘定

（一）农产品电商品牌的定义

农产品电商品牌是指农产品运营者或相关利益主体利用电子商务平台，在农产品营销过程中所形成的，与其他竞争者有所区别的独特名称、术语、标志或设计，或者是这些因素的组合。能在公众或消费者头脑中形成一系类品牌、功能、情感、自我表现等独特感知的多维形象组合。

（二）农产品电商品牌的分类

品牌的分类是将品牌进行一个多维立体归纳展现的过程，张锐[2]认为从纵向层次来说，可把品牌化事物划分为两大范畴（微观和宏观）、十大类别（产品、个人、社会组织、社区、产业、城市、地方、地区、国家和区域）。从横向协作来说，可划分为六个方面，即故事、事件、活动、技术、概念和思想。

农产品电商本质上是一种平台经济，因此其品牌需要从线上品牌和线下品牌两个维度来厘清，即农产品电商品牌不仅有农产品的两类品牌：产品品牌（区域品牌和自有品牌）、企业品牌，还应该有农产品电商平台相关品牌（电商平台品牌和电商卖家品牌）。因此，农产品电商品牌有农产品电商平台品牌、电商卖家品牌、农产品企业品牌、农产品区域品牌、农产品自有品牌

① 李敏：《国外农产品品牌研究述评》，《乡镇经济》2009年第10期，第92—95页。
② 张锐：《论品牌的内涵与外延》，《管理学报》2010年第1期，第147—158页。

五个类型：一是电商平台品牌，如香满园。二是农产品电商卖家品牌，如三只松鼠。三是农产品区域品牌，如涪陵榨菜。四是农产品企业品牌，如恒都集团。五是农产品自有品牌，如褚橙。同时在企业品牌和电商品牌下还有品牌族群品牌，如图1所示。

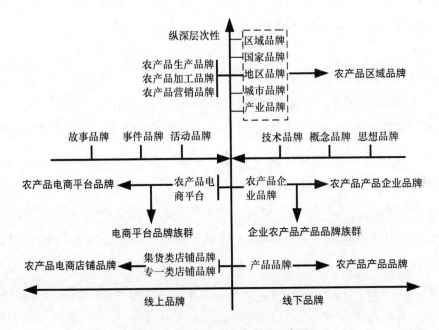

图1　农产品电商品牌类型示意图

（三）农产品电商品牌的特殊性

农产品电商品牌具有"马太效应"即强者更强，弱者更弱，通常指"赢家通吃"的态势。当前，农产品电商平台已经完成了流量导流赢得销量的阶段，农产品的销售与平台运营能力呈现强相关关系。当下，淘宝、京东、苏宁三大电商平台与众多中小电商平台已经形成"一超两大多极"的格局，农产品消费者们已不再勇于尝试新鲜概念，而是偏向于品牌产品，购买的冲动动机也在逐步减少，理性逐步增强，有意识地通过重复购买来规避试错风险，因此电商平台的聚焦及运营能力将更多地决定农产品销量。

三 重庆农产品电商品牌发展的现状

因为本项目主要基于网络爬虫技术获取农产品电商平台端的大数据对重庆农产品电商平台端的品牌进行了观察，所以本文的重庆农产品电商品牌分析主要是针对电商端的品牌展开。

（一）平台品牌分析

1. 本土平台品牌与知名外来平台品牌融合共生发展

根据课题组对本地 87 个重点跟踪农产品电商平台和全国 21 个知名农产品专业平台和涉农综合平台的常态跟踪情况，总体来看，2016 年重庆农产品电商平台呈现各类平台共生发展态势。以天猫、京东等为代表的全国知名涉农综合平台相继深化重庆市场布局，以易果生鲜、我买网等为代表的外地专业知名自营平台拓展重庆消费市场。以世纪购、奇易网等平台为代表的本土涉农综合平台融资能力提升加大投融资力度，以香满园、吉之汇等平台为代表的本土专业第三方平台强化线下线上融合发展，以爱果主义、天农八部等平台为代表的本土专业自营强化单品致胜专业化发展。与此同时，本土平台优胜劣汰步伐加快。在课题组持续跟踪的 87 家本地平台中，一季度运营异常平台 21 家，二季度新增运营异常平台 40 家，三季度新增运营异常平台 9 家，至年末仅余 14 家正常运营平台，平台淘汰率达到 84%。

2. 本土平台品牌知名度亟待增强

本土品台的品牌知名度从百度新闻、腾讯新闻两大新闻报道检索情况来看，媒体报道较多的"世纪购""吉之汇"分别有 482 篇和 413 篇，而像"爱果主义"平台的报道篇数仅为 4 篇，更有一些平台的曝光情况近乎为零（见表 2）。平台的知名度的提升，除去平台企业自身的投入，一般情况下最大的助力来源于政府。重庆地区市委商委，市农委、市扶贫办联合在 2016 年 6 月 30 日至 7 月 20 日以"供给生态产品、共享绿色消费"为主题，举办了全市范围内的农产品电商展示展销活动，全方位展示本土农产品和农村电商发展的状况并搭建农产品电商产销对接平台。这一活动有众多本土平台积极参与其中，受到了多家媒体的高度关注，并有超过1亿人次的受众人群。

表2   重庆本土部分平台媒体曝光情况一览表

平台名称	平台类型	百度新闻检索	腾讯新闻检索	小计
世纪购	B2C	387	95	482
吉之汇	B2C	325	88	413
奇艺网	B2B	157	17	174
香满园	B2C	89	76	165
恒客来	B2B	93	7	100
天农八部	B2C	58	30	88
村头商城	B2C	15	9	24
爱果主义	B2C	1	3	4

3. 本土平台品牌受关注度不高

根据alexa统计的数据，重庆本土涉农电商平台的访问量总体偏低，2016年对比淘宝日均访问量约10亿，天猫日均访问量约3.6亿、京东日均访问量约4亿的数据，重庆本土的平台更是无法相比，日均访问量最高的世纪购的日均访问量也仅仅只有21万。另外本土的60余家涉农电商平台中有约40余家平台的日均访问量仅为百余人次，更有十余家涉农电商平台已成为僵尸平台，其日均访问量近乎为零，2016年本土平台日均访问量与全国大型涉农电商平台日均访问量的差距更加巨大（见表3）。

表3   2016年重庆涉农电商平台与全国主要涉农电商平台网站访问量比较   单位：万

全国涉农电商平台	网站日均访问量	本土涉农电商平台	网站日均访问量
淘宝	100095	世纪购	21
天猫	36828	太极养身馆	19

全国涉农电商平台	网站日均访问量	本土涉农电商平台	网站日均访问量
京东	40137	奇易网重庆站	0.48
苏宁易购	2878	商小妹购	0.25
一号店	1845	百礼汇	0.18
顺丰优选	208	香满园	0.17
邮乐购	176	购928	0.14
沱沱工社	483	酉东电商城	0.13
超级美味	126	生鲜宅配	0.07
菜管家	0.3	礼兜兜	0.06

（二）网店品牌分析

1. 阿里平台网店品牌发育相对迟缓

网店品牌在推动重庆本土农产品入住第三方平台，推动本土农产品电商发展方面有着重要的作用。根据采集到的数据。2016 年全年，入驻阿里平台的重庆本土网店，月均销售额大于 100 万的仅 3 家，月均销售额在 10 万元以上的网店有 329 家，占比约为 5%，而"僵尸"网店，即销售额等于零网店高达 3558 家，占比 51%。

表4　　　　　　　　2016 年重庆本土网店阿里平台月均销售情况一览表

销售额	网店数量	百分比
≥100 万	3	0.05%
100 万—10 万	57	0.91%
10 万—1 万	269	4.28%
1 万—0.1 万	951	15.15%
0.1 万—0	1440	22.94%
0	3558	56.67%

2. 领先网店善用品牌优势

农产品具有经验品和信用品属性，消费者难以在购买前获得与商品品质相关的信息，从而导致农产品市场具有柠檬市场特征，而农产品电商跨空间、非挑拣式交易的特性加剧了信息不对称鸿沟，利用好品牌这个信号显示机制显得尤为重要。从淘宝网售卖重庆农产品本土网店季度销售额排行版发现，网店经营者大多数是个体商户或农业大户，在其网店命名上，领先网店较多使用带有"重庆""渝""火锅""麻辣""橙都""武陵"等体现重庆本土特色美食和表明产地特色的词汇，具有一定的"地标"效应。

（三）农产品区域品牌分析

本研究将农产品区域品牌定义为拥有地理标志的品牌，下文简称为地标品牌。

1. 地标品牌概况

截至 2016 年底，重庆市共有农产品地理标志登记产品 45 个，其中触网26 个，未触网 19 个。在触网的农产品中，阿里平台数据跟踪显示，农产品地理标志登记产品"涪陵榨菜"上架 SKU 达到 1800 个，上架网店数近 700家，年度销售额近 2000 万元。农产品地理标志登记产品"奉节脐橙"上架SKU 约 800 个，上架网店数近 500 家，年度销售额近 1000 万元。重庆农产品地标品牌总体分布情况如表 5 所示：

表5 重庆农产品地标品牌总体分布情况

分类	触网状态	生鲜	非生鲜	生鲜占比	备注
农产品地理标志登记产品	触网	10	15	40%	静观腊梅、璧山儿菜、城口山地鸡、城口蜂蜜、城口核桃、城口洋芋、江津花椒、江津广柑、开县锦橙、梁平柚、梁平肉鸭、南川米、南川鸡、南川大树茶、南川金佛玉翠茶、彭水苏麻、石柱莼菜、万州罗田大米、巫溪洋芋、武隆高山辣椒、武隆高山萝卜、武隆猪腰枣、白马蜂蜜、秀山金银花、渝北歪嘴李
	未触网	15	13	53.6%	石曹上萝卜、城口太白贝母、垫江白菜、柚青草坝萝卜、太和胡萝卜、合川湖皱丝瓜、南山腊梅、罗盘山生姜、潼南萝卜、潼南罗盘山猪、巫溪洋鱼、武隆高山白菜、武隆高山马铃薯、武隆高山甘蓝、永川莲藕、渝北梨橙、云阳红橙、故陵椪柑

分类	触网状态	生鲜	非生鲜	生鲜占比	备注
地理标志证明商标	触网	46	56	45.1%	石柱黄连、倒流水豆腐干、武隆高山萝卜、彭水魔芋、彭水苗家土鸡、彭水龟池水大米、彭水大脚菌、靛水萝卜干、彭水紫苏油、彭水小米花生、彭水辣椒、彭水西瓜、彭水高粱、彭水晶丝苕粉、彭水黄豆、酉州乌羊、麻旺鸭、酉阳贡米、秀山金银花、秀山土鸡、秀山黄花（干菜）、秀山豆腐乳、秀山猕猴桃、城口老腊肉、城口山地鸡、城口蜂蜜、大宁河鸡、巫溪洋芋、大宁党参、巫山魔芋、巫山庙党、奉节脐橙、奉节白肋烟、云阳乌天麻、开县龙珠茶、开县春橙、开县木香、开县冰薄月饼、万州柠檬、万州山胡椒（调味品）、万州玫瑰香橙、万州猕猴桃、梁平柚、梁平竹笋、梁平甜茶、忠州豆腐乳、垫江白柚、垫江丹皮、垫江咂酒、丰都龙眼、丰都肉牛、丰都红心柚、丰都锦橙、丰都榨菜、丰都栗子大米、董家花椒、涪陵榨菜、涪陵青菜头、涪陵龙眼、涪陵红心萝卜、涪陵黑猪、增福土鸡、涪陵白茶、渝东黑山羊、长寿沙田柚、长寿夏橙、长寿血豆腐、南川方竹笋、南川鸡蛋、南川鸡、南川金佛山中华蜜蜂、南川玄参、南川贡米、南川大树茶、黑山谷方竹笋、黑山谷猕猴桃、黑山谷葡萄、赶水草蔸萝卜、綦江辣椒、江津花椒、江津白酒、江津百合、江津石蟆橄榄、永川秀芽、永川豆豉、黄瓜山梨、松溉盐白菜、永川皮蛋、临江儿菜、五间西瓜、璧山儿菜、大足黑山羊、大足冬菜、荣昌猪、荣昌白鹅、铜梁葛粉、铜梁使君子、岚峰黄花、合川桃片、合川葛、静观腊梅、五布柚
	未触网	45	27	62.5%	石柱长毛兔、武隆高山白菜、沧沟西瓜、武隆板角山羊、彭水黑山羊、彭水雷公盖白菜、彭水七跃山蜂蜜、彭水苦荞、彭水马铃薯、彭水生姜、彭水雷公盖萝卜、彭水油茶、彭水山地黄牛、彭水五步蛇酒、黔江金溪红心猕猴桃、酉阳青蒿、酉阳茶油、秀山土鸡（活）、秀山白术、秀山黄花（新鲜）、巫溪红三叶、云阳桐油、云阳白山羊（活）、云阳白山羊、云阳小茴、万县红桔、万县胭脂鱼、万州罗田大米、万州山胡椒、万州银针、梁平寿竹、虎城尖柚、梁平山羊、忠县苎麻、垫江菖头、保合梨橙、丰都轿子山白菜、丰都轿子山萝卜、涪陵水牛、南川金佛山杜鹃、南川金佛山银杉、南川金佛山银杏、水江黑猪、南川金佛山琪桐、黑山谷糯玉米、黑山谷草莓、黑山谷樱桃、黑山谷花椒、綦江木瓜、石壕糯玉米、永川水花、松溉健康醋、松溉盐花生、璧山来凤鱼、璧山葡萄、大路黄花、大足黑山羊（活）、荣昌白鹅（活）、庆隆梨、合川黑猪、合川白山羊（活）、合川白山羊、合川丝瓜、合川凤山米、合川东山坪葡萄、合川东山坪血橙、跳磴火葱、北碚红豆杉、鱼洞乌皮樱桃、金凤烤羊、石滩大米、南彭草莓

分类	触网状态	生鲜	非生鲜	生鲜占比	备注
地理标志保护产品	触网	3	7	30%	合川桃片、奉节脐橙、南川方竹笋、忠州豆腐乳、石柱黄连、涪陵榨菜、江津花椒、鱼泉榨菜、永川豆豉、忠县柑橘
	未触网	3	0	100%	酉阳青蒿、万州红桔、万县红桔

2. 爆款地标品牌打造情况

爆款的打造对带动销售，扩大利润有重要的作用。重庆农产品爆款比较有代表性的如淘宝排名前十中包含的三个磁器口麻花单品。特别是在第二季度，"爆款"排名第一和第二的均为陈麻花，其受到了国家 AAAA 级景区"磁器口"古镇品牌效应带来的良好影响，使其产品附加值增高。另外，奉节脐橙作为重庆奉节县特产，在 2016 果品区域共用品牌价值评估中，评估价值达到 21.64 亿元，也是一具有爆款效应的地理标志品牌。

3. 重庆地标品牌的典型案例分析

以涪陵榨菜为例，探索重庆地标品牌的发展沿革。涪陵榨菜起源于清朝末年，至 1915 年"大地"牌涪陵榨菜，以其营养丰富和鲜、香、嫩、脆的独特风味，获巴拿马万国商品博览会金奖，从此声名远播，并与欧洲的酸黄瓜、德国的甜酸甘兰并称世界三大名腌菜，深受海内外消费者喜爱。1931 年，涪陵的榨菜加工厂（户）已达 100 余家。1940 年涪陵榨菜产量首次突破 20 万担，其销售市场已形成以上海、武汉为中心辐射南北，并以转销形式出口至香港、南洋群岛等地。新中国成立后，随着市场发展的需要和人们对榨菜的喜爱，涪陵榨菜得到了较快发展，生产规模、销售市场日益扩大，影响与日俱增。1953 年涪陵榨菜被国家纳入二类物资管理，由中商部直接计划调拨，成为定量供应各省、市、自治区以及军需、出口的主要商品。1959 年和1978 年，中商部、全国供销合作总社先后两次在涪陵举办全国青菜头种植、榨菜加工培训班，并从涪陵抽派技术人员到全国各地指导生产，大力发展。从此，榨菜逐渐在全国各省、市、自治区一些地方安家落户，开花结果（见表6）。

举措	效果
塑造地标品牌影响力	2015 年，品牌价值 138.78 亿元，居全国农业品牌第一位。中国农产品区域公用品牌网络声誉 50 强。
打造细分丰富的品牌族群	以涪陵榨菜、Fulingzhacai、涪陵青菜头 3 件地理标志证明商标为统领，拥有榨菜商标品牌 190 件，其中中国驰名商标 4 件、重庆著名商标 21 件，23 件获得国家绿色食品认证，共计荣获国际和国内省级以上金、银、优质奖 100 余个（次），形成了涪陵地区榨菜企业品牌群。
地标助力行业龙头形成	全区有 39 家企业获准使用涪陵榨菜地理标志证明商标，其中国家级农业产业化龙头企业 2 家、市级 14 家、区级 3 家，龙头企业占比高达 48.7%。
创新产业集群运营模式	2015 年种植面积达 72.6 万亩，产值达 50.2 亿元，有 60 多万农民从事榨菜种植，形成"公司＋专业合作社"和"公司＋基地＋农户"的产业集群，带动 10 多万人从事榨菜产业运营。截至 2016 年 7 月，阿里平台上售卖涪陵榨菜的店铺 686 家，线上渗透率为 0.3%。
净化地标市场环境	涪陵区榨菜管理办公室维护涪陵榨菜地理标志证明商标的品牌形象。使涪陵榨菜产品抽检合格率达 98%。涪陵区工商、质监、食药监等部门开展联合执法，每季度开展一次涪陵榨菜地埋标志证明商标使用情况专项检查和整治行动，查处辖区商标侵权行为，维护商标权利人的合法权益。
线上运营	作为传统销售渠道的补充，"以产定销"，电商渗透率较低。

表 6　　　　　涪陵榨菜重要举措及效果

四　重庆农产品电商品牌发展对策

依据品牌理论的发展历程，农产品电商品牌的发展也将经历农产品电商品牌厘清、品牌战略打造、品牌资产管理、品牌全面管理和品牌关系五个进阶的里程。截至 2016 年重庆农产品"无品牌不电商"已迈出农产品电商品牌化发展的第一步，未来通过品牌化及品牌层级管理形成品牌识别，打造农产品电商品牌战略；通过厘清农产品电商品牌资产的来源、构建品牌资产的要素与评估与测量模型，实现有效的农产品电商品牌资产管理；通过构建品牌族群，厘清农产品电商品牌管理的长期要素构成，推进农产品电商品牌长期健康发展；通过与客户构建亲密的品牌关系，实现农产品电商的最佳体验，实现客户忠诚的农产品电商品牌关系。上述问题构成了重庆农产品电商品牌未来发展进阶需要逐步考量的领域，对重庆农产品电商品牌近期要重点关注的问题是通过政策、人才、平台建设、区域品牌打造等路径实现重庆农产品电商品牌化及品牌层级管理形成品牌识别，打造农产品电商品牌发展战略。

（一）优化农产品电商产业扶持政策，助推农产品电商平台品牌发展

政府牵头创立重庆农产品电商产业发展扶持基金，重点支持农产品电商平台建设、配套服务体系建设和人才引进及培养。加大政策性银行对农产品电商产业发展的信贷支持力度，通过财政贴息等方式支持商业银行增加对农产品电商相关市场主体的信贷投入。通过政府引导招商引资加速农产品电商供应链布局，提升平台知名度和市场影响力，并继续组织开展例如农产品电商展示展销活动等，来增加农产品电商平台曝光度，增加平台访问量。同时围绕农产品品牌和电商品牌平台两大方面，全力做大本土电商平台品牌。

（二）大力培养和引进农产品电商人才，加强本土农产品电商平台建设

目前本土农产品电商人才短缺，对从业人员进行系统的培训是十分必要的。但是本土农产品电商资金薄弱，这就要求政府出资帮扶电商企业自我成长。结合农产品电商自身特点，制订全市农产品电商复合人才培训计划和企业家人才培育计划，统筹安排培训资源、培训进度，优化培训内容，提高培训效率。为电商平台对卖家电商提供便捷的沟通渠道，创造电商之间的共同利益区间。通过人才的培养和引进，健全电商平台建设，进一步优化现有农产品电商平台，从而提高用户体验舒适度，增强用户黏性。

（三）引进知名电商、培育优质农产品电商网店品牌，加强示范引领

推进与全国性知名电商平台如阿里巴巴、京东、邮乐购等在特色农业板块的合作，将引导入住开网店，带动本地农产品触网，借力仓储配送基础设施，助推农业结构调整和农民增收作为合作的前提和重点。采取以奖代补，

遴选和支持发展一批商业模式优、管理团队强，市场前景好的本土农产品网店品牌。

（四）政府大力保护并开发农业资源，培育特色农产品，树立农产品区域品牌

依托重庆气候资源，政府部门联合科研机构、高等院校开发适合重庆地区的特色农业，鼓励农民创业，尽快使重庆地区农业规模化，产品标准化，产品种类多样化，从而打造特色农产品，这是发展重庆农产品电商品牌的重要基础，同时也为农产品电商发展提供稳定的货源基础。同时，将特色农产品与本地周边旅游相结合，扩大组合产品的影响力。通过主流媒体宣传，开展重庆本地农产品电商商品展览，评选受市民欢迎的产品，扩大消费者的额参与度，巩固农产品电商的市场基础，突出农产品区域品牌特色。

一是大力发展农产品地标品牌，挖掘、包装、打造具有深厚历史文化传承、自然地理特色的区域公共品牌，强化独特的品牌记忆点。二是选择一批农产品品类地标品牌，联合产业链核心企业，借助电商平台面向全网加快营销策划推广，加快占领主要品类品牌记忆高地。三是扩大"名特优鲜"农产品"三品"认证和重庆名牌农产品认证，培育一批国家级和市级农产品品牌。四是通过召开产业峰会、引导媒体宣传、资助商标注册等方式，支持网店品牌。五是创办一年一度的"重庆农产品电商博览会"暨"重庆农产品电商产业发展论坛"，在主流媒体开展优秀农产品电商平台宣传周活动。

参考文献

［1］卢泰宏：《品牌理论里程碑探析》，《外国经济与管理》2009 年第 1 期，第 32—42 页。

［2］侯燕：《"消费者中心"理念下农产品电商品牌建设策略研究》，《商业经济研究》2016 年第 5 期，第 48—50 页。

［3］张锐：《论品牌的内涵与外延》，《管理学报》2010 年第 1 期，第 147—158 页。

［4］凯文·莱恩·凯勒：《战略品牌管理》，中国人民大学出版社 2009 年版。

［5］戴维·阿克：《管理品牌资产》，机械工业出版社 2006 年版。

［6］朱玉林、康文星：《基于农业产业集群的区域品牌需求与供给分析》，《求索》2006 年

第 7 期，第 35—37 页。

　　[7] 周发明：《论农产品区域品牌建设》，《经济师》2006 年第 12 期，第 235—236 页。

　　[8] 李云海：《区域品牌竞争力分析》，《特区经济》2008 年第 9 期，第 274—275 页。

　　[9] 杨全顺：《农产品品牌战略探析》，《农村经济》2004 年第 4 期，第 52—53 页。

　　[10] 蔡玲：《对浙江欠发达地区农产品品牌整合的思考》，《经济论坛》2007 年第 2 期，第 28—29 页。

　　[11] 李敏：《国外农产品品牌研究述评》，《乡镇经济》2009 年第 10 期，第 92—95 页。

　　[12] 石永怡：《明晰品牌定位建立品牌联想——关于华风集团品牌建设的思考之一》，全国气象影视技术交流会，2012 年。

　　[13] 杨惠等主编：《市场营销学》，经济管理出版社 2001 年版，第 278 页。

　　[14] [美] 菲利普·科特勒：《营销学导论》，华夏出版社 1998 年版，第 320 页。

　　[15] [美] 菲利普·科特勒：《营销管理——分析、计划和控制》，梅汝和等译，上海人民出版社 1994 年版，第 607—608 页。

　　[16] 马丁·杜兹乔姆、蒂姆·弗兰克·安德森：《互联网品牌策略》，科学技术文献出版社 2001 年版，第 2 页。

　　[17] [美] 加里·阿姆斯特朗、菲利普·科特勒：《市场营销学》（第 9 版——，中国人民大学出版社 2010 年版。

　　[18] 约翰·菲利普·琼斯、琼斯、Jones 等：《强势品牌的背后：从广告战略到广告攻势》，机械工业出版社 2002 年版。

　　[19] 王胜：《把重庆建成山地农产品电商产业高地》，《中国西部》2016 年第 5 期，第 8—11 页。

　　[20] 余明阳、戴世富：《品牌战略：Brand strategy》，清华大学出版社、北京交通大学出版社 2009 年版。

　　[21] 沈鹏熠、胡正明：《品牌营销理论研究：回顾与探索》，《河南商业高等专科学校学报》2008 年第 21 卷第 1 期，第 50—53 页。

　　[22] 陈良珠：《关于农业创名牌的探讨》，《农业经济问题》1998 年第 4 期，第 51—53 页。

　　[23] 胡晓云：《中国农产品的品牌化》，中国农业出版社 2007 年版。

　　[24] 李云海：《区域品牌竞争力分析》，《特区经济》2008 年第 9 期，第 274—275 页。

　　[25] 郭守亭、李佛关：《中国品牌的价值演化与价值分布研究》，《中南财经政法大学学

报》2012 年第 2 期，第 56—60 页。

　　〔26〕刘雪飞、胡胜德：《国外农产品品牌建设的基本经验及启示》，《世界农业》2014 年第 6 期。

　　〔27〕向敏、陈建：《重庆农产品电子商务交易模式探索》，《商业经济研究》2014 年第 4 期，第 72—74 页。

　　〔28〕李光斗：《品牌竞争力》，中国人民大学出版社 2004 年版。

农村电商扶贫存在的问题与对策研究

孙贵艳[*]

2015 年，中共十八届五中全会提出了全面建成小康社会的目标要求，即我国现行标准下农村贫困人口实现脱贫，贫困县全部摘帽，解决区域性整体贫困。农村电商扶贫作为一种新型扶贫方式，通过互联网与农业的融合发展，使得扶贫工作实现由"授人以鱼"向"授人以渔"转变，实现了通过电子商务等信息化手段帮助农村贫困地区寻求致富机会。农村电商的作用在于进一步挖掘农村及贫困地区的经济发展潜力，弥补了传统流通渠道的不足，扩大了农村创业与就业机会，改变了贫困人群的消费方式[①]等，不但为精准扶贫提供了新的方法和有效手段，而且为全国农村扶贫探索了一条新路径，并迅速在扶贫工作中得到广泛应用。

一 农村电商扶贫的必要性与可行性

（一）农村电商扶贫的必要性

一是农村电商发展趋势的要求。随互联网普及与基础设施的改善，我国农村电子商务已经进入快速发展阶段，成为促进农村经济发展、产业结构转

＊ 孙贵艳，博士，重庆社会科学院助理研究员。

① 洪勇：《电商扶贫：农村扶贫新路径》，《今日中国》（中文版）2016 年第 2 期，第 62—65 页。

型升级、商贸流通、农民增收等的重要动力与不可逆的趋势。在此背景下，农村贫困地区如不大力发展电子商务，可能会拉大与其他地区的差距。但从总体上，贫困地区的农村电子商务依然存在交通通信等基础设施建设滞后、市场化程度低、电商人才缺乏、产品标准化程度低、物流配送成本高等问题，这一定程度上影响了农村贫困人口依托电子商务就业创业，以达到增收减贫脱贫的步伐。为此，亟须在国家、各地区电商精准扶贫政策的指导下，加快推进农村电商扶贫试点的建设及电商扶贫工程的实施，以此促使农村贫困地区电子商务的快速发展与升级。

二是提高扶贫开发绩效的要求。我国的扶贫开发方式经历了"救济式"扶贫、"生产式"扶贫、"开发式"扶贫、"攻坚式"扶贫、精准扶贫等几个发展阶段，在实施精准扶贫之前，采取的给予生产生活资料、制定优惠政策、改善基础设施、实施技能培训、产业开发等措施，都没有特别强调市场所发挥的作用。而电商扶贫，2014年被纳入到国家扶贫开发工作体系，并于2015年被列为精准扶贫十大工程之一，不仅是互联网时代的要求，更由于电商扶贫完全以市场为导向，打破了农村贫困地区的资源与市场地域限制，促进了农产品销售，破解了扶贫开发体系中所存在的市场问题。此外，面对常态性市场波动，频繁发生丰收难卖的现象，超出了产业基础相对孱弱农户的承受范围，而电商扶贫，作为产业扶贫的进一步发展，可以有效解决市场对接问题。

（二）农村电商扶贫的可行性

一是电商扶贫的信息化建设条件已经具备。农村的网民规模、互联网普及率持续保持提高，网络建设逐渐完善。截至2016年底，我国农村网民有2.01亿人，占比为27.4%，较2015年增加了526万人；农村地区互联网普及率为33.1%，较2015年增加了1.5个百分点；我国贫困村宽带覆盖率超过了80%。此外，电商在农村发展迅速，2016年全国淘宝村的数量也达到1311个，比2015年增加了531个。互联网的普及以及电商的发展，这都为农村电商扶贫奠定了良好的基础。

二是电商扶贫的政策体系在加速形成。农村电商扶贫，逐渐得到国家、省市区（县）等各级政府的重视，特别是 2014 年以来，出台了多项政策，如我国陆续出台了《关于促进农村电子商务加快发展的指导意见》（国办发〔2015〕78 号）、《关于促进电商精准扶贫的指导意见》（国开办发〔2016〕40 号）、《关于印发"十三五"脱贫攻坚规划的通知》（国发〔2016〕64 号），甘肃省出台了《省商务厅、省工信委、省扶贫办关于精准扶贫电商支持计划的实施方案》、湖南省出台了《湖南省商务厅、湖南省扶贫开发办公室关于引导和促进电商扶贫的实施意见》等一系列政策，同时围绕电子商务与精准扶贫采取了多项措施，如在农村贫困地区设立电商扶贫实验基地、实施"农村电商扶贫网店创业示范工程"、采取"平台 + 园区 + 培训"等多种方式，都直接或间接促进了农村电商的发展。

三是良好的电商行业氛围已经形成。阿里巴巴、京东、苏宁等电商巨头企业逐渐大规模下乡进村，采取进村刷墙写标语（如阿里巴巴的"打工东奔西跑，不如在家淘宝"的宣传标语）、招人配大篷车轮流宣传、设置农村频道、举办活动会议、建设自营服务中心、与政府合作等方式，不断提高政府、农民等对电商的认知，同时个体农民、大学生村官与返乡人员的电商创业的成功与宣传，"电商扶贫体验馆""淘宝村"的兴起等，都吸引更多的农村居民投入到电商行业，从而创造了良好的农村电商生态体系。

二 农村电商扶贫的内涵、特征与作用机理

（一）农村电商扶贫的内涵

电商扶贫既可作用于城镇地区，也可作用于农村地区。对于电商扶贫的概念，不同学者从不同的角度给予了解释，如孙昕等[1]从扶贫开发模式的角度，

---

[1] 孙昕、起建凌、谢圆元：《电子商务扶贫问题及对策研究》，《农业网络信息》2015 年第 12 期。

认为电商扶贫，是政府、社会各部门与企业利用互联网技术，依托电子商务平台，帮助贫困地区的农民销售特色农产品及部分旅游商品，及通过网购来购买生产生活资料等，同时通过提供信息、技术、资金等服务，达到提高农民收入、缩小城乡地区间差异，带动更多的农民致富，从而提高贫困地区扶贫效率的一种扶贫模式。汪向东[①]从精准扶贫的角度，认为电商扶贫是指政府、企业等帮扶主体，以电子商务为手段，提升电商对扶贫带动作用和精准度，以此改善扶贫绩效，帮助贫困地区达到脱贫目的的理念与行动。解梅娟[②]认为电商扶贫，就是以电子商务为手段，通过拉动网络创业和网络消费，推动贫困地区特色产品销售的信息化扶贫模式等。

虽然对于农村电商扶贫的理解角度不同，但是手段与目的大致一致，即都是通过促进农村贫困地区的电子商务发展，进而拉动当地经济发展，并最终帮扶农村贫困家庭减贫脱贫。此外，在不同地区不同社会经济发展阶段，农村电商扶贫的内容、侧重点会有所不同。目前从农村电商扶贫的发展过程来看，农村电商扶贫是经历了一个从市场自发到政府介入、平台与政府共同合作的过程。

（二）农村电商扶贫的特征

农村电商扶贫方式与主体的多样性。一是农村电商扶贫方式多样，不仅包括发展贫困地区的农产品电商，而且还包括农资等生产资料的网购等。二是农村电商扶贫主体多元化（见图1），既包括工信部、电信部门、电商企业等直接相关主体，从中央到地方各级政府的各个部门，从全国性的电商大平台到村县级的电商企业，从全国性的物流企业到村县的物流快递代理，而且还涉及科技、教育、文化、社保、产业等各个部门，以及各个行业主管部门及协

---

① 汪向东：《关于电商助力精准扶贫的几个观点》，《农业工程技术》2016 年第 33 期，第 59—61 页。
② 解梅娟：《电商扶贫："互联网＋"时代扶贫模式的新探索》，《长春市委党校学报》2016 年第 2 期，第 12—15 页。

会，甚至可以是包括社会扶贫团体在内的各种社会组织[1]。

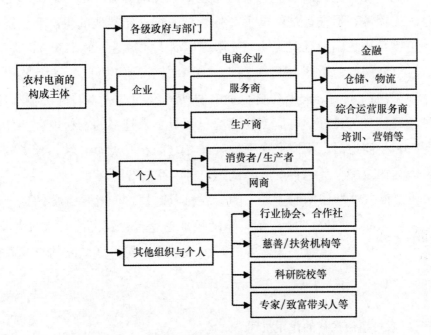

图1 农村电商的主体构成

农村电商扶贫的市场导向性。农村电商扶贫，通过引导农民通过电商这一渠道开拓产品消费，拓宽农产品的销售市场，以及借助网络供需信息，能及时发现市场需求变化趋势，并在满足市场需求的同时，积极提高农产品生产技术、创新研发新型农产品或进行农产品的深加工，以此来适应新的市场变化。此外，扶贫工作以电子商务对接线上广域市场，有助于贫困地区拓宽市场视野，破除本地狭小市场的束缚。因此，电商扶贫的形式变化会对消费者和生产者起到积极的市场导向作用。

农村电商扶贫的资源整合性。贫困地区产业开发受限于本地资源。农村电商扶贫可以突破本地资源的限制。选购、下单、配送等一系列环节，不但

---

① 林广毅：《农村电商扶贫的作用机理及脱贫促进机制研究》，中国社会科学院研究生院，2016年。

可以充分利用本地线下资源，还可以大范围、跨域调配整合外地资源①，使得生产与供货能力达到最优。同时，通过部署异地客服中心、研发中心与利用异地人力资源，形成远端的电子商务营销系统，与本地的生产和供应系统对接，可以解决贫困地区资源使用受限、电商人才缺乏、效率低等问题。

农村电商扶贫的市场环境带动性。随着电商规模的日益扩大及"领头羊"示范效应的影响，加上农村电商自身所具有的低成本、低门槛等特点，在贫困地区形成了良好的电商市场环境，吸引越来越多的农村电商主体的加入。同时，不同地区、不同商家、同种产品之间相互竞争、学习，形成了良好的电商运作氛围，一定程度上降低了农村电商扶贫的难度。

农村电商扶贫的作用明显性。随着农村电商扶贫的开展，贫困地区的基础设施，如道路、网络、物流等基础设施日趋完善，农民的收入日益增加。同时，资金、技术、信息、人才等的跨区域调配，使得区域间的交流联系逐渐增强。

（三）农村电商扶贫的作用机理

对于农村电商扶贫，汪向东②从作用方式的角度，总结了三种存在形式：（1）通过教育培训、资金投入、政策支持等直接作用到户的方式。（2）通过电商企业、农民合作社、专业协会与电商平台等，让农户参与到电商产业链。（3）电商规模化发展后，让没有直接或间接参与到电商产业链的农户获益。王全春等③从典型扶贫案例的角度，总结认为目前中国的农村电商扶贫主要有以基层政府主导的陇南模式、能人带动的沙棘模式、地方特色农产品

---

① 汪向东、王昕天：《电子商务与信息扶贫：互联网时代扶贫工作的新特点》，《西北农林科技大学学报》（社会科学版）2015 年第 15 卷第 4 期，第 98—104 页；孙昕、起建凌、谢圆元：《电子商务扶贫问题及对策研究》，《农业网络信息》2015 年第 12 期。

② 汪向东、王昕天：《电子商务与信息扶贫：互联网时代扶贫工作的新特点》，《西北农林科技大学学报》（社会科学版）2015 年第 15 卷第 4）期，第 98—104 页。

③ 王全春、周铝、龙蔚等：《我国农村电商扶贫研究述评》，《电子商务》2017 年第 3 期，第 22—23、27—31 页。

驱动的元阳模式、从个体农民自发到政府主导的军埔模式四种模式。蒙宝程等①则认为存在合作社扶贫模式、企业带动扶贫模式、公共机构主导模式、委托专业运营商扶贫模式，并深入探讨了电商扶贫模式的特征与存在的问题。

总结以往学者的研究与农村电商扶贫的实践，本文简单把农村电商扶贫归纳为两种（见图2）：主要是通过（1）政府、电商企业及社会扶贫组织等通过对农村电商主体进行培训，积极举办和参与有关电子商务扶贫各项活动，如湖南省举办"电商扶贫特产专区"系列展销活动；（2）政府通过加大对道路交通、网络设施等硬件设施的支持力度，出台各种财政、税收等优惠政策、行业及产业标准等，政府、电商平台、运营服务商、物流企业、金融企业等通过提供场地、资金、产品或技术指导等，用以支持地方平台建设、网络系统应用、物流体系搭建等方式，达到帮助贫困主体获得脱贫减贫的目的。

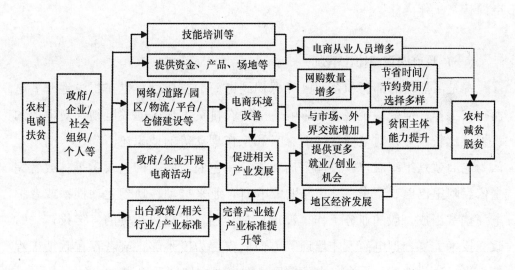

图2 农村电商扶贫的作用机理

---

① 蒙宝程、赵霞、张捷等：《农村电子商务精准扶贫模式研究》，《企业科技与发展》2017年第1期，第58—60页。

三 农村电商扶贫存在瓶颈与问题

近年来，国家和地方相继出台了多项农村电商扶贫相关政策，基本明确了电商扶贫重点与扶持方向，国家扶贫办已经开展了在陇南的试点、依托苏宁的试点、依托京东的试点等电商扶贫试点工程，2014—2015 年，国家财政部、商务部在 496 个县实施了电子商务进农村综合示范县工程，每县投资2000 万元，集中在农村物流配送体系、推动农产品上行销售（如开设淘宝馆、地方平台等）、加强电商人才培训三个方面。同时各地方政府也陆续与阿里巴巴、天天果园、我买网等全国性的农村电商平台与地方平台合作，基本形成电商扶贫的基本体系。

虽然我国的农村电商取得了一定成就，但整体上还处于起步与探索阶段，且在农村电商扶贫过程中还存在一些问题，这一定程度上制约了我国的电商扶贫工作。

（一）政府宏观调控性不强

一是虽然政府部门和企业已经意识到电商的重要性，也在积极地开展电商扶贫工作，但受传统观念的影响，一些农村贫困地区的政府领导对电商的认识还比较浅显，对电商扶贫的意义和工作理念等的认识还不到位，简单地认为电商就是组织农户开设淘宝店、进行特色农产品的网上买卖等；或者完全依靠阿里巴巴、京东、苏宁易购等电商企业来推动，缺乏主动性；或者把电商扶贫当成一般的业务工作，没形成主导性，对电商扶贫的宣传推广、财政、技术、复合型电商人才培训等方面的支持力度不够；或者存在政绩工程的心思，盲目地建设平台与电商园区，对电商主体缺乏关注。

二是部分地区推出的扶贫项目与扶贫政策针对性不强，存在模仿或照搬江浙等地区模式，以及对已经推出的电商扶贫的政策、措施与建议，宣传力度不够，许多优惠措施不被电商所熟知。

三是虽然国家与地区都出台了政策，提出要加强农村贫困地区农村电商的人才培训，并也将电商人才培训作为各地政府与电商平台合作的重点，但在实际中，存在培训需求对接部门较多，如需要对接财政局、农业局、人社局、妇联等多个部门，培训主办、承办、组织策划和培训整个周期长，培训内容覆盖面窄、培训内容较为简单、流于形式等问题。

（二）农村电商发展的基础依然薄弱

一是虽然我国的网络基础设施有所改善，但在我国农村贫困地区，由于自然条件相对复杂、生态环境相对脆弱，对于网络设施配置的要求、网络设施投资、建设和维护费用等较高，且网络的稳定性相对较差，网速较慢，收费还比较高，使得我国大部分农村贫困地区仍然缺乏相对完善的网络配套设施，网络的普及率和应用率较低，同时农村贫困地区的网络服务内容相对缺乏，以单一的服务项目为主。

二是在农村地区，农村公路的覆盖度、通达度、技术等级等均不高，道路建设质量相对落后，冷链物流普遍缺乏，导致最后一公里的问题仍然没有完全解决。特别贫困的农村地区，居民点分散，使得网店布局与订单分散，频率低，农产品保鲜要求高等，使得物流成本普遍偏高，甚至出现快递的费用高于农产品的价值的现象。

三是农村电商专业人才依然相对缺乏，特别是在农村贫困地区，面对面的实物交易思想较浓重，对网上交易的信任度不高。且农村劳动力的教育水平普遍偏低，绝大部分不懂使用网络，或只能进行简单的操作，使得农村贫困普遍缺乏既懂种植，又懂经商，还懂电商的复合型人才，如据阿里巴巴的《县城电子商务人才研究报告》显示，在农村，缺少经验管理理念的人占到31%，缺乏创业知识的占到20%，无网店设计能力的占到14%，导致领导要搞电商却没有人才支持，或个人想干却不知怎么干等现象的存在，同时农村贫困地区的电商主体一般对政府的培训帮扶依赖性较强，自主性较差，这一定程度上阻碍了农村贫困地区电商扶贫工作的有效开展。

（三）农村电商扶贫资金不足

电商扶贫开展最重要的推手是资金支持，有了足够的资金支持，才能保证扶贫工作的顺利开展。虽然近年来我国扶贫资金投入逐渐加大，但相对于农村贫困地区的广阔仍然显得有限，而电商扶贫作为我国扶贫体系中新近确定的扶贫方式，专项资金投入依然不足，且存在部分扶贫资金拨付不及时现象，导致农村电商扶贫工作无法顺利推进。此外，电商扶贫资金存在使用方向存在偏差、使用效率低，以及部分地区的领导挪用资金用作他处等问题。

农村贫困地区涉农银行的覆盖区域相对有限，电商企业和个人不能适应抵押、担保等贷款的要求，且银行贷款审批周期与电商的资金周转周期存在偏差。同时针对农民居民的贷款政策还不够完善，社会融资渠道和融资平台无法涵盖电商的所有需求，地方政府与金融结构的合作也相对缺乏，都进一步制约了电商扶贫工程的发展。

（四）市场监管和公共服务体系还不完善

农产品具有易损毁、需冷藏、标准化低等特点，使得电商的农产品种类较少，商品与卖家之间的差异化程度小，并且目前我国的农产品生产仍然以小规模、分散型的家庭生产经营模式为主，这使得农产品存在质量层次不齐的问题。虽然国家及各地区的农业、商业等政府部门从各自职能角度对农产品电商产业链的特定环节进行了监管，但依然存在监管不足的问题，如许多农产品的质量标准化体系还不健全，导致农产品缺乏标准化管理。

农产品电商企业的信息采集、数据统计和奖励示范等公共服务方面，政府部门之间存在协调不够，交叉重复与缺失漏项等问题。

农村地区的农民多是通过电视、报纸、广播等来获取信息，但多以科技、农业种植等信息为主，有关电商的信息相对较少。

五 促进农村电商扶贫实施的对策建议

编制农村电商扶贫规划。农村电商扶贫是一项系统性的工程，不能一蹴而就，需要各级政府发挥起主导作用，并成立专门的规划编制领导小组，在对农村电商，特别是贫困地区农村电商发展状况进行深入调查的前提下，制定专门的农村电商扶贫规划与政策体系，明确物流、网络设施等基础设施建设完成的目标与期限，同时完善相应的法规制度，以此指导农村电商扶贫工作的有序展开。

加强金融支持力度，加大农村电商扶贫的资金投入。一是进一步提高中央财政支持标准，并重点对集中连片特困地区的农村电商发展给予倾斜支持。二是实行财政贴息，鼓励地方财政与中央财政相关资金捆绑使用，并加强对资金使用效益的监督。三是引导各类涉农金融机构积极向农村电商发放贷款，并针对经营主体，制定差异化综合性的金融服务方案。四是加大电商扶贫宣传力度，广泛吸收社会各界资金投入，联合电商平台积极开展公益性推广和众筹活动，并成立电商扶贫公益基金，统筹管理与整合财政投入、公益、社会帮扶等各类资金，并借助第三方平台、物流公司、电商园区管理平台等大数据的优势，推出符合农村电商"短、小、频、急"资金需求的信贷产品。五是积极推进金融机构与电商企业的合作，建立多元化的电子支付体系，改善农村电商支付环境。六是建立多形式的电商信誉认证中心与信用等级数据库，对参与电商扶贫的企业或个人进行等级认证，并依托他们的信用数据优势，开展金融信用担保，解决"担保难"的问题。七是采取降低信贷准入门槛、下放授信权限，缩减审批环节、减少贷款审批时间等措施。

加快电商人才的培养。本着致力于打造专业化、本土化等人才队伍体系的目标，联合扶贫、农委等工作部门推进"电商进农村培训"，建立"省、市、区（县）、乡（镇）、村"四级培训网络，把电商扶贫培训纳入"两后生"培训中，同时积极发挥政府、高等（职业）院校、社会团体等的作用，在抓好示范性培训的基础上，以区（县）为主体，积极举办多类型、多层次的电商知识培训，并采用课堂教学与现场观摩、专家理论讲解与店主现身说法相结合等多种形式，扩大电商培训覆盖范围。不断加强对机关事业单位、商贸流通企业、工业企业、微型企业、个体工商户、返乡青年、农村贫困户等的培训工作，以此提高农村电商相关从业人员的技术水平，做好电商扶贫的系统培训和专项培训。

加大外来物流、金融、商贸等服务企业和优秀电商人才的引进工作，并积极组织电商行业有关人员外出考察学习。

加强基础设施建设。在加强农村道路交通等的建设投入，依托当地小卖店、合作社等加快农村电商服务站点、村村通网络设施、物流快递服务点等的建设。其中对于农村贫困家庭开设网点给予资费补贴。完善物流配送体系和运营机制，通过鼓励农村电商企业与快递企业开展业务，引导快递企业间通过"抱团"经营、资源共享、搭建第三方平台等方式继续深入推进"快递下乡"工程。

加快完善市场监管和公共服务体系。一是加大对电商平台的监管，形成扶贫部门牵头，各相关部门协同配合机制，并增强工商、农业、商业、食药监等政府部门之间的沟通、协作和数据共享，建立消费者维权和消费纠纷调处工作机制，以及建立和完善电商扶贫统计通报制度。二是加强对农产品"三品一标"的认证和监督，建立电商扶贫农特产品目录库及指导手册，加强对农产品生产的指导和规范与对农、特产品品牌的培育；建立农产品线上交易分类标准与农产品质量安全追溯体系，并设立统一规范的农产品加工标准与包装标识等。三是国家与地方政府积极组织并举办有利农村电商发展活动，如开展"电商创业英雄"等评选活动，并依托电视、报纸、广播、微信等载体，开辟电商专栏，广泛宣传电商扶贫的只是与电商脱贫致富的典型案例。

参考文献

［1］洪勇：《电商扶贫：农村扶贫新路径》，《今日中国》（中文版）2016 年第 2 期，第 62—65 页。

［2］孙昕、起建凌、谢圆元：《电子商务扶贫问题及对策研究》，《农业网络信息》2015 年第 12 期。

［3］汪向东：《关于电商助力精准扶贫的几个观点》，《农业工程技术》2016 年第 33 期，第 59—61 页。

［4］解梅娟：《电商扶贫："互联网＋"时代扶贫模式的新探索》，《长春市委党校学报》2016 年第 2 期，第 12—15 页。

［5］汪向东、王昕天：《电子商务与信息扶贫：互联网时代扶贫工作的新特点》，《西北农林科技大学学报》（社会科学版）2015 年第 15 卷第 4 期，第 98—104 页。

［6］林广毅：《农村电商扶贫的作用机理及脱贫促进机制研究》，中国社会科学院研究生院，2016 年。

［7］王全春、周铝、龙蔚等：《我国农村电商扶贫研究述评》，《电子商务》2017 年第 3 期，第 22—23、27—31 页。

［8］蒙宝程、赵霞、张捷等：《农村电子商务精准扶贫模式研究》，《企业科技与发展》2017 年第 1 期，第 58—60 页。

面向农产品电商研究的大数据方法

钟　将　张淑芳[*]

一　农产品电商研究与大数据方法

（一）农产品电商研究中大数据的作用

近年来，人们在电子商务、物联网、社交网络和移动互联网应用中收集、存储和管理了大量数据，其数量已经从量变走向了质变，成为所谓的"大数据"（Big Data）。《科学》杂志出版"大数据"（"Big Data"）专刊[①]之后，大数据成为工业界、学术界、政府部门关注的焦点。

图灵奖得主吉姆·格雷（Jim Gray）更明确指出，科学研究将进入继实验、理论、计算模拟之后的第四范式：数据密集型科研范式[②]。数据密集范式成为一种独特的科学研究范式，被称为第四范式。

在维克托·迈尔-舍恩伯格撰写的《大数据时代》中明确指出，大数据时代最大的转变，就是放弃因果关系，更加关注相关关系。也就是说，只要知道"是什么"即可，而不需要知道"为什么"。大数据研究将颠覆千百年

* 钟将，重庆大学计算机学院教授，博导；张淑芳，重庆大学计算机学院副教授，博士。

① Science, "Special online collection: Dealing with data", http://www.sciencemag.org/site/special/data/, 2011.

② T. Hey, S. Tansley, K. Tolle, "The Fourth Paradigm: Data-intensive Scientific Discovery", Microsoft Research, 2009.

来人类的思维惯例，对人类认知方式提出了全新的挑战。因为人类总是会思考事物之间的因果联系，而对基于数据的相关性并不是那么敏感；相反，计算机则几乎无法自己理解因果，但是对相关性分析则极为擅长。通过大数据研究，可综合人类与计算机各自擅长的领域，推动科学研究的快速发展。

美国学者杰弗里·汉考克认为，大数据对社会科学研究的意义，可与显微镜诞生对化学发展所起到的促进作用媲美[①]。从理论研究层面看，大数据的出现可以为经典社会科学理论提供新的实证来源，使得学界得以重新审视和延伸经典理论，理论的验证和拓展宏大叙事成为可能。从学科研究层面看，大数据将推动社会科学与自然科学、社会科学学科之间的融合，并提升各学科的应用水平。对于农产品电商研究而言，大数据方法的重要作用主要体现在以下两方面：

首先，能够对研究对象进行更为全面的观测和记录。农产品电商研究对象数量众多，状态不断变化，传统的数据获取和处理方式已不可行，必须借助大数据方法来完成。特别是通过互联网大数据方法自动获取数据，并与人工调查数据和专业数据库进行有机集成与融合。

其次，能够对研究对象的复杂行为进行更深入的分析。传统实证研究是研究者在理论分析基础上提出假设，并通过数据采样和统计分析来验证假设，因此研究者的经验、认知和判断决定了研究成果的方向与深度。大数据方法的全样本（大样本）性质能够很大程度上避免个人经验对研究客观性的负面影响。研究者通过海量数据来思考、设计和实施研究计划，并通过数据相关性来揭示和展示规律。

(二) 农产品电商大数据处理方法

农产品电商研究所关注的电商平台、农产品、店铺等各种对象属性状态和变化规律过程以及宏观环境等数据分布在电商平台和政府网站上，因此农

---

① 沈浩、黄晓兰：《大数据助力社会科学研究：挑战与创新》，《现代传播——中国传媒大学学报》2013 年第 35 卷第 8 期，第 13—18 页。

产品电商研究需要应用互联网大数据方法实现数据采集、存储管理、融合关联和分析挖掘。

1. 农产品电商大数据采集方法

一切科学研究的基础是数据，农产品电商需要采集和跟踪大量电商平台上的海量交易信息。互联网数据获取技术主要是利用互联网爬虫（Web Crawler）原理来实现，根据实现的方式和应用的领域分为：通用网络爬虫（General Purpose Web Crawler）、主题网络爬虫（Topical Web Crawler）、深层网络爬虫（Deep Web Crawler）。

其一，通用网络爬虫。根据预先设定的一个或若干初始种子网页开始，以此获得初始网页上的页面地址列表，在爬取的过程中不断从地址列表中获取目标页面地址后访问该页面内容。获取页面内容后通过页面解析得到页面内容，同时抽取页面上新的页面地址保存到队列，直到爬虫停止条件满足为止。

其二，主题网络爬虫。主题网络爬虫的目标是尽可能发现和搜集与预定主题相关的网页，其最大特点在于具备分析网页内容和判别主题相关度的能力。根据主题爬虫的工作原理，主题爬虫系统主要包含页面采集模块、页面分析模块、相关度计算模块、页面过滤模块和链接排序等模块组成。

其三，深层网络爬虫。深层网络爬虫针对网页中包含的数据查询接口构造合适的表单参数并且提交，以得到更多的数据，因此其关键查询参数的构造方法和页面动态渲染内容的获取技术。

农产品电商研究中数据获取则需要综合应用上述三类爬虫技术。例如遍历某个电商网站中全部商品信息需要利用通用爬虫；获取电商网站或店铺中特定类别的商品信息需要采用主题爬虫；根据用户指定的关键词获得商品或者店铺信息，则需要使用深层网络爬虫技术。

2. 农产品电商大数据存储管理

农产品电商研究，需要储存大量从互联网中收集的网页数据和各种资源文件，因此传统数据库管理模式难以满足研究中的多模态数据的存储管理的需求。当前的新型数据存储与管理技术主要包括键值（Key-Value）型数据库、列存储数据库、文档型数据库以及图形（Graph）数据库等。其中：

键值（Key-Value）型数据库，主要会利用哈希技术，使得键值（Key）映射到特定的数据（Value）。该类数据库有利于单个数据对象的检索，但是对于更新或者批量查询时，该类数据库就显得比较低效。

列存储数据库，通常是用来应对分布式存储的海量数据，其键值指向了多个列，传统数据库中单表被划分为多个分组来存储，相当于对数据库的表进行了纵向划分。最为知名的列存储数据库的就是 HBase 数据库。

文档型数据库，文档型数据库与键值存储相类似，但是其对应的数据类型为数据模型化的文档，尤其擅长存储半结构化数据，例如最常用的 JSON 格式数据。文档型数据库可以看作是键值数据库的升级版，允许之间嵌套键值，且文档型数据库和键值数据库相比，查询效率更高，其典型代表为广泛应用的 MongoDb 数据库。

图形（Graph）数据库，同其他行列以及刚性结构的 SQL 数据库不同，它是使用灵活的图形模型，并且能够扩展到多个服务器上。农产品电商中的店铺、商品以及消费者之间的关联联系可以采用图形数据库来有效存储和检索。

3. 农产品电商大数据提取与融合

互联网中"爬取"的农产品电商数据是由网页、图像、视频以及音频等数字资源构成。研究人员不可能直接利用这些半结构化和非结构化数据，必须经过计算机进行自动化地提取、转换、管理与融合，为支撑研究工作提供有价值信息。实现互联网大数据提取和融合需要应用以下方法：

半结构化网页数据提取，主要是基于规则方式来完成网页内信息提取。其基本方法是通过设定抽取元素所对应的 XPath、CSS 选择器或正则表达式等规则进行定位和提取。

实体识别与关联，从网页文本中提取出各种所谓的命名实体识别（Named Entities Recognition，NER），如人名、地名、机构名、时间、日期、货币、重量等命名实体。实体识别是数据关联，数据规范化和数据集成的基础，其主要方法有基于规则、基于词典和基于统计三种。

数据规范化处理，互联网中收集的数据可能存在不完整、不一致，导致无法直接进行数据分析和利用。为了提高数据分析的质量，保障结果的合理性，需要对采集和提取后的数据进行规范化的处理，如进行数据清理、数据集成、数据变换、数据归约等处理工作。

4. 农产品电商大数据分析挖掘

研究人员需要对农产品电商数据进行多维分析需求，例如在时间维度上按照季度或者月来查看商品在不同地区的销售数据、观察特定地区店铺对特定商品的销量变化趋势等。数据仓库技术能够按照特定的模式（如星型模式、雪花模式等）将各类数据进行关联和组织，形成数据立方体（Data Cube）。在数据仓库的支撑下，联机分析（OLAP）提供交互式数据分析，实时地根据用户选择的维度和度量进行计算。OLAP 在主题数据库进行复杂组合条件查询，以数据透视表或透视图的方式返回直观展示分析结果，从而协助研究者把握对象的发展现状、演变规律和发展趋势。

数据挖掘和机器学习技术，能够帮助研究者从难以掌握和理解的海量数据中提取规律和事物之间的关联关系。常用的数据挖掘方法包括关联分析、分类分析、聚类分析和异常检测等，这些方法可以在数据上实现自动归纳，突破研究者的视野局限，扩展人类的经验范畴，为研究者提供深入分析和有效利用大数据的手段。

利用上述数据挖掘方法，对农产品电商交易数据进行挖掘分析，可实现各种市场主体的分类、聚类或者关联分析，以实现对数据的自动归纳，从中发现研究者难以通过人工处理发现的各种现象或者规律。

（三）农产品电商大数据的特点分析

农产品电商大数据具有多源异构的特点。农产品电商数据来自于大量电商平台和工商登记、统计公告、新闻网站等公开数据，其中包含了结构化和非结构化数据，需要设计新的数据采集与存储管理机制。

农产品电商大数据具有动态变化的特点。电商交易网页中的数据除了包含商品名称、产地和店铺等数据，也包含了上/下架状态、配送方式、价格、数量、用户评价等动态变化数据，因此需要定期跟踪和采集这些动态变化的数据。

农产品电商大数据具有非精确的特点。从互联网采集获取的数据中存在噪声、不一致和不完整问题，而且不同电商平台上数据表示方法和可获取数据内容也存在较大差异，需要对数据进行清洗、转换和融合操作。

综上所述，研究者需要结合农产品电商研究特征设计灵活的数据采集框架、合理的数据存储管理策略、精确的数据提取与融合技术以及高效的数据分析与挖掘方法。

二　农产品电商大数据的采集方法

（一）农产品电商大数据采集框架

为了分析农产品电商的外部运行环境对农产品电商生态系统发育和功能的影响，需要采集反映市场环境、社会环境、政策环境、资源要素等环境状况的互联网数据。为了分析各类市场主体运行状态，需要采集农产品电子商务企业和交易平台的状态数据、农产品零售方和消费者的各种交易行为数据等。为了对电子商务在农产品行业发展的价值增值功能进行定量分析，需要通过与传统交易市场运行数据对比分析，以判断农产品电商在信息传递、供应链优化、价值增值等方面的作用。

此外，农产品电商研究需要长期跟踪不同交易平台、店铺和关键商品的交易数据（价格、数量和消费者评价），以了解不同市场主体对象面临的挑战、演化过程及发展趋势。众多电商平台上的海量商品和交易数据，通过人工方式不可能跟踪和采集其关注商品和市场主体数据，必须借助计算机系统自动处理。

电商平台中页面大量采用数据动态加载和延迟加载技术，单台计算机每天数据采集量在1万个页面左右，若要在短时间内完成数十万个页面数据采集则需要采用当前流行的"众包"模式实现。

"众包"数据采集系统的基本思想是："任务标准化，采集网络化，管理平台化",即将需要采集任务分解为标准化的单页面任务,利用统一的管理平台对外发布采集任务,大量志愿者通过互联领取任务并利用其计算资源和网络带宽来完成单个采集任务,并将结果提交到平台。"众包"数据采集总体框架如图1所示,主要包含三大部分:页面搜索工具、采集任务总包平台以及数据采集终端。

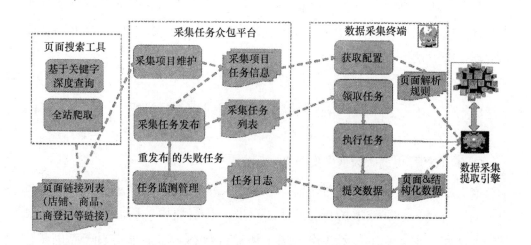

图1 基于"众包"的农产品电商采集框架

(虚线为数据流,实线为控制流)

页面搜索工具,主要作用是帮助研究者根据研究需要来获得需要采集的页面,并添加到采集任务列表中,列表中每个页面对应着最小的采集任务。农产品电商研究通常有基于关键字搜索、基于全站搜索和用户设定三种方式来维护采集任务列表。

采集任务"众包"平台,是数据采集任务调度与管理中枢,用于管理数据采集项目及其任务列表、采集项目自动发布、采集任务实时监测与管理、与采集终端的数据交互并采集数据自动存储等功能。

数据采集终端,是执行数据采集与解析的程序,负责实时地从"众包"平台上获取采集任务和页面数据解析规则,然后请求和渲染网页并通过解析规则从页面中提取数据，最后将数据实时提交到"众包"平台。此外，数据采集终端负责原始网页数据进行缓存，采用批量上传的方式提交服务器存储。

（二）电商交易页面自动搜索方法

当前"淘宝"平台上卖家数量超过 700 万家，商品数量超过了 8 亿件，因此直接采用网络爬虫获取电商平台上所有商品和卖家基本数据是不可能完成的任务，对于农产品电商研究也无此必要，需要研究和设计更加高效的机制采集研究者需要页面地址。此部分的工作不仅为研究者提供数据聚焦，同时也是"众包"数据采集平台工作的基础。

1. 基于关键字查询机制的页面搜索方法

几乎所有电商平台都为用户提供了基于关键字的商品查询接口。系统通过构造商品和店铺的查询条件，利用查询接口和排序机制来获取研究者关注的商品列表和店铺列表，其基本的工作机制如图 2 所示。

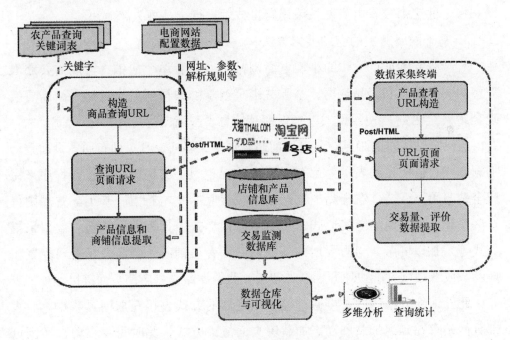

图 2　基于查询方式的采集任务获取方法

图中所示的农产品查询关键字列表由研究人员根据需求建立和维护，可以为不同电商平台设置特定的关键字列表。而电商网站配置数据则根据不同的电商平台的查询接口配置诸如查询接口的 URI、查询参数提交方式、数据编码方式、结果翻页模式、查询结果解析和 URL 提取规则等。

通过上述机制，研究人员只需要关注其感兴趣对象可能对应的关键字列表，随时根据研究需要调整查询关键字列表，采集工具自动检测和跟踪电商平台上交易的商品和店铺对象所在的页面地址。

基于关键字查询的方法存在两个问题：一是查询结果不精准，即查询结果不完全是农产品或者销售农产品的店铺（卖家）；二是查询结果不完整，电商平台返回的结果没有涵盖与关键字相关的商品或店铺。上述问题可能是电商平台对查询结果排序和推荐机制所导致，也有可能是研究者构造查询关键字不精确导致。

对于问题一，需要在后续数据清理和处理过程中解决。对于问题二，可以对特定的店铺或者电商网站采用爬虫技术进行全站搜索来解决。

2. 基于网络爬虫的全站搜索方法

对于研究者重点关注的小型电商网站平台或者单个店铺，可能需要获取完整的商品信息和交易数据，基于关键字搜索的方法就就不合适了，需要实现全站（全店铺）搜索模式以确保商品信息不被遗漏。

然而全站搜索的难点在于电商网站实现模式多样，其页面布局、页面数据加载方式、链接元素表示等都存在巨大差异。为了实现统一的搜索程序来完成全站遍历，需结合农产品电商网站人机交互的基本特点，基于配置规则将这些差异（如：商品链接形式、非商品链接形式、是否需要拖拽、数据采集方式等）加以屏蔽。当需要增加新的网站或者店铺时，研究者只需要配置相应参数或者规则就能快速开展全站搜索，获得商品或者店铺页面链接地址。

此外，部分电商网站可通过模拟浏览器的方式直接获取网页数据，而大部分网站存在延迟加载和动态加载等页面渲染方式，此时需要驱动真实浏览器并模拟鼠标点击事件来遍历网站。

全站搜索流程如图 3 所示，程序首先读取目标网站的配置数据，获取该网站首页地址、网页链接提取过滤规则、采集方式（驱动真实浏览器或者模拟浏览器方式）、页面是否需要滚动完成数据加载以及页面包含的翻页操作等配置参数，然后通过广度优先方式遍历网站中所有网页，提取所有目标链接地址（如商品链接和评论数据链接等）。

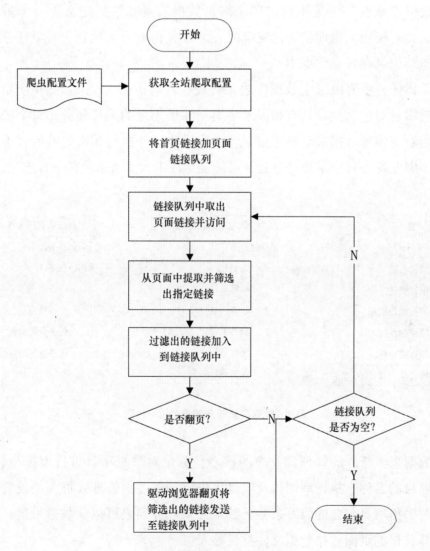

图 3　全站搜索的工作流程图

（三）农产品电商数据采集任务管理方法

由于农产品电商研究对不同对象的数据监测频率和优先级各不相同，因此采集任务需要按照项目来进行组织和管理。众包管理平台则根据项目的采集周期和优先级来对任务进行自动调度和发布，使数据采集工作有序开展。

数据"众包"采集平台将单个网页数据采集和解析定义为一个采集任务，而具有相同采集周期和优先级的一组任务构成采集项目，采集任务的执行状态则记录在日志数据中。

采集任务主要由三个数据库表来管理，其对应 E－R 图如图 4 所示。其中采集项目对包含大量具有相同采集周期和优先级的采集任务，每个采集任务可能对应多条数据采集日志记录。由于采集任务执行 3 次失败后就不再被执行，因此发布每个采集任务后，可能会生成 1 到 3 条采集任务日志记录。

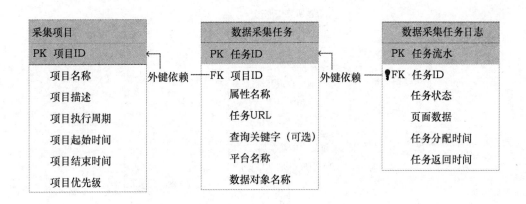

图 4　数据采集任务管理的 E－R 图

数据采集任务的管理和发布的核心任务是对采集项目进行维护与管理。采集项目的名称、执行周期以及项目优先级等属性由管理人员人工设置与维护。对采集项目包含的数万条甚至数十万条任务列表可以从数据采集页面搜索工具获得的页面链接数据文件批量导入。

数据采集项目根据执行的时间分为周期性任务和临时性任务。所谓的周期性采集任务是按照跟踪和扫描频率定期执行，例如对于重点商品交易价格的跟踪需要每天执行一次，而对于电商平台的 PV 访问量则只需要每个月执行一次。临时性任务是指在研究过程中可能发现需要补充或者完善的数据信息，例如企业店铺的工商登记信息等，为了及时执行这些任务，可以设置为较高的优先级。表 1 给出了农产品电商研究过程中部分数据采集项目的基本情况。

表 1 主要的数据采集任务列表

序　号	数据采集任务	执行周期	任务数量	优先级
1	主要农产品交易数据	月度	数十万	正常
2	重点商品交易价格	每天	数千	优先
3	农产品批发市场价格	每天	数万	优先
4	Alexa 网站	每个月	数十	正常
5	国家统计局数据	年度	数千	正常
6	工商局登记信息	临时任务	数十至数百	优先
7	店铺数据	临时任务	数百至数万	优先
8	商品的评价数据	临时任务	数百至数千	优先

数据采集系统是大规模的分布式系统，容易受计算机运行状态和网络环境的影响，其采集任务可能超时或者访问失败，因此"众包"平台需要跟踪每一个采集任务执行的状态并进行监控和调度。数据采集任务过程中各种可能的状态以及迁移关系如图 5 所示。

为记录每条采集任务的执行状态，通过任务日志数据库来存储任务列表中每个任务所处状态。日志数据库不仅记录了采集任务的基本信息和执行的状态，还记录了采集终端从页面中提取出来的各种对象数据。任务管理模块还需提供采集任务的实时监控功能，以协助管理人员了解采集任务执行情况。

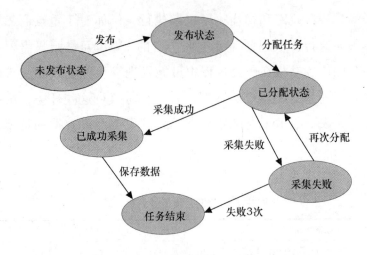

图 5　采集任务状态迁移图

（四）农产品电商数据采集终端实现方法

农产品电商研究的数据采集终端是部署在大量采集志愿者计算上的数据采集软件系统。该软件主要由平台交互接口、网页缓存管理、配置管理、网页解析以及网页采集模块五大模块构成。

平台交互接口模块，负责与"众包"平台对外开放的 Web 访问接口之间进行数据交互，实现用户登录、代理服务器 IP 获取、解析规则的获取、采集任务的获取以及网页中提取的数据和网页数据的提交等功能。

网页缓存管理模块，主要负责缓存数据采集终端从互联网数据源上获得的网页原始的 HTML 格式的数据，并在"众包"平台不繁忙的条件下提交这些网页数据。

配置管理模块，负责管理从众包平台获得的针对不同数据源的数据采集任务所关联的网页解析规则，以及不同网站上的网页的行为特征，例如：如何判断网页是否完全加载，网页各种出错的情况等。

网页解析模块，则是一个通用网页数据解析引擎，根据数据采集任务指定的数据解析对象配置的数据解析规则从网页中提取数据，通常提取的数据格式都是字符串类型，只有通过数据预处理和标准化之后才将这些数据字段

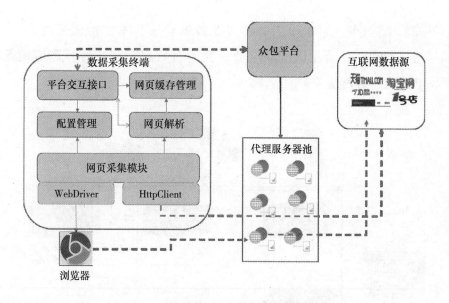

图6　数据采集终端系统工作原理图

转换为特定的类型。

网页采集模块，是通过 Java 中的 HttpClient 对象模拟浏览器打开一个网页或者通过 WebDriver 对象驱动真实浏览器（本项目中利用 google Chome 浏览器）来打开网页，实现各种类型的网页数据的获取。网页采集模块将获得的完整的 HTML 数据转交给网页解析模块处理并缓存到本地。

数据采集终端面临电商网站采用"反爬虫"功能的问题，即一台主机不断地对某网站进行访问时导致采集终端的 IP 地址被禁止访问。为此，采集终端定期通过通过众包平台提供的接口获取代理服务器的 IP 地址和端口号，从而实现代理服务器自动切换。

三　农产品电商大数据存储与融合方法

（一）农产品电商大数据的存储管理方法

为高效可靠地管理研究过程中大量结构化数据和非结构化数据，需要综合应用关系型数据库、NoSql 数据库以及数据仓库技术支持研究所需的各类数据存储与管理，以满足农产品电商研究者对数据多样化管理和应用需求。农产品电商数据存储方案如图 7 所示。

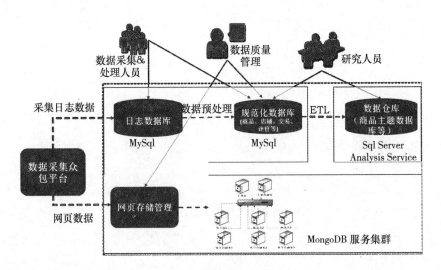

图 7　数据存储管理机制

对于结构化数据的处理流程为："众包"数据采集平台中提取的数据首先存储在日志数据库中，经规范化处理后同样存入规范化数据库。规范化后的数据进一步将按照星型数据模式形成多维数据库，多维数据库加载到数据仓库中。

对于非结构化数据的存储则采用基于 MongDB 的数据库集群管理和存储。MongDB 数据库集群的规模为多台 PC 机集群系统为基础的私有存储云系统。网页采用统一的命名规范，且按采集时间和所属的平台将每个月的数据文件存储到不同目录中。

对于数据采集与处理人员主要工作在 MySql 关系型数据库上。数据采集人员通过 MySql 数据来处理从"众包"平台上获得各种数据对象数据。而数据处理人员则利用各种数据规范和处理工具将日志数据库中原始的数据进行转换和规范化处理，并存入规范化数据库中。

数据质量管理人员则通过抽查规范化后的数据与原始网页中的数据进行

对比分析，确保采集和转换后数据质量，以便于能够通过 ETL 工具将这些数据加载到各种主题数据库中。

农产品电商研究人员则工作在规范化的数据库和数据仓库上。通过数据库查询统计工具和 OLAP 分析工具在数据集上进行探索和分析，以发现其中蕴含的现象、趋势和模式。

（二）农产品电商数据提取方法

数据采集终端获取的网页数据通常是 HTML 格式的文本数据，其中不仅包含电商研究所需的数据，还包含大量控制标签、客户端脚本、注释以及请求状态等数据。

为了从网页数据中提取需要的各种数据，需要设计统一的网页解析引擎实现在不同电商平台上获取的网页中进行信息提取。网页解析引擎的工作原理如图 8 所示。网页解析引擎首先根据数据采集任务需求描述中需要提取的数据对象（如商品信息对象），然后获取该数据对象所有属性的解析规则集合，最后执行这些正则表达式提取每个属性值并封装为 JSON 对象返回。

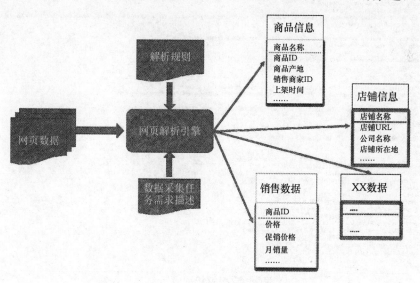

图 8　网页数据提取方法示意

　　由于不同电商平台中网页数据表述方法存在巨大差异，数据字段表述和名称也各不相同。为了便于后期数据集成，网页解析引擎模块首先统一定义了商品信息、店铺信息、销售数据、店铺评价、商品评价以及工商登记对象。这些数据对象的属性集合包含了所有平台包含的属性数据，数据采集时可以根据不同平台网页中包含的数据配置部分属性的提取规则。

　　"淘宝"网站中数据提取规则的部分配置信息，如图9所示。其中：

　　< loadELements >元素：定义了如何判断一个延迟加载页面文件是否已经将数据加载完毕的条件是能够使用定义的 CSS 筛选条件选中元素。由于"淘宝网"搜索获得商品网页可能是淘宝网站、天猫、闲鱼网或者闲鱼拍卖网站，因此判断的条件各不相同。

　　< errorInfos >元素：定义了网页可能出现错误，例如该商品已经下架或移除，那么数据解析程序是无法正确解析所需要的数据，这些出错信息可以通过提交到"众包"平台，帮助研究者判断采集任务失败的原因。

```
- <website name="TaoBao">
  - <loadElements>
      <cssSelector id="1" selector="#J_SellCounter" />
      <!--  多个同时满足的条件用|分隔，如#J_sellCounter|#J-From   -->
      <cssSelector id="2" selector="#detail > div.tb-detail-bd.tb-clear > div > div.tb-summary.tb-clear > div > div.tb-item-info-r > div > div > div.tb-key.tb-out-of-date.tb-key-off-sale > div > p > strong" />
      <!--  此宝贝已下架  -->
      <cssSelector id="3" selector="#error-notice > div.error-notice-text > div.error-notice-hd" />
      <cssSelector id="4" selector="li.m-home > a" />
      <!--  闲鱼  -->
      <cssSelector id="5" selector="div.crumbs.J_Crumbs > a" />
      <!--  闲鱼拍卖  -->
    </loadElements>
  - <errorInfos>
      <errorInfo1 regex="(?<=tb-hint>[^>]{20,30})([^<]*)(?=<)" isParsed="1">下架</errorInfo1>
      <errorInfo2 regex="(?<=error-notice-hd">)([^<]*)(?=<)||您查看的商品找不到了" isParsed="0">移除</errorInfo2>
      <!--  包括天猫的移除  -->
      <errorInfo3 regex="2.taobao.com%||闲鱼.淘宝二手 </title>||拍卖</title>" isParsed="0">非农产品</errorInfo3>
      <!--  闲鱼非农产品  -->
    </errorInfos>
  - <dataobjects>
      <!--  设置一个是否必采的属性，用来监测配置是否变化，分析未采到的次数与原因  -->
    - <Product>
      - <fields>
          <!--  设置一个是否必采的属性，用来监测配置是否变化，分析未采到的次数与原因  -->
          <productActualID regex="(?<=itemId\s{3,15}: ')([^']*)(?=')" />
          <productName regex="(?<=tb-main-title" data-title="")([^"]*)(?=")" />
          <productDescription regex="(?<=tb-subtitle">)([^<]*)(?=<)" />
          <shelveDate regex="" />
          <weight regex="(?<=净含量:\s{0,3})([^<]*)(?=<)" />
          <origin regex="(?<=产地:\s{0,3})([^<]*)(?=<)" />
          <province regex="(?<=省份:\s{0,3})([^<]*)(?=<)" />
          <city regex="(?<=城市:\s{0,3})([^<]*)(?=</li>)" />
          <category regex="(?<=title=[^>]{1,20}>[^:]{0,10}种类:\s{0,3})([^<]*)(?=</li>)" />
          <specialtyCategory regex="(?<=品类:\s{0,3})([^<]*)(?=</li>)" />
          <brand regex="(?<=品牌:\s{0,3})([^<]*)(?=<)" />
          <factoryName regex="(?<=厂名:\s{0,3})([^<]*)(?=<)" />
          <factoryAddress regex="(?<=厂地:\s{0,3})([^<]*)(?=<)" />
```

图9　数据解析配置示例

<dataobjets>元素：定义了可以从该网站中的网页提取的数据对象。图9所示的是商品信息对象<Product>部分属性对应的数据提取规则。如属性字段<productActualID>表示商品在"淘宝"平台内的商品唯一标识，其提取规则对应的正则表达式为"（？＜＝itemId\s{3,15}:）（[^]*）（？＝）"。

值得注意的是相同的网页可能蕴含多个数据对象的数据，例如"淘宝"平台上商品信息与销售数据包含在同一个页面中，因此解析引擎支持在单个网页上同时提取多个数据对象。

由于采用基于正则表达式的数据提取模式，在增加新数据源（网站或者店铺）时，为这些网站中配置相应对象的解析规则后，数据采集终端可自动解析新的网页数据。

（三）农产品电商数据融合与集成方法

由于不同电商平台的商品分类体系不同，重量、价格、产地描述信息都不同，为了实现对比分析、趋势分析，需要对采集的数据转换成一致的表示形式，因此需要对数据进行加工和处理。

首先，去除与研究无关数据，这部分数据可能是搜索接口和爬虫程序在电商平台上获得的商品链接不完全是农产品电商研究相关的网页导致。其次，去除不完整数据，这些数据可能是商品下架、暂停交易或原始数据不完整或者不规范导致。最后通过数据转换将数据映射到统一的组织模式上（数据库逻辑设计），实现不同平台上采集的数据具有相同语义。

电商数据融合与集成的框架如图10所示，主要包含数据清理和数据规范化两大阶段。数据清理主要是根据数据的相关性和完整性来检测。数据规范化则是将不同表示方式的数据转换为研究组规定的统一表示方式。

农产品电商应用领域里还缺乏统一的数据表示和分类标准，不同电商平台之间存在巨大差异。为了集成不同农产品电商平台上获得的数据，初步将农产品划分为四级分类模式，其中第零级划分为两大类：生鲜类和非生鲜类，第一级则重点关注了休闲食品、佐餐调料、火锅底料、水果、蛋奶等15

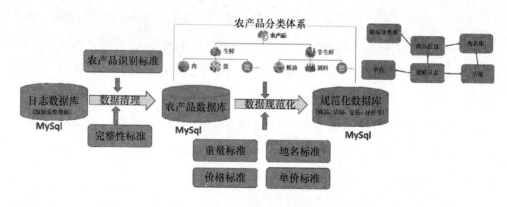

图10　数据预处理流程

个品类，第二级则是诸如米花糖、麻花、凤爪、鸡蛋、牛奶、脐橙等400余个商品种类，第三级则是具体的商品品牌和地标品牌商品，例如奉节脐橙、赣南脐橙、梁平柚子。

此外建立了对农产品电商中商品名称、重量、单价、销售地区和产地等核心数据的标准表示方法，例如重量统一单位为克，若存在多件商品打包销售时则以累计重量作为商品的标准重量；单价统一折算为每公斤的价格，若存在促销价格则以促销价格为准。

四　农产品电商大数据的分析与挖掘

（一）农产品电商多维数据库构建

尽管可以在农产品电商数据库上进行各种查询和统计工作，但是研究人员难以在海量数据上开展实时的多表关联查询和分析，为此将规范化农产品电商数据转化为支持 OLAP 分析的多维数据库模式，即将不同数据库中的数据按照农产品电商分析主题来组织数据，以满足研究者多维度和多尺度的数据分析需求。

结合农产品电商研究的数据分析需求，电商数据库与其他数据源中获取的数据库进行集成，定义了如图11中所示的星型数据模型。其中包括了交易事实数据、农产品信息维度、商品类比维度、店铺维度、平台维度、时间维度、地区维度、平台 PV 历史数据以及各个地区宏观经济数据等。

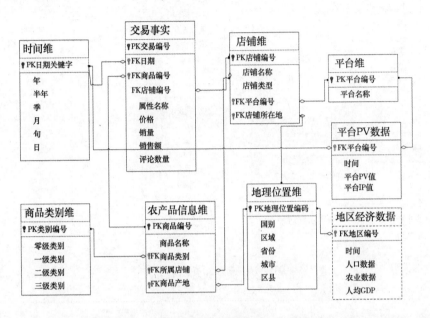

图 11　农产品电商多维数据库的逻辑结构

（二）农产品电商多维数据分析

数据仓库中多维分析的基础是按照星型模式（或者其变体雪花模式和星座模式）定义的数据立方体（Data Cube）。数据立方体的定义包含一个核心事实表以及与之关联且具有层次定义的维表。

电商销售数据分析是农产品电商研究中的重要分析内容，图 12 是面向销售多维分析的主题数据库包含的事实表和维度表。其中商品类别维度、时间维度以及地理维度是具有层次关系的维表。

定义上述数据立方体并部署到 OLAP 服务器后，研究者可方便利用数据仓库提供的数据分析工具在多维数据上进行上卷、下钻、切片等操作来探索数据中蕴含的规律。图 13 与图 14 分别显示了重庆产农产品在 2016 年前 3 季度的销售情况分析的数据透视表和数据透视图的示例。

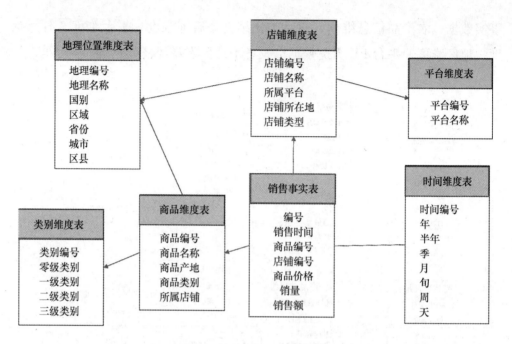

图 12　农产品销售数据立方体

Product Geography 地理位置	重庆市										
Sale Amount	列标签										
	⊟2016										
	⊟1			1汇总	⊟2			2汇总	⊞3	2016汇总	总计
行标签	1	2	3			4	5	6			
⊟非生鲜	14820140	6043968	18188701	39052809	16802566	36770274	40520827	94093667	118733456	251879932	251879932
⊞茶叶及饮品	560266	401174	473377	1434817	392926	2217700	4353632	6964258	8573894	16972969	16972969
⊞干山货	3328	448	60189	63965	21222	2988523	2610371	5620116	5625626	11309707	11309707
⊞火锅底料	8126475	2805543	3475752	14407770	2975416	2748475	3137948	8861839	10976470	34246079	34246079
⊞粮油及其制成品	350722	167776	183027	701525	200757	4722465	5420628	10343850	18897415	29942790	*29942790
⊞休闲食品	306597	196771	8469754	8973122	9349186	17539864	18744944	45633994	52786130	107393246	107393246
⊞腌腊食品	150369	117207	43712	311288	32383	24821	25300	82504	105392	499184	499184
⊞药材	1121	532	1453	3106	3241	38376	17071	58688	51647	113441	113441
⊞佐餐调味	5321262	2354517	5481437	13157216	3827435	6490050	6210933	16528418	21716882	51402516	51402516
⊟生鲜	3266345	1004541	2248907	6519793	2036733	5238340	5717617	12992690	13874305	33386788	33386788
⊞蛋	31712	34518	32679	98909	187960	165993	725663	1079616	224524	1403049	1403049
⊞奶						181851	112148	293999	338097	632096	632096
⊞肉	1656494	572450	547661	2776605	719061	3281069	3750135	7750265	9797169	20324039	20324039
⊞蔬菜	21230	8757	21277	51264	14855	810843	820641	1646339	2519583	4217186	4217186
⊞水产	256	1029	892	2177	1152	138729	139726	279607	398998	680782	680782
⊞水果	1520194	366894	1610599	3497687	1086458	616263	123417	1826138	364922	5688747	5688747
⊞天然蜂蜜及副产品	36459	20893	35799	93151	27247	42595	46884	116726	231012	440889	440889
⊞鲜花绿植				0	0			0	0	0	0
⊞Unknown	363	4422	3851	8636	5460	3679	4542	13681	1213023	1235340	1235340
总计	18086848	7052931	20441459	45581238	18844759	42012293	46242986	107100038	133820784	286502060	286502060

图 13　重庆产农产品 2016 年前 3 季度的销售数据透视表

图 14　重庆产农产品 2016 年前 3 季度的销售数据透视图

（三）农产品电商数据挖掘分析

1. 农产品销售组合分析

商品之间相关性是指商品在电商销售过程中并不是孤立的，不同商品在销售中会形成相互影响关系，但是这种关系往往隐藏在数量庞大销售数中，需要借助数据挖掘方法来发现商品间的相关性。FP-Growth[①] 是最为常用关联规则分析算法，可以用来挖掘商品之间存在的相关性。

我们从农产品电商销售主题数据库中提取月均销售排前 1000 名店铺在线销售商品的二级分类数据。其部分示例数据如表 2 所示。

表 2　　　　　　　　　　　部分店铺销售的二级分类商品数据

店铺名称	在售的二级分类商品列表
××超市	下饭菜，凤爪，天然蜂蜜，柑橘，榨菜，橙子，海椒，牛肉，牛肉干，调料，重庆火锅底料，香辣酱，鸡肉，鸡蛋
重庆××味	佐料，冬菜，凤爪，味精，大头菜，姜，怪味胡豆，排骨，朝天椒，核桃，桃片，榨菜，汤料，炖料，点心，牛皮糖，牛肉，牛肉干，牛肉粒，甜面酱，竹笋，米花糖，糖，羊肉，肉片，腊味，腊肉，芝麻，芝麻杆，花椒，花生，花生酥，蒸麻粉，蚕豆，蜂蜜，调料，豆类，豆腐乳，豆腐干，豆豉，辣子鸡，酥脆，重庆土特产，重庆火锅底料，金针菇，零食，饮料，香油，香菇，香酥鸭，鸭肉，鹅肉，麻花

① Han J., Pei J., "Mining frequent patterns by pattern-growth：methodology and implications", *ACM SIGKDD explorations newsletter*, Vol. 2, No. 2, 2000, pp. 14 - 20.

店铺名称	在售的二级分类商品列表
××果园	橙子
××汇	韭菜，鱼制品，鱼皮，鸡肉，黄喉
四川××调味	下饭菜，卤料，咸菜，小面，怪味胡豆，方便面，榨菜，泡菜，海带丝，米线，粉丝，红油，腌菜，花椒，菜丝，菜头，萝卜干，蚕豆，调料，豆腐干，豆豉，酸辣粉，重庆火锅底料，香菇，香辣酱，麻花

FP-Growth 算法分析中的最小支持度和最小置信度参数分别设置为 0.07 和 0.8，算法获得了以下关联规则：

［花生，凤爪］ = > ［笋子］，0.85

［花生，豆腐干］ = > ［凤爪］，0.92

［猪皮］ = > ［笋子］，0.82

［猪皮］ = > ［凤爪］，0.96

［花椒］ = > ［重庆火锅底料］，0.92

［豆腐干，笋子］ = > ［凤爪］，0.91

［花椒，重庆火锅底料］ = > ［调料］，0.81

［榨菜］ = > ［重庆火锅底料］，0.83

［花生，笋子］ = > ［凤爪］，0.90

［花生］ = > ［凤爪］，0.84

［调料］ = > ［重庆火锅底料］，0.94

［花椒，调料］ = > ［重庆火锅底料］，0.96

［猪皮，笋子］ = > ［凤爪］，0.98

［猪皮，凤爪］ = > ［笋子］，0.84

其中关联规则"［花生，凤爪］ = > ［笋子］，0.85"的含义是如果一个店铺销售"花生和凤爪"，那么该店铺销售"笋子"的概率为 0.85。

本应用案例仅分析了排名靠前店铺的二级分类商品的销售组合模式。在实际研究过程中可以根据需要，按照地区、销售额、店铺类型以及所在平台等条件筛选店铺来分析特定条件下农产品的销售组合模式。

2. 农产品店铺聚类分析

店铺是农产品电商中市场主体，其典型的经营状态是研究者较为关心的问题。但在缺乏先验知识情况下对大量店铺进行分组并总结典型的特征非常困难。聚类分析不需要任何先验知识，能够根据对象属性的某种相似性指标定量计算对象间的亲疏关系，并按这种亲疏关系程度分组。因此聚类方法非常适用来对店铺进行分组分析。以下简要说明应用划分聚类算法 K-Means[①]对重庆农产品店铺进行分组分析的主要步骤和结果。以下聚类分析使用了店铺的月均销售金额、月均销量、月均 SKU 数量、销售商品均价等属性数据。表 3 给出了部分重庆的农产品店铺销售的样例数据。

表 3 部分店铺销售数据

公司序号	月均销售额	月均销量	月均 SKU 数量	商品均价
1	1088	16	1	68
2	2680666	409589	116	35.91
3	0	0	1	28.8
4	954.38	21	6	58.05
5	0	0	1	10
6	2776.29	18	1	192
7	48.86	1	1	35.14
8	1444.1	130	2	11.25

由于店铺不同属性之间数据取值范围变化差异巨大，需要对数据进行规范化处理以提高聚类分析结果的质量。在本应用中，直接使用数据挖掘工具 Weka[②] 平台提供的数据规范化（Nomalize）方法进行处理，将每列数据取值

---

① MacQueen J. , "Some methods for classification and analysis of multivariate observations", *Proceedings of the fifth Berkeley symposium on mathematical statistics and probability*, Vol. 1, No. 14, 1967, pp. 281–297.

② http：//www. cs. waikato. ac. nz/ml/weka/.

规范为 [0，1] 内的取值。规范化后的数据如表4所示。

表4　　　　　　　　　　部分规范化后的店铺销售数据

序号	月均销售额	月均销量	月均 SKU 数量	商品均价
1	0.000436	0.000164	0.011287	0.193425
2	0	0	0	0.033044
3	0.00351	0.000697	0.009029	0.262684
4	0.000075	0.000023	0.051919	0.253238
5	0.001595	0.001081	0.020316	0.101636
6	0.004007	0.007771	0.031603	0.101936
7	0	0	0.004515	0.033511
8	0.000255	0.001136	0.004515	0.036382

　　Kmeans 算需要设置聚类簇数量，本应用中该参数值为5，即将店铺划分为5个分组。聚类算法的结果如表5所示，其中所占百分比是指该店铺分组的百分比。其他属性是指这些分组的聚类簇中心点，即该分组的典型店铺对应的属性数据的取值。例如对于分组1中的店铺数量占总数的24%，该组店铺的月均销售额为13899.12元，月均商品销量为781.23。聚类分析可以将大量原始数据浓缩为少量的几条数据，研究者能更容易地把握数据分布特点，并从中发现其中蕴含的模式。

表5　　　　　　　　店铺按照销售数据进行 KMeans 聚类的结果

分组名称	所占百分比	月均销售额	月均销量	月均 SKU 数	商品均价
分组1	24%	13899.12	781.23	10.56	46.78
分组2	21%	2895.16	83.97	3.56	88.62
分组3	10%	2104.39	36.89	3.84	140.40
分组4	5%	5174.17	78.39	6.08	228.71
分组5	40%	2560.69	213.58	5.81	16.88

五　小结

农产品电商研究需要的核心数据需要定时、长期跟踪大量电商平台的交易数据，从而分析大量市场主体运行状态、演变规律和发展趋势。基于"众包"模式的大数据采集方法、多种模式页面搜索方法、网页数据提取转换方法、大数据存储管理、多维数据仓库以及数据挖掘等大数据方法，不仅为农产品电商研究提供各种基础数据，也为研究者深入把握和理解海量数据提供了支撑性作用。

当然，目前数据分析和处理技术是采用定制开发程序方式来满足研究者的需求。为了进一步提高电商研究者的工作效率，更理想的方式是采用大数据智能方法，为研究者提供自助式数据探索、挖掘和数据可视化工具。

参考文献：

[1] Science. Special online collection：Dealing with data. http：//www. sciencemag. org/site/special/data/, 2011.

[2] T. Hey, S. Tansley, K. Tolle, "The Fourth Paradigm：Data-intensive Scientific Discovery", Microsoft Research, 2009.

[3] 沈浩，黄晓兰：大数据助力社会科学研究：挑战与创新，《现代传播—中国传媒大学学报》，2013，35（8）：13 – 18

[4] Han J, Pei J. Mining frequent patterns by pattern-growth：methodology and implications [J]. ACM SIGKDD explorations newsletter, 2000, 2（2）：14 – 20.

[5] MacQueen J. Some methods for classification and analysis of multivariate observations [C] // Proceedings of the fifth Berkeley symposium on mathematical statistics and probability. 1967, 1（14）：281 – 297.

重庆农村电商产业发展中
农村公共物流体系匹配发展思路
——以重庆市秀山县为例

许玉明　王一钢　陈义鹏[*]

在国家大力发展农村经济的政策支持与引导下，以互联网为切入手段，发展农村电商，以此加快农业发展和提供农村生产生活服务，促进"三农"发展。这一发展过程中，农资和工业品从城市进入农村，农产品进入城市，农村物流的配套是关键。

当前进出农村物资主要以自营和单向为主，第三方物流份额小、分散，导致物流较城市非农产业成本高的严重问题。据相关报告分析显示，农业的物流成本占据农业增加值的18%左右，较非农产业高出14%左右，严重制约着农业经济效应。

《关于加大改革创新力度加快农业现代化建设的若干意见》指出了在中国经济新常态下，着力发展农业将成为下一步工作重点，农业的发展必将转变传统的农业经济形式，我国对农村物流的发展给予了高度重视和支持，强调要加强农村基础设施建设，进一步健全和完善农村流通体系，加快建设适应现代农业和农村发展要求的物流产业。基于这个大环境，我们需要构建农

---

　*　许玉明，重庆社会科学院城市发展研究所所长、研究员；王一钢，重庆三果云科技有限责任公司副总经理；陈义鹏，重庆三果云科技有限责任公司现代物流事业部经理。

村电商发展中农村公共物流体系匹配发展思路。

一　农村县域物流现状及问题

（一）农村县域物流现状

1. 大宗物流发展基础良好

秀山县位于重庆东南，与贵州、湖南交界，无论土地供应条件，还是区位条件，都是发展物商贸物流的理想之地，秀山成为周边各县的物流集散中心；同时因为历史上县域锰矿产业发展，促进秀山县第三方物流发展良好（见表1）。

表1　　　　　　　　　　秀山县三方物流企业情况

品类	物流园区（含零担）	园区外	车辆类型（含闲散车源）		
			大型	中型	小型
物流企业	75（30）	46			
车量数量			214	20	1143
主营业务	锰矿、钢材、大宗商品				
铁路专运	1	钢材			

2. 快递物流发展迅猛

随着电商产业不断发展，快递物流迅速成长。四通一达快递物流企业服务迅速向区县扩张，形成农村的快递物流新格局。秀山县在电子商务进农村示范县工程中，快递物流乡镇覆盖率90%，已经达到全面覆盖的基本水平（见表2）。

快递物流成长过程是随物流量逐步增加而成本逐步降低的过程。为实现电商产业与物流的匹配发展，秀山电商孵化园对农村电商企业引进与推动，县域电子商务得到了稳步的发展，促进了快件量的增加，形成了跨产业联动效应，降低了物流运行成本，首重的基本单价逐步下降，农村快递物流的经济性逐步上升，反过来促进电商产业发展。

表2   **秀山县快递企业情况**

主体企业	网点数	运转周期	覆盖区域
韵达	16	每天一次往返	石耶、龙池、清溪、中和街道、官庄、洪安、石堤、梅江、平凯、峨溶溶溪、乌杨街道、中和武陵西路、迎风街道、中和商贸中心、秀山县公司
圆通	15	每天一次往返	清溪镇、平凯镇、梅江镇、孝溪乡、石耶镇、钟灵镇、洪安镇、龙池镇、溶溪镇、峨溶、官庄、雅江、石堤
中通	13	每天一次往返	县城、石耶、官庄、孝溪、清溪、峨溶、溶溪、龙池、洪安、雅江、梅江、钟灵、兰桥
顺丰	13	每天一次往返	中和、隘口、官庄、洪安、兰桥、龙池、梅江、平凯、清溪、溶溪、石耶、溪口、雅江
申通	5	每天一次往返	县城、官庄、平凯、梅江、清溪

3. 专业电商物流建设同步跟进

菜鸟物流采取县域加盟模式，加盟商提供车辆，服务对象只能专营淘宝配送业务；根据网点情况、实施线路划分沿途收发件业务，三年返还车辆投入，按照里程支付加盟商费用（见表3）。

经过一段实践运行，淘宝的业务达不到预期规模，因此逐步打破淘宝原有封闭运行的业务模式，对外开放物流业务，为电商物流提供共享服务打下基础。

表3   **秀山县电商物流调查情况**

主体企业	网点数	车辆数	
		县城	乡村
菜鸟物流	46	2	27

4. 客运体系全面建成，为客货一体发展奠定基础

基于国家农村公共服务体系建设的发展，秀山县客运物流体系全面建设，秀山县农村客运达到乡镇覆盖100％的水平（见表4）。基于农村客运频度要求加密和农村客运量逐步降低，同时农村货运物流严重短缺，成本过高的具体情况，国家开始实施客货一体发展。秀山的客运体系全面建设，为响应这一战略打下基础。

表4   秀山县客运资源调查情况

客运公司	车辆数	班车线路	乡镇覆盖率	客位数	备注
1	422	73	100%	7665	线路省20、县7、乡镇46
公交公司	车辆数				
1	67	城区运转			
出租公司	车辆数				
2	220	城区与城乡运转			

（二）农村物流发展普遍面临的问题

1. 农村物流与农村电商形成相互制约

按照测算，大宗物流要达到10吨/车以上，小件快递物流要达到20件/天·村，才能达到物流服务盈亏平衡。

农村，特别是远郊地区农产品生产与市场需求信息对接十分困难，导致农产品大宗物流和快递物流需求严重不足；需求不足带来物流服务成本相对较高；成本较高由反过来制约农村产品市场化（包括电商化）。

2. 人口密度低、区域面积大，物流成本高

以城口县为例：城口县区域面积约3290平方公里；农村每平方公里人口密度不足30人；城口县共23个乡镇，距离县城里程在30公里内的只有7个乡镇，里程在30—50公里9个乡镇，里程在50—80公里7个乡镇，乡镇距离县城平均里程是42公里。通过以上数据可以看出，物流里程油耗成本与农村人口密度产生的商品流通需求完全不成比例，致使电商物流成本居高不下，物流企业运行困难。

3. 农村进出物流量不匹配

目前农村的实际情况是进多出少的格局。目前基本处于进：出＝1∶3的状态，进出量不匹配，严重影响农村的物流产业运行效应。

4. 农村快递物流企业聚集，但是公共物流服务发展缓慢，资源共享能力差

以秀山为例，分拣中心集中，运力由各个物流企业建设，服务网点由各

个物流服务企业自行组建。其中存在网店交叉重复，运力浪费，可整合性较强的基本情况。行业整合意愿强，但是整合的机制还没有建立起来。

5. 农产品单位体积普遍重量轻、单位重量农产品价值低对农产品物流制约严重

物流成本里面的比如油耗成本是市场固定的成本比例，不会因为货物的类型改变而改变。农产品主要是生鲜产品，单位体积普遍重量轻和单位重量农产品价值低是农产品物流的重要障碍。

6. 农产品具有易腐性、季节性，农村物流经营难度大

与工业品相比，农产品具有生物属性，容易腐烂变质。农产品是自然的产物，具有季节性和周期性。农产品的自然属性对其运输、包装、加工等提出了特殊的也是更高的要求，经营农产品设施要求高，及时性要求强，物流风险较大。

7. 物流基础设施有待完善，物流技术装备有待提升

物流的运输、包装、装卸搬运、流通加工、信息处理等每一项功能的实施，都与物流的基础设施和物流技术水平有关。

没有与本地农产品相适应的冷藏设备，鲜活农产品就难以运输、加工等实现其价值；没有科学的工艺和技术，农产品就难以实现加工增值。大多数农业县，没有公共的信息平台，物流供需端不能形成有效匹配与对接，运输供需半径受到严重的制约；形成有车无货、半车运输、车辆返空等情况，促使物流成本进一步增加。

8. 物流人才短缺

当前在整个物流产业中非常缺乏真正了解农村发展现状、熟悉农村物流特点的专业人员，缺乏良好的政策扶持环境，缺乏对农村物流资源进行有效的整合规划。

9. 县域物流园区的综合运营能力局限

县域通过组建物流园区，集合物流供需资源，以此来形成批量运输，降低运输成本。但是，物流园的建设需要庞大的资金与科学合理的规划，许多

物流园盲目求规模，不结合自身区域的需求，分区不合理，功能组建不匹配，导致建好后大量闲置，引进企业后，无法满足企业在运营过程中的功能需求；在管理上，没有做到资源整合，而是简单的资源集合，无法改变企业原有的状态；在实际基础建设中，过多的硬件投入，忽略了软件系统的匹配、信息化的建设。

10. 实现县域电商与县域物流的匹配发展，县级财政产业培育成本压力较大

实现县域电商与县域物流的匹配发展，有非常严苛的成长过程。在培育电商过程中，匹配发展县域物流，就存在一个系统培养过程。这个过程需要政府准确规划发展路径，发展时间，并提供发展成本。实则是对县政府提出了较高要求。秀山县面对这一任务，满足这些要求，基本起到了电商产业发展的政府先到作用。

二　农村物流发展整体解决思路

农村物流发展整体解决思路是：建立农村电商与农村现代物流的相互促进关系，即通过农村电商发展，提高物流需求总量，促进农村物流产业发展；农村物流产业发展，保障农村电商发展需要。在物流产业发展中，通过整合县域为单元的物流行业资源，建立公共物流体系；通过政府提供制度成本，促进农村公共物流体系运行尽快成长并达到规模经济效应；通过县域物流基础设施建设，完善物流公共资源配置。

三　农村物流发展战略重点

（一）建立公共物流体系

公共物流体系是农村物流的社会化进程演化，分为三个发展阶段，逐步形成县域龙头企业带动县域第三方物流发展格局。

1. 物流商业合作阶段

根据县域实际情况，通过与客运企业或快递企业运量整合，运力重组，形成县域基础运力网络覆盖，逐步打通乡镇、村的物流线路；增加客运企业收益或快递线路集合，增加运载量，形成双赢。

2. 物流联盟阶段

在物流商业合作基础上，开发商贸、工业、农业型企业物流业务需求，设置利益分享机制，通过三方物流与社会运力加盟填充运力缺口，发展农产品对外运输业务以及工业品下行业务，形成双向物流业务资源整合，逐步发展成物流龙头企业带动物流业发展的格局。

3. 公共物流体系阶段

在物流联盟的业务持续发展过程中，置入公共物流信息技术支持，建立公共物流信息平台，通过移动终端的 APP 的便捷化工具，使社会物流供需信息互通；对外链接县域外部物流信息平台，对内形成信息循环交互，发展为干线运输、同城运输、农村快运"三域一体"的物流生态圈（见图1）。

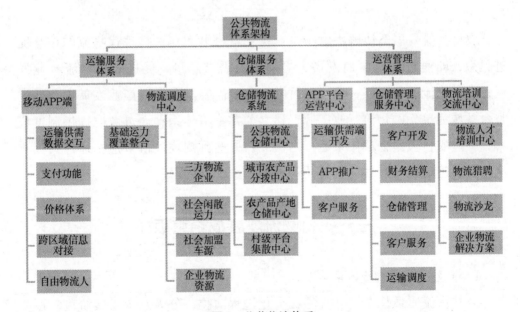

图1 公共物流体系

（二）完善物流基础设施建设，打造公共配套体系

1. 建立县域仓储服务中心

仓储服务体系，以服务为核心，集合仓储需求企业，壮大集合性体量优势，通过现代物流手法管理仓储各环节；最大化降低仓储成本、降低存储环节损耗、降低因仓储分散而造成的运输成本。

2. 建立运输调度服务中心

整合物流供需资源，促成供需资源对接；整合县外运输资源，形成干线运输体系，根据运输需求企业梳理线路运输职能，优化运输实效，降低时间成本。

（三）城乡规划一体化、统筹城乡物流站点规划，打造三级物流网络覆盖

1. 首先将农村物流基础设施建设统一纳入到城乡建设规划中，各乡镇的农村物流站场规划也纳入到地方统一规划中

首先要在规划农村物流网点布局时，做到有效的前期控制。其次政府及交通部门应加强政策扶持，培养物流龙头企业；对改造、租赁客运站的物流企业给予鼓励支持；对有意向农村物流市场发展的城市物流连锁超市企业给予优惠扶持；对发展小件快运的客运企业给予政策支持，在建设农村物流站点的时期要做到全面扶持。

2. 根据"政府统筹、市场引导、企业参与"的理念，整合利用已有资源，将农村原有的各类站场资源改造开发成物流网点

集结"农村客运站、邮政所、交管站、城乡连锁超市、粮食收购站、农资配送店"等多种社会已有资源。

3. 发展农村客货一体站

设立为农村物流网点，实现城市与农村物流配送节点的融合；通过乡镇客货同行，将客运货箱增加小件货运，在政府的牵头下，与客运企业合作，发挥道路客运班线密集、便捷、安全的优势，以城乡客运班车和农村客运班

车为载体，建立"小件快运"乡镇网络，形成集信息发布、集货、运输、配送、结算为一体的农村小件快运物流体系，实现农村物流的"门到门""当天件"的服务。

（四）搭建农村物流信息化网络平台

1. 建立信息化共享平台

政府主导，建立适合农村物流市场便捷性物流信息工具，积极与交通部门配合建设农村物流信息化平台，尝试与国家交通运输物流公共信息平台实现信息共享。

2. 加强物流专业人才培养

帮助"城乡物流连锁超市""小件快运"的物流公司和客运公司不断引进专业技术人才，推广现代化物流技术在鲜活、易腐农产品运输中的应用，加强物流信息化技术培训，完善各企业自有的信息服务中心。

3. 建立共享机制

一是建立物流企业共享机制。由政府牵头将物流网站与各物流企业、客运企业的物流信息中心连接起来，组建农村物流信息化网络平台，并逐步实现与国家物流信息公共信息共享平台的相互链接、信息共享。

二是县里各级行政单元共享机制。在城乡政府、企业统筹规划，建设覆盖县、乡镇、村三级的农村物流信息化平台的前提下，组建农村物流商业联盟，把物流服务由城市延伸到农村，发展农村物流。

4. 推进信息工具运用

仓储、运输环节信息工具的广泛推广与建设：WMS、TMS、OMS 等的广泛使用，降低环节损耗与提升时效性。

（五）整合现有物流需求

重点整合农村信息化进农村、淘宝进村、电商进农村等农村发展项目，提高各个项目的经济性，保障农村工业品、农资进农村的服务质量和产品质量的同时，实现工业品进农村的物流整合。

1. 打造产销一体的"城乡物流连锁超市"，整合工业品进农村物流需求

一是，在城乡经济发展一体化的趋势下，根据农村物流市场的需求，政府应鼓励兼具物流服务功能的城市商贸连锁超市开拓农村市场；二是，按照"市场引导、政府扶持、企业运行、农民参与"的运营方式，重点推出一批有代表性的城乡物流连锁超市品牌；三是，实行"统一管理、统一配载、统一配送、统一结算"的经营管理模式，搭建集"物流平台、仓储配送、运输服务、信息服务"为一体的物流运营体系。

在政府统筹规划城乡物流场站、整合农村已有物流资源的基础上，物流企业可充分利用改造后的物流服务网点作为仓储、中转中心或开设连锁超市，使城乡物流连锁超市网络覆盖乡镇的各个角落。农户只需将自家生产的货物送至附近的连锁超市，由农村物流超市负责集货，及时运送到城市物流超市，再由城市物流超市负责加工包装卖到城市居民手里。这种城乡一体的物流模式减少了不必要的流通环节，实现了产销一体化。同时，农户生产所需的农资用品、生活用品也可以经由城市物流超市运送至农村物流超市，最终送到农户手中，农村物流超市也会将城市物流超市反馈回来的需求信息传达给农户，从而实现了城市农村物流、信息流的双向流通，达到城乡经济一体化、城乡物流一体化。

2. 建立农产品上行的公共商贸服务体系

即通过标准农产品村级商贸服务节点建设、县域农产品商贸服务体系建设和省市商贸服务体系建设，打造标准农产品从基地到市场的综合闭环商贸渠道，促进农产品规模化、渠道化，带动农村农业发展，创造适合农村现代物流产业发展的物流需求（见图2）。

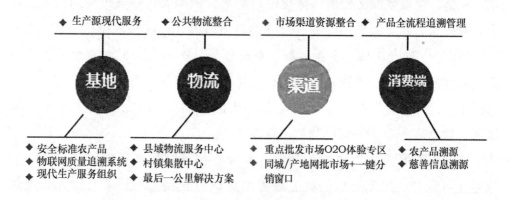

图2　标准农产品公共商贸体系

（六）物流行业文化制度建设，成立县域物流行业协会

一是，集合物流企业组成物流行业协会，提供议事、讨论、合作、发展的导向标。二是，发掘潜力性企业，壮大龙头企业；为会员单位、合作伙伴以及整个行业提供综合服务。三是，规范行业服务，组织实施行业调查和统计，协助政府相关的政策方针法规的制定出台与修改。四是，监督、评审、考核协会成员，促进公平、公正公开的市场秩序的建立，设立专职培训机构，举办各种类型的学术讨论会、报告会、促进流通经济理论水平的提高。五是，举办教育讲座，为企业培训各种专业人员，提高物流产业的队伍素质；在条件成熟时，协会将建立电子商务交易与操作平台，向国内中、小物流企业提供电子化物流服务和信息网络技术支持。

参考文献：

［1］郭凯：《山区特色农产品流通现代化的主要问题与优化路径》，《农业经济》2015年第11期，第129—130页。

［2］卢小丽、成宇行、王立伟：《国内外乡村旅游研究热点——近20年文献回顾》，《资源

科学》2014 年第 1 期，第 200—205 页。

[3] 李亚青：《贫困山区农业信息化建设现状调查与研究》，《农业图书情报学刊》2012 年第 6 期，第 158—163 页。

[4] 冯佺光：《公共选择下的山区农村经济协同发展问题研究》，博士学位论文，西南大学，2012 年。

[5] 王静：《西部绿色农产品物联网结构模式与系统优化——以典型山区农业市商洛为例》，《社会科学家》2011 年第 4 期，第 59—63 页。

[6] 曹立明、平先秉：《后发展山区农产品物流体系构建研究——以湖南省怀化市为例》，《物流工程与管理》2010 年第 9 期，第 49—51 页。

[7] 陈志刚、刘纯阳：《贫困山区农产品物流体系建设——基于湘西自治州椪柑滞销的调查与思考》，《吉首大学学报》（社会科学版）2008 年第 5 期，第 155—159 页。

[8] 黄小晶：《农业产业政策理论与实证探析》，博士学位论文，暨南大学，2002 年。

对山地农产品电商发展的战略
定位与路径思考
——以重庆为例*

王　胜　丁忠兵　李志国　唐　敏

中国全面建成小康社会的最大短板在农村，农村的最大困难在山区。山地农产品电商发展能够将山区小批量和不确定的农产品"小生产"聚集成为产出稳定、规模适度的山地特色农产品供给，有效对接千变万化的"大市场"，较好满足快速增长的绿色化、个性化农产品消费需求，是破解山地农产品卖难现象，补齐山区农业农村发展短板的有效抓手。

一　山地农产品电商发展的必要性与可行性

（一）消费升级和电商扩张为山地农产品电商产业发展创造了有利条件

在消费升级时代，小特优鲜的山地农产品倍受消费者青睐，为山地农产品电商产业发展注入了强大的市场驱动力。告别了短缺时代，我国消费需求呈现出分层化、个性化、多元化趋势，消费者对农产品提出了新的需求。一是消费层次由温饱型向全面小康型转变，消费者要求品种能吃得更多。二是

---

　　* 该文先后分为四期，于 2016 年 4 月 14 日起在《中国经济时报》刊发。

消费品质由中低端向中高端转变，消费者要求能吃得更好。三是消费形态由物质型向服务型转变，消费者要求足不出户能吃遍全球。四是消费方式由线下向线上线下融合转变，消费者要求吃得更方便。五是消费行为由从众模仿型向个性体验型转变，消费者要求吃出品牌。而山地农产品的"小特优鲜"特征正契合了中国消费升级时代需求的变化。所谓"小特优鲜"，具体来说，就是单一品种生产规模和数量较小，不少农产品品类还是山地（往往是某个特定山区）所特有产品，即便是广泛种养的产品，由于山地独特的生长环境使得其具有抗逆、抗病虫害特性，大多为纯天然或近天然产品，品质常常优于同品类非山地产品。此外，山地立体气候所形成的天然错季农产品与贮藏品相比格外鲜活。

（二）电商平台为破解山地农业千家万户小生产与千变万化大市场之间衔接难、对接贵找到了突破口

群山起伏、岭谷纵横、气候复杂、差异悬殊……在这样的地理条件下，分散、零碎、封闭、落后成为传统山地农业生产的基本特征，而这些特征又进一步强化了山地农产品加工、运输、仓储、交易等的难度，进一步加剧了千家万户小生产与千变万化大市场之间衔接难、对接贵的根本矛盾。与传统经济相比，电商平台实现了低成本、跨空间、跨时间的供需匹配，其涉足的领域从最初的图书快速延伸到快消品、日用品，接着又从3C产品扩张到各类工业品，可谓所向披靡、势如破竹。究其根源，正如长尾理论所说，在丰饶经济时代和个性市场条件下，只要供需渠道足够大，众多个性化小市场可汇聚成与主流大市场相匹敌的市场。电商平台供需精准匹配和零边际成本信息传递特征为供需足够大提供了可能：一方面电商平台的农产品供应汇聚能力打破地域和季节等条件限制，为消费者提供了传统商超和农贸市场无法比拟的更多选择；另一方面农产品作为老百姓菜篮子的主要来源，消费频次高，消费群庞大，消费者汇聚能力使长尾农产品精准找到消费者、激活个性消费成为可能。借助电商平台强大、便捷的搜索、匹配、搓合能力，在传统流通体系下寸步难行的山地农产品，不仅能够卖得掉，而且还能卖得远、卖出好价钱。

（三）发展山地农产品电商产业，能让市场这只"看不见的手"在农产品需求这个"快变量"与农业生产这个"慢变量"之间发挥资源配置的决定性作用，推进山地农业的供给侧结构性改革

第一，电商平台及时、高效、互动和零边际成本信息传递优势，将消费升级时代对农产品的口感、品质、安全、个性等不断涌现的新需求信息，传导给农业生产者，推动调整优化种养结构，以市场信息指导农业生产，改变大量农产品过剩滞销而新兴需求长期得不到满足的供需错配现状。第二，订单在消费者与供给者之间直接产生，需求与供给的精准匹配，极大压缩供应链中间环节，降低从"泥巴"到"嘴巴"的流通成本，改变传统农批市场和加工市场供应链流通渠道长、损耗率高、产品渠道加价大的现状。第三，依托电商平台培育山地农产品知名品牌，开展消费者定制和订单农业，有利于稳定市场预期、减缓价格波动，提升农业生产的组织化和规模化水平，提高供给端效率，改变农业生产力闲置、农户家庭经营生产率较低的现状。

（四）发展山地农产品电商产业，通过"线上"的产供销融合打通城市与山区"线下"的空间割据，有助于促进信息、商品、资金和人才在城市和山区的双向流动，助推城乡之间、区域之间协调发展

对山区而言，一是电商通过推动山地农产品"更多、更好、更快"进城，有助于农产品生产者向城市拓展新渠道、新客源和新市场，将绿色生态自然禀赋转变为绿色产品、绿色产业、绿色经济优势，促进现代特色效益农业发展和特色农业示范基地建设；二是通过压缩流通环节成本，有助于促进山区农业增效，农民增收，激发消费活力，改善生活环境；三是通过传递市场信号，打造绿色产业优化区域产业结构，有助于强化山区的生态涵养和生态保护功能。对城市而言，一是通过满足城市居民菜篮子消费升级，增进了城市消费者福利，并通过改变传统供应链布局减少对城市风貌的影响；二是电商推动双向商贸物流体系建设，为工业品下乡创造条件，推动城市制造商贸业发展；三是催生城市与山地农产品电商社会化配套的现代服务业发展，更好发挥城市高端要素集聚的功能定位。

（五）发展山地农产品电商产业，重构农产品产供销价值链分配，有助于增强产业"造血"功能，打赢脱贫攻坚战，推动第一二三产业融合发展，全面建成小康社会

第一，电商平台"去中间化"重构了山地农产品从种养植、采摘、初加工、集货、运输、分拨、配送和服务全生命周期价值链，提升了农业生产者议价能力和农民的价值分配，让贫困山区"种地致富"成为可能。第二，山地农产品电商产业发展的第一二三产业"跨界融合"趋势，催生农产品专业加工、尾箱经济、体验式采摘、参与式种植等新业态，为山区农民、返乡农民工等草根创业创新搭建了舞台，在培育新的经济增长点的同时，推动普惠金融、互助金融、互联网金融等金融资源向农村集聚，增强山区经济发展活力和内生动力，提升当地经济发展的层次和水平。第三，通过电商平台开展商业活动，能拉近城乡居民与市场经济和现代科技的距离，对倡导诚信精神、倡导契约精神、倡导科学精神具有引导作用，还能提高农民文明素质和农村社会文明程度。第四，电商平台打破空间阻隔，推动城乡之间人财物的密切交流，增进城乡思想和文化互动，开拓乡村视野，增强村民适应现代社会的能力，有助于提高乡村治理水平。

二　重庆山地农产品电商产业发展概况

重庆地处西南山区，是我国山地农业发展的典型地区，农业生产的自然条件总体较差，陡坡地、"鸡窝地"多，平坝地、整块地少，人均耕地面积仅 1 亩左右。重庆山地农业的突出特征是：农产品品类较多，但单品规模普遍较小；品质较高，但品牌知名度较低；生产端的销售价格较低，但中间物流运输成本较高。当地农产品生产供给常常是"好的不多"，中高端农产品难以形成稳定的、规模化的本土供给，需要大量从外地购入；"多的不好"，低端农产品销路窄，价格低，"烂市"现象时有发生，农产品供给的结构性矛盾突出。近年，为增加农产品有效供给，带动山地农业转型升级，促进农民增收致富，重庆着力发展山地农产品电商产业，已取得初步成效，为全国山地农产品电商产业发展积累了有益经验。

基于消费者视角和农产品电商实践的考量，本文所指的农产品不仅包括初级农产品，还包括其加工产品。具体而言，包括生鲜类农产品（水果、蔬菜、肉、蛋、禽、水产、蜂蜜）、粮油干货农产品（粮油、坚果、干果、调料、药材等）和农产品加工食品（休闲食品、冲饮等）三大类。为获得重庆山地农产品电商发展的全景信息，课题组通过大数据挖掘技术，利用网络爬虫、数据采集代理等工具对 2015 年度重庆主要农产品电商平台公开数据进行了采集，对数据案例进行了深度多维分析，形成了对重庆山地农产品电商产业发展概况的基本判识。

（一）各类涉农电商平台多元并存发展

农产品电商平台是指利用信息技术，实现农产品交易过程中信息流、资金流、商流一体化运营的电子信息服务平台，是实现农产品电子商务的基本前提条件和核心要素。区别于平台，本文将入驻第三方平台（独立于农产品的提供者和需求者，为买卖双方服务的电商企业）的卖家店铺、卖方自建仅供自用的网络服务平台，视为网店。一般来说农产品电商平台从初级到高级分为电子商情、网上撮合和电子交易三种类型，本文主要研究农产品电商平台中的高级类型——电子交易平台。

近年来，包括淘宝、天猫、京东、苏宁易购、邮乐购等在内的全国知名涉农电商企业纷纷与重庆市及 20 余个区县签订战略合作协议，搭建重庆特色馆、区县馆，开通重庆土特产频道，从农产品销售和集货两端发力深耕重庆农产品电商市场。如重庆忠县引入了北京一亩田、老鸟等农产品电商企业入驻，深入田间地头培训农民运用网络销售特色农产品，并上线了1号店特色中国·忠县馆和邮乐网忠州特产馆。城口县引导本地林之汇公司与引进的安徽神州买卖提公司建立合作关系，充分利用外地电商企业的人才优势和技术优势，逐步带动本地农产品电商的发展。梁平县近年与淘宝、天猫、京东、微商城、顺丰优选、猪八戒网等第三方电商平台进行了全方位合作，引进了超级美味（重庆）生态农业产品电子商务公司建设"超级美味—全球特色优质食材购物商城"。酉阳县与浙江赶街网公司合作，投资1500万元在酉阳新注册一家电子商务企业，建成1个赶街县级运营中心、278个农村电子商务服务站，包装打造5—8个酉阳特色农产品上网销售。与此同时，重庆本土也涌现出了香满园、鲜立达、田园优选、亿农加、天农八部、吉之汇等一大批农产品电商平台，部分本土农产品电商平台逆势突围，发展势头良好。如"重庆农村电商第一县"秀山县，通过打造本土大型电商交易服务平台——云智网商城'武陵生活馆'和引进阿里巴巴电商平台，已形成"180多家农村电商企业+遍布行政村的农村网点+10亿销售额"的农村电商网络。香满园电商平台2014年农产品销售额突破1亿元，被评为中国农产品电商20强。天农八部电商平台2015年销售优质梁平柚超过10000吨，交易额突破5000万元。"农企宝""特产宝"电商平台实现20个省市3000多个名特农产品入驻，2015年销售收入超过1.5亿元。

综合市商委、农委重点监测数据和课题组的网络爬虫数据，目前重庆较为活跃的农产品电商交易平台已超过100个。其中，外来电商平台约占20%，本土电商平台约占80%；综合性涉农电商平台约占40%，专业农产品电商平台约占60%；民营电商平台约占65%，国有电商平台约占35%。注册地在渝东北生态保护发展区的本土电商平台约占43%，在渝东南生态涵养发展区的约占21%，在都市功能拓展区的约占20%，在城市发展新区的约占9%，在都市功能核心区的约占7%。全市农产品电商平台基本形成综合专业互补、市内市外并存、民营国有共生、大中小并进的多元共处发展格局。

(二) 山地特色农产品触网销售初见成效

农产品销售品类丰富程度可以从生产和销售两个维度进行观测和评价，通常而言销售品类比生产品类更为细化。如一个生产品类柚子，对应到销售品类来看，可以细化为梁平柚、琯溪蜜柚等，甚至进一步细分为五公斤、十公斤等不同类别的包装。因此，生产视角的触网品类可以看到供应端的丰富程度，销售视角的触网品类可以看到销售端的多元化和满足客户个性化需求的程度。

近年，随着农产品电商平台的大量涌现和农产品电商发展环境的不断改善，重庆山地特色农产品触网销售取得积极进展。据不完全统计，目前全市有500余种、3万余件山地农特产品实现了上网销售。其中，淘宝、天猫在售重庆农产品达到29481件，京东商城在售的重庆农产品2751件，邮乐购在售的重庆农产品329件，田园优选在售重庆农产品1130件，香满园在售重庆农产品129件，五彩田园在售重庆农产品127件，吉之汇在售重庆农产品89件，亿农加在售重庆农产品70件。

重庆一些知名山地特色农产品纷纷插上"电商"翅膀，卖得更远、更多、更好。如重庆忠县的派森百橙汁、忠州豆腐乳、汤圆粉、忠橙、笋竹等特色农产品已在淘宝、京东商城等知名电子商务平台上的旗舰店销售。云阳的阳菊牌系列菊花产品、云安雪梨、黑绿豆、本地蜂蜜、猕猴桃等特色农产品在淘宝特色中国·云阳馆热销。梁平的张鸭子、谢鸭子、袁驿豆干、福德咸鸭蛋、豆筋、青花椒、富硒黑花生、平川茶叶等农特产品在网上销售取得了较好效果。荣昌的生猪、姜、鹅、蜂蜜等农特产品进入苏宁网站进行线上全国销售。巫溪有300多个本地特色农产品实现了上网销售。酉阳县茶叶、土鸡蛋、蜂蜜等100余种农特产品上网销售。秀山开发上线武陵特产500余款，月成交量1.5万单，200余款产品远销国外。从生产品类视角来看，重庆触网销售有500多类农产品，其中生鲜类农产品销售额占14.7%，非生鲜类农产品销售额占 85.3%。

（三）山地农产品电商市场主体快速成长

近年，在相关政府部门的大力支持和各个涉农电商平台的带动引领下，重庆各类农民专业合作社、农业生产大户、农业产业化龙头企业、经纪人、物流企业及部分家庭农户纷纷触网，充分发挥各自优势参与到农产品电商的各个环节，推动重庆农产品电商市场主体快速成长，并取得了良好的综合效益。

据有关资料显示，目前重庆全市涉农电商主体达 1.6 万余家。据课题组采集的数据显示，2015 年 12 月，在淘宝平台销售重庆农产品且注册地在重庆的网店有 1848 家，其中月销售重庆农产品超过 10 万元的网店有 14 家，如小七陈卤、客来兴巴渝食品店的月销售额分别达到 36.9 万元和 30.5 万元。在天猫平台，注册地在重庆、主营牛肉干的牛浪汉旗舰店月销售额达 190 万元，注册地在重庆、主营肉干、调料、麻花等特色产品的盾皇食品专营店月销售额达 99 万元。

在忠县，2015 年上半年新增农村电子商务经营主体 269 个，建库建档电商经营主体达 2965 家，超过 60% 的新型农业经营主体自建了网站，忠州腐乳、茗兰茶业、洪坊药材、高鹏农业、洋汇农业等涉农企业纷纷上网触电。在梁平，有 4 家农业生产企业和 11 家涉农企业开展电子商务活动。在秀山，有涉农电商企业、合作社、家庭农场 20 余家，农产品电商从业人员 100 余人，年交易额达到 500 余万，实现利润 170 万元。

（四）山地农产品电商物流体系不断完善

农产品的物流体系是农产品电商扎根运营的关键条件。在重庆农产品电商，尤其是生鲜电商快速布局和推进的势头下，重庆农产品电商物流（仓储）依托原有的农村商贸物流体系，进行农产品物流供应链的补链和完善，初步构建起三级物流区域布局体系，为全市农产品电商发展创造了有利条件。

目前，市商委已在全市各区（县）街道乡镇布点建设了300多个"快递下乡"网点，并形成冷链物流四级节点，拥有冷藏车619辆，冷库166座，培育冷链物流企业176家。据市农委调查数据显示，目前重庆物流配送到区县城市实现了全覆盖，有一半以上区县能配送到大部分乡镇，有一半左右区县能配送到少量行政村。

重庆云阳县近年采用PPP模式建设了8000平方米渝东北快递物流分拨中心，购置德国进口智能化仓储设备和20台快递专用车，按照有一定产业基础、交通便利、人口相对集中原则，建设完成41个乡镇电商综合服务站，187个村级电商综合服务点，并将全县38个乡镇分成8条线路，每天定时往返一次，定点投递，定点收件。秀山县整合圆通、申通、韵达等83家快递物流企业，依托武陵现代物流园区30万平方米现代化仓储和全县98家武陵生活馆实体店，组建农电商快递企业——云智速递，实现T＋1、1＋T农电商快递时效和电商快递首重全国3元包邮，初步破解农产品进城最初一公里难题。武隆县2015年建成71个村级服务点、2个镇级服务站和县级运营服务中心，有物流企业（网点）21家，每日进出包裹8000件左右。荣昌区支持韵达快递、邮政等快递企业健全物流网点，实现镇镇设有快递取送点，50余个村实现快递到村，50余个小区配设物流末端公共取送点，年均业务量达500万件，业务收入1600万元，农特产品占出港物品65%以上。黔江区目前有快递企业19家，其中邮政、申通、圆通、韵达已在全区24个镇乡设置了代办点。梁平县有全国连锁快递公司13家，货运物流企业80余家，圆通、汇通、中通等影响力较大的快递物流公司正积极向乡镇发展，进一步拓宽农产品电商渠道。

（五）消费者网购生鲜渐成气候

非生鲜类农产品具有便于运输，易于储存的特性，比较适合电商交易，是目前重庆农产品电商销售的主力军。生鲜农产品由于具有较强的时鲜性、易腐性、季节性和地域性，加上产品交付难以标准化，导致其在网上售卖难度较大。在特色农产品引领"触网"销售的同时，重庆特色生鲜农产品也逐渐迈开网上销售的步伐，逐渐扩大了认知度、提升了认可度。

网络问卷调查结果显示（见表1），83.3%的调查对象尝试或者具有网购生鲜农产品的稳定习惯，只有16.7%的调查对象从未网购过生鲜农产品；在网购生鲜农产品的产地上，选择重庆本地产生鲜农产品的占41%，选择外地和进口生鲜农产品的分别占23%和7.9%。可见，重庆消费者已对生鲜农产品电商有了较高认知度，有相当一部分消费者已形成网购生鲜农产品的消费习惯，未来的市场空间广阔。

表1   重庆消费者网购生鲜农产品的频率及产地

项目	选项	频次	比例
网购生鲜农产品的频率	每天一次	23	1.8%
	每周两三次	45	3.6%
	每周一次	174	13.7%
	偶尔试试	814	64.2%
	从未购买过	212	16.7%
网购较多的生鲜农产品的产地	重庆本地	520	41.0%
	外地	303	23.9%
	进口	101	7.9%
	不清楚	345	27.2%

三 重庆山地农产品电商产业发展存在的主要问题及原因分析

受区位条件、经济发展基础及产业发展环境等多方面因素制约，当前重庆山地农产品电商产业发展也面临诸多困难和问题，突出表现为"三低三少、一弱一差"。

（一）地产农产品触网比例低、品类少

一是重庆农产品上网销售的比例较低。在中国最知名的涉农电商平台淘宝、天猫上，恒都牛肉、奉节脐橙、梁平柚、秀山土鸡蛋作为当前重庆最热销特色农产品，2015 年 12 月的销售额分别是 77.3 万元、49.8 万元、19 万元和 0.16 万元。与之相比较，同期淘宝、天猫平台上科尔沁牛肉、赣南脐橙、琯溪蜜柚、苏北农家土鸡蛋的销售额分别为 900 万元、500 万元、400 万元、2.5 万元（见表2）。重庆四大特色畅销农产品的销售规模要小得多。在香满园、世纪购、商小妹购等重庆本土知名涉农电商平台，2015 年 12 月销售的重庆农产品分别为 49.9 万元、28.4 万元和 1.2 万元，仅占其同期商品销售总额的 2.8%、1.8% 和 7.1%。

表2　重庆部分电商热销农产品与外地同类产品在淘宝、天猫上的销售情况对比

品类	品名	在售商品数量	12月销售额	备注
牛肉	恒都牛肉	609 件	77.3 万	恒都牛肉单价多在 30—40 元/斤，科尔沁牛肉单价多在 90—130/斤。
	科尔沁牛肉	1425 件	900 万左右	
柚子	梁平柚	343 件	19 万	梁平柚 3.7—3.8 元/斤，琯溪蜜柚 7 元/斤。
	琯溪蜜柚	4337 件	400 万左右	
土鸡蛋	秀山土鸡蛋	36 件	0.16 万	秀山土鸡蛋 30 元/斤，苏北农家蛋约 17—18 元/斤。
	苏北农家土鸡蛋	824 件	2.5 万	
脐橙	奉节脐橙	2705 件	49.8 万	奉节脐橙 5 元/斤，赣南脐橙 5 元/斤。
	赣南脐橙	27641 件	500 万左右	

二是重庆农产品上网销售的品类较少。据课题组 2015 年 12 月采集的数据显示，淘宝、天猫、京东等 10 家全国性涉农电商平台在售的农产品有 300 多万件，其中在售的重庆农产品占比仅为 1% 左右。香满园、田园优选、世纪购等 10 家重庆本土重点农产品电商平台在售的农产品有 6000 多件，其中在售的重庆农产品仅 1000 多件，所占比重也仅为 20% 左右。

三是重庆地产生鲜农产品较少上网销售。在中国电商第一平台——淘宝

网上，在售的重庆农产品绝大多数为牛肉干、火锅底料、豆腐干等非生鲜农产品。2015年12月，在淘宝网上销售额前十位的重庆农产品中，只有脐橙、柚子两类是生鲜农产品。在天猫和京东商城上，在售的重庆农产品虽有上千件（2015年12月采集的数据），但基本都是休闲零食、榨菜、火锅底料等非生鲜农产品。在香满园电商平台上，在售的国产水果共有56件商品（2015年7月20日16时45分数据），销量排名前十位的商品中没有一件是重庆地产水果。在鲜立达生鲜电商平台，在售的鲜果蔬菜有22件商品（2015年7月21日15时30分数据），全为进口水果和新疆、陕西等外省区水果，无一件重庆地产生鲜蔬果。

究其原因，主要是由于重庆农业生产资源较为有限，人均耕地面积仅1亩左右，远低于全国平均水平。耕地质量较差，平坝地少，"鸡窝地"、陡坡地多，地块细碎。全市农业生产的规模化、标准化、品牌化程度低，产品知名度和市场影响力弱，造成上网销售的重庆农产品总体规模偏低，品类较少。

（二）本土平台运营水平低、盈利企业少

一是本土农产品电商企业的知名度偏低。据课题组以重庆市民为重点开展的网络问卷调查结果显示，大家网购农产品对全国性电商平台的信任程度明显高于对本土电商平台的信任程度。如天猫、京东商城、苏宁易购等全国性涉农电商平台的受信任程度分别是14.1%、8.7%、6.1%和5.6%，而本土的土优鲜、香满园、鲜立达等知名农产品电商平台的受信任程度分别只有4.2%、2.3%、1.5%，明显低于全国性涉农电商平台。

二是本土农产品电商平台的访问量偏低。据课题组通过alexa获取的网站近仨月日均访问量显示，重庆本土涉农电商平台仅有世纪购和太极养身馆两家平台的日均访问量达到万级，但与淘宝、京东等全国性涉农电商平台相比仍存在显著的数量级差距。奇易网重庆站、商小妹购等六家平台的日均访问量为千级，有四十余家平台的日均访问量只有数百人次，有十余家平台的日均访问量几乎为零，已成"僵尸网站"。曾获2013年重庆市第二届青年农业

创业大赛一等奖的"智慧的餐桌"电子商务平台,由于经营管理不善,已于 2015 年黯然退出。

三是本土农产品电商企业的整体盈利水平偏低。据课题组对重庆虎嗅科技、重庆土优鲜商贸有限公司、重庆易易商电子商务有限公司等 12 家重庆本土农产品电商企业的问卷调查结果显示,有 3 家企业赢利,1 家企业微赢利,2 家企业持平,有 5 家企业亏损,亏损企业多于盈利企业。在我们实地走访调研的几家农产品电商平台企业中,香满园是唯一一家能实现保本微利运行的企业,其他企业都处于试运营和亏本经营状态。

究其原因,主要是当前重庆农产品电商产业发展出现了种种虚热现象。一些地方政府急功近利,盲目扶持,画地为牢。部分本土涉农电商平台企业缺乏深入的市场调研,一哄而上,客户定位不够精准、清晰,对客户黏性不强,网站流量规模过小,加之自身的供应链体系不紧密、稳固,配送体系盲目铺开、人才短缺等问题,导致平台运营水平低,网站技术更新慢,用户体验差,维护成本高,难以突破盈利临界点。

(三)参与发展的市场主体层次低、数量少

一是平台企业总体实力偏弱。经梳理,重庆本土 60 余家农产品电商平台企业的户均注册资金仅有 2000 余万元,部分企业的注册资本仅有十余万元、几十万元。如此弱小的资金实力很难满足企业开展平台建设、平台营销和线下资源整合的资金需求。与此相比较,全国 15 家大型涉农电商平台的户均注册资本超过 12 亿元,其中,苏宁易购注册资本超过 70 亿元,京东商城注册资本超过 50 亿元,顺丰优选注册资本达到 20 亿元,资金实力远高于重庆本土农产品电商平台。

二是入驻农产品电商平台的网店经营者实力较弱。目前重庆入驻各大电商平台农产品网店经营者以个人、个体工商户为主,他们的经济实力、稳定集货供货能力及与平台之间的价格谈判能力普遍较弱,既难以为消费者提供良好的电商服务,自身也难以实现必要的规模经济。据课题组采集的数据显

示，在淘宝平台 1800 余家注册地在重庆的农产品网店中，绝大多数为个体卖家，月销售额超过 10 万元的网店仅有小七陈卤、客来兴巴渝食品店等 14 家。在天猫平台上，销售额前 60 位的重庆农产品电商旗舰店中，只有牛浪汉旗舰店 1 家的月销量超过 100 万元，只有盾皇食品专营店、有友食品旗舰店、恒都食品旗舰店等 16 家的月销量在 10 万—100 万元之间，其余 40 余家旗舰店的月销售额均不足 10 万元。

三是农民发展农产品电商的能力和意愿普遍较低。通过电商平台实现千家万户农业小生产者与千变万化大市场的有效对接是农产品电商产业发展的核心。从这个意义上讲，农民无疑是农产品电商产业发展的最重要市场主体。但目前，受农村自然条件差，从事农业生产的比较效益低等因素影响，重庆留守农村的多是老人和小孩，他们既缺少发展农产品电商的内在动力，也缺少上网营销的基本技能，较大制约了重庆农产品电商产业发展的层次、规模和速度。

究其原因，主要是由于重庆地处西部落后地区，农业发展水平偏低，农村经济社会发展较为滞后，创业创新意识不强，人们的观念转变和能力提升未能跟上山地农产品电商产业发展的进度。

（四）公共监管服务能力弱、产业配套基础差

山地农产品电商产业发展涉及农产品生产、集货、分拣、包装、仓储、物流、配送、营销、售后服务等众多环节，还离不开资金、技术、土地等要素的有效保障，可以说，农产品电商产业发展是一项复杂的系统工程，需要营造一个各类主体有序参与、各个环节协同共进的良好生态环境。目前，受基础条件、经济发展水平和政府公共服务能力等诸多因素的影响，重庆农产品电商产业发展的配套服务体系尚不完善，产业发展环境较差。

一是农产品物流配送的"最初一公里"问题突出。尽管近年政府在农村商贸物流配送体系建设方面花了很大力气，一些快递物流企业也逐渐向农村延伸，但在重庆的偏远农村，农民有货运不出、运不起的问题仍然突出。在

课题组进行问卷调查的 12 家重庆本土农产品电商企业中，有 4 家企业只配送至重庆主城，有 2 家企业只配送至全市城镇。在课题组实地调研的城口县河鱼乡，当地乡上和村上都没有快递物流企业，客户订购的商品需要自己找三轮车或搭班车送到县上，不仅物流成本增加，时效性也很难保证。

二是城市末端物流配送无序竞争。近年重庆不少农产品电商平台企业都想自己买车、自己布点、自己做物流，结果是每个企业的物流规模都上不去，单位成本高，企业难以承受。在实地调研中，据某农产品电商企业负责人介绍，企业目前每单农产品的物流配送成本高达 40—60 元，经营一单亏损一单，致使企业电商平台的交易功能基本停用，活跃用户越来越少。另一家本土农产品电商企业自建了物流体系，但每天仅能配送 2 车、10 余吨货物，难以实现必要的规模效应，维持运营面临较大困难。

三是公共服务体系亟待完善。当前重庆农产品电商产业尚处于发展初期，市场自身的信息传递机制、失信惩戒机制和自我调节机制尚不健全，亟待政府在市场监管、行业信息统计发布等方面加强和完善公共服务职能。目前，重庆虽成立了网商协会和农业电子商务产业发展联盟，但整体力量较弱，尚难以真正发挥行业自律的作用。工商、农委、商委等政府部门虽从自身职能角度对农产品电商产业链特定环节进行了监管，但未能实现全产业链市场监管的无缝衔接和城乡区域的全覆盖。在农产品电商企业的信息采集、数据统计和奖励示范上，目前存在的突出问题是政府部门之间的协调不够，既存在交叉重复问题，又存在缺失漏项问题，全市没有一个部门能提供全市农产品电商发展的权威、准确统计数据。

四是复合型农产品电商人才短缺。农产品电商的运营管理涉及农业、商业、电子信息技术等多个领域，迫切需要懂农、通商、精网的复合型人才。然而课题组在实地调研中发现，重庆农产品电商复合型人才短缺问题十分突出，并在较大程度上制约了产业的较快发展。如一家传统农业专业合作社转型做电商，自己不懂电脑技术，不得不从学校聘请电脑软件设计专业的研究生来负责研发设计电商平台，但由于这些研究生基本没有农业和商业方面的知识和经验，所设计的平台始终难以满足实际需要。另一家农产品电商企业将年薪涨到十几万元都难以招聘到可用的复合型人才，而如此高的薪资水平企业已难以承受。

总的来看，当前重庆农产品电商产业发展的整体水平较低，尚处于初级阶段。其主要特征是：农产品电商交易量低，占全市农产品交易总额的比重不到0.5%，占社会消费品零售总额的比重不到0.1%，农产品电商仅是全市农产品交易的有益补充，农产品电商产业远未成为重庆的主导产业和支柱产业。产业自主发展能力弱，外来涉农电商平台在市场中处于支配地位，本土农产品电商平台知名度低，赢利水平差，广大农产品生产经营者主要依靠外地平台上线销售产品，博弈能力弱，利润分享水平低，面临巨大市场风险。

四　重庆山地农产品电商产业发展的启示

重庆作为我国山地农业发展的典型地区，其在探索发展山地农产品电商产业过程中的出现的一些困难和问题具有普遍性，对于全国山地农产品电商产业发展具有一定启示借鉴意义。概括起来，重庆对全国山地农产品电商产业发展的启示有以下几方面。

（一）重视总体谋划

山地农产品电商产业发展涉及农产品生产、加工、流通、交易、消费、检验检疫等各个环节，并与农民利益、企业利益、政府政绩密切相关，必须要加强总体谋划，妥善处理好各方面利益关系，有序推进。重庆近年在发展山地农产品电商企业过程中出现的平台建设一哄而上、电商企业多数亏损等虚热现象，很大程度上就是由于缺乏顶层设计和总体谋划，一些政府部门之间、区县之间各自为阵，分别支持组建了大量涉农电商平台，但仓储物流等配套服务体系建设又没有及时跟上，各部门对市场的监管又存在脱节，导致产业发展环境较差，平台企业相互之间竞争激烈，彼此都难以发展壮大。

（二）重视发挥规模效应

平台经济的本质是规模。山地农产品本身具有特殊性，往往是好的不多，多的不好。如何解决平台人气的聚集和产品供给的规模化问题对于山地农产品电商产业发展显得尤为重要。只有将生产和消费集聚起来，并形成一定的量，达到一定的规模，实现规模效应，才能降低生产、流通中的成本，做到物美价廉，并对传统农业供应链进行替代或优化。重庆近年在发展山地农产品电商产业过程中，规模问题尚未得到很好解决。一方面是绝大多数自建平台的知名度不够，上网流量和活跃客户达不到足够规模，定单少，每单的物流配送成本高。另一方面是网售山地特色农产品的集货范围偏窄，供货稳定性差，单位产品的集货成本偏高，经营者难以赢利。

（三）重视线上线下互动发展

线上线下互动（O2O）是基于 LBS 位置服务技术，将线下的商务机会与互联网结合，让互联网成为线下交易的前台。山地农产品与一般工业快消品不同，通常缺乏统一的标准和生产周期，单纯的线上推广难以建立稳定的销售供应链，只有线下的充分发展和支持，才能解决农产品的稳定供应问题。因此，山地农产品电商产业发展需要高度重视线上线下互动发展，既要加强平台自身的营销，扩大平台知名度，发挥平台知名度高、与目标用户联系紧密、了解市场等优势来集聚人气和信息，又要加强线下山地农产品集货、运输、仓储、配送等能力建设，实现供给与需求的精准匹配和无缝对接。重庆"香满园"电商平台正是依托线下水果批发市场多年形成的客户资源和品牌效应，实现了线上运营的保本微利。

（四）重视发挥单品引领作用

单品电子商务是基于行业细分，通过平台的聚合与影响，快速掌握优势资源，以单品聚合为特征的第三代电子商务。在当前山地农产品普遍缺乏统一科学的评判标准情况下，单品引领可以在产品的全程监控体系建设、销售数据积累和分析、风险掌控等方面做到极致，是山地农产品电商快速确立品牌、降低成本、占领市场、扩大销售的最优做法。如天猫网上注册地在重庆的牛浪汉旗舰店，通过细分市场，主营牛肉干，月销量可达到190余万元。

（五）重视探索逆向定制模式

山地农产品的季节性和地域性往往导致其供应难以稳定持续。逆向定制通过预售、集体团购等形式可以将分散的用户需求集中起来，根据集中的需求进行山地农产品生产的定制，使农户既可以维持一定的数量生产，保障了收益，又有充分的时间进行准备，保障了产品质量，避免了资源浪费。目前众筹、预购、团购等逆向定制模式在重庆山地农产品电商产业领域迅速兴起，具有快速回收资金、降低产品仓储和物流成本、克服小生产与大市场矛盾等诸多优势，发展势头强劲。

（六）重视推动产业的跨界融合

随着"三网融合＋物联网"、移动商务、"三微"（微博、微信、微店）的快速发展，山地农产品电商正成为涵盖农业生产、加工贸易、电子信息、营销推广、农业观光旅游等众多领域，推动一二三产业共同发展的大平台。近年，重庆依托"村游网"等电商平台和发展"后备箱经济"，实现了市民旅游需求、购买山区原生态特色农产品消费需求与乡村旅游景点供给、乡村山货供给的高效对接，达到了多方共赢效果，是山地农产品电商跨界融合的生动案例。

五　中国山地农产品电商产业的发展理念、发展原则、战略思路及发展路线图

（一）全面贯彻创新、协调、绿色、开放、共享五大发展理念

一是贯彻创新发展理念。从总体看，目前国内外的农产品电商都尚处于起

步、探索阶段，未形成成熟、可简单复制的发展模式，山地农产品电商产业发展既不得不较大程度依赖于自己的探索和创新，也存在较大的创新空间，应特别鼓励相关市场主体立足实际，围绕山地农产品电商产业发展的产品分类、产品包装、集货、配送、营销等各个环节进行微创新，拓展市场空间。

二是贯彻协调发展理念。山地农产品电商产业发展是一项复杂的系统工程，涉及平台建设、营销体系建设、服务体系建设、农业生产等各个领域，必须坚持协调发展理念，全方位推进，为农产品电商发展构建一个相互支撑、协同共进的良好生态系统。

三是贯彻绿色发展理念。基于山地农业基本特征和山地农产品小特优鲜等产品特征，我国现阶段山地农产品电商产业发展要贯彻绿色发展理念，主打绿色品牌，定位于中高端消费群体，充分发挥山地农业的比较优势，错位竞争。

四是贯彻开放发展理念。横向比较，我国山地农产品电商产业发展水平总体较为滞后，缺乏具有较高知名度的山地农产品电商平台、商家和企业。各地在推动农产品电商发展时都应树立开放理念，择优引进全国知名涉农电商平台和经营商户，带动各自的特色优势山地农产品上网销售。

五是贯彻共享发展理念。农产品电商产业是典型的平台经济，需要运营商、服务商、补充产品供给者、消费者等各方主体共同参与，共享平台收益，特别是要建立农民参与农产品电商的利益分享机制，保证农产品电商产业发展不偏离促进农民增收和扶贫开发增效两大目标。

（二）坚持市场化、多元化、本土化发展原则

一是坚持市场化发展原则。无论是本土平台还是引进平台，各地政府都应提供公平竞争的市场环境，让各类平台在市场竞争中优胜劣汰。政府对山地农产品电商产业的支持政策尽可能局限于基础设施和公共服务领域，减少对平台企业、物流企业、生产企业直接的财税支持政策，避免对市场机制的扭曲。

二是坚持多元化发展原则。在平台的区域分布、发展模式选择等方面，应坚持多元化发展思路，鼓励商贸物流企业、农产品加工企业、农民专业合

作社、国企、民企等各类市场主体依托各自在农产品集货、物流配送、销售渠道等方面的独特优势发展山地农产品电商，不断创新运营模式。

三是坚持本土化发展原则。要始终着眼于促进传统山地农业转型升级和带动山区农民增收两大目标，引导山地农产品电商企业将运营重心下沉到乡镇，健全县、乡、村三级物流配送中心，破解山地小特优鲜农产品卖难问题，并倒逼和带动传统山地农业的标准化、规模化、绿色化、品牌化生产。

（三）中国山地农产品电商产业发展的战略思路

基于山地农业的基本特征及重庆山地农产品电商产业发展案例、启示，课题组就中国山地农产品电商产业发展提出如下战略思路：

以山地小特优鲜农产品为主攻方向，以营造农产品电商产业生态圈为统领，充分发挥市场对资源配置的决定性作用与更好发挥政府引导作用相结合，全面整合和优化农产品供应链、价值链，整体谋划、协同推进、分步实施，进一步加快山地农产品电商产业发展速度，着力推动山地农产品电商产业由初级阶段向中高级阶段转型升级，大幅提升山地农产品电商产业在引领山地农业转型升级、助推山区经济发展中的地位和作用。

（四）中国山地农产品电商产业"三步走"发展路线图

第一步，着眼于满足市场个性化、多元化、便捷化农产品消费需求推动山地农产品电商产业发展。发展路线：一是培养平台，引导全国性综合电商平台涉足山地农产品电商领域，大力支持垂直型山地农产品电商平台发展，初步形成多元化山地农产品电商平台格局；二是夯实基础，着力围绕最初一公里和最后一公里夯实产业发展的仓储物流配送基础；三是激发市场，培养山地农产品电商消费热点，将山地农产品电商作为山地农产品流通的有益补充；四是建立规则，推进与山地农产品电商市场监管相匹配的体制机制。

第二步，着眼于引领带动农业农村生产组织方式转型推动山地农产品电商产业发展。发展路线：一是壮大龙头，将一批具有核心竞争力的平台和网店培养为行业龙头，规模效应初显，拓展山地农产品电商平台的发展空间。二是产业补链，着力补充产业链各个环节短板，网店经营者数量快速增加，专业化市场主体大量涌现。三是突出特色，在山地农产品卖得更多、更好、更远的基础上，突出培养发展一批山地农产品优势单品。四是改善环境，在标准制定、行业自律、田头市场、冷链物流、共同配送等领域进一步改善山地农产品电商发展环境。

第三步，着眼于产业集群联动推动山地农产品电商产业发展。发展路线：一是打造巨头，将若干行业龙头打造为行业巨头，引领带动一批上下游市场主体齐头并进，形成以少数全国性山地农产品平台为主导、一定数量专业性、区域性山地农产品电商平台为支撑的垄断竞争市场格局。二是集群推进，核心产业链上下游企业之间，核心种群与关键种群、支撑种群、寄生种群之间形成紧密的合作关系，呈现一体化发展趋势。三是打造品牌，山地农产品电商资源整合水平和价值增值水平提升，倒逼农业转型升级取得成功，打造出一批全国性山地农产品"小特优鲜"知名品牌。四是优化生态，供应链市场主体之间的博弈力量趋于平衡，博弈格局趋于稳定，利益分享更加公平。

六 实施十大战略举措加快山地农产品电商产业发展

（一）制定产业发展规划

按照"接二连三"、整体谋划、协同推进、分步实施的要求，科学制定我国山地农产品电商产业中长期发展规划，明确发展目标和实施路径，提出未来产业发展的思路、原则和重点任务，尤其是要明晰各级政府之间、政府部门之间、政府与企业之间、外来企业与本土企业之间在推进农产品电商发展中的角色定位和着力边界，构建区域协作机制，引导企业有序竞争，错位发展。

（二）启动实施山地农产品电商产业发展示范工程

整合精准扶贫、美丽乡村、乡村旅游、农村电商、农村信息化等专项资金，按照农产品电商产业发展规划，启动实施山地农产品电商产业发展示范工程，在全国范围遴选建设 100 个山地农产品电商产业发展示范县、1000 个山地农产品电商产业发展示范乡镇、5000 个山地农产品电商产业发展示范村。依托山地农产品电商交易市场信号，推动山地农业生产的规模化、标准化、绿色化、品牌化，着力解决山地农产品供给"好的不多、多的不好"难题，培育形成 100 个规模上亿元的山地特色农产品电商知名品牌。

（三）支持开展山地农产品电商行业动态监测与战略研究

支持科研机构、高等院校、政府部门联合创立全国山地农产品电商战略研究院，积极开展山地农产品电商产业大数据的监测、汇总和挖掘，并定期面向公众发布全国山地农产品电商产业发展权威报告，不定期向各级党委政府提供资政报告。支持有实力的山地农产品电商平台企业创建第四方农产品电商平台，为所有山地农产品电商平台企业提供数据报送、资源共享接口，推动山地农产品电商大数据的共建共享和资源的优化配置。围绕跨境山地农产品电商发展中的通关、检验检疫、冷链物流等热点问题，开展战略谋划与前瞻研究。

（四）系统推进山区信息基础设施建设

以偏远山区为重点，支持相关企业加大农村信息基础设施建设投入，扩大农村 4G 网络覆盖范围，提高乡镇农村上网速度。整合山区现有信息基础设施资源，推动三网（即互联网、移动互联网、广电网）五屏（即电脑屏、手机屏、PAD 屏、电视屏、触摸屏）的融合，为农产品生产经营者、消费者提供更便捷高效的信息服务。

（五）优化山地农产品电商人才培训

完善山地农产品电商人才培训的顶层设计，统筹安排培训资源、培训进度，优化培训内容，防止多头培训。采用政府购买公共服务的方式建立培训机构的竞争择优机制，提高财政培训经费的利用效率。加强纪律监督，完善政府培训项目的公开招投标机制，防范政府机构工作人员与培训机构合谋骗取培训经费的行为，确保财政培训经费真正用在刀刃上。

（六）加快构建山地农产品电商标准体系

按照政府指导、行业协会主导、企业和消费者参与模式，加快制定适应电商市场特点的山地农产品的分类体系，并通过下发文件、网站公示、新闻报道等形式将该分类体系公之于众。实施政府专项补贴，引导各个山地农产品电商平台企业都按此体系将所售山地农产品进行归类上架，既方便消费者上网检索购买，也为各个平台的数据汇总、行业数据开发奠定基础。充分吸收企业和民间经验，针对网上热销的山地农特产品推出一批电商企业易操作、消费者易识别的山地农产品品质分等定级标准，减少山地农产品电商产业发展中的信息不对称。

（七）加快完善市场监管体系

加强工商、农业、商业、食药监等政府部门之间的沟通、协作和数据共享，加大对网商出售假冒伪劣农产品、消费者恶意差评、后台数据造假等扰乱市场秩序行为的打击力度，为山地农产品电商产业发展构建便捷、高效、全覆盖的市场监管体系。支持创建全国山地农产品电商联盟，推动相关企业在信息共享、物流仓储、集货配送等方面进行协同合作，优化资源配置。发挥联盟的行业自律职能，通过诚信业主公示推荐和违规业主内部通报、公开曝光、联盟除名等手段构建行业诚信体系，促进整个产业的健康有序发展。

（八）优化产业扶持政策

创设中国山地农产品电商产业发展扶持基金，重点支持山地农产品电商平台建设、配套服务体系建设和复合型人才培养。按照集约、节约利用土地原则，保障各地山地农产品电商产业园区的用地需求，推动相关市场主体入驻园区，集聚发展。加大政策性银行对山地农产品电商产业发展的信贷支持力度，通过财政贴息等方式支持商业银行增加对山地农产品电商相关市场主体的信贷投入，通过担保金补贴等方式鼓励各类金融机构创新开发针对山地农产品电商的金融产品。创办一年一度的"中国山地农产品电商博览会"暨"中国农产品电商产业发展论坛"，在主流媒体开展优秀山地农产品电商平台宣传周活动。支持山地农产品电商平台企业和平台入驻商户通过注册商标、开展品牌推介活动、参与知名品牌评选认证等方式积极创建品牌。

（九）支持建设覆盖城乡的山地农产品物流配送体系

按照政府规划主导、企业参与模式，加快建设省、县、乡、村四级物流共同配送体系和城市公共物流共同配送体系，解决"最初一公里"和"最后一公里"难题。在山地特色农产品重点区域，采取政府补助、社会资本参与、市场化运作方式，加快建设标准化田头市场，完善田头市场的基础设施，配备专用设备，增强田头市场的清洗、分拣、贴标签等农产品初加工功能。依托"万村千乡"市场工程网点、村级综合服务站、供销合作社、村邮点等现有商贸物流节点，形成覆盖所有行政村、连接全部田头市场的末端物流网络。实施乡村物流配送财政支持政策，提高企业参与农产品"最初一公里"物流服务的盈利水平和内在动力。加快实施电商菜篮子计划，支持企业开发、使用具备保鲜功能、可回收和重复利用的菜篮子，降低生鲜山地农产品在配送过程中的损耗和物流配送成本。支持电商物流企业在全市大型社区建设末端山地农产品取送点，在条件具备的社区通过共同投资、收益共享、政府补助方式建设山地农产品电商自提柜，鼓励物流配送企业依托现代信息技术实施共同配送，提高精准配送水平。

（十）加快培育山地农产品电商配套服务产业

着眼于山地农产品电商生态系统的健康发展，加快信息技术、金融、质检、咨询、营销、会展等配套服务产业发展，构建功能完善、互利共生、协同演进的生态圈。依托众创空间，培育一批平台建设与维护、数据分析、网店装修与营销推广、网店代理运营等第三方农产品电商服务企业和团队。推动建设山地农产品食品加工配送中心，培育第三方质量检测市场，发展具有较强公信力和影响力的山地农产品电商评级企业。

参考文献：

［1］夏晓曦，杨正东．农产品电商供应链变革趋势分析与启示［J］．物流工程与管理，2016，38（04）：122－123.

［2］洪涛．2015年我国农产品电商发展与2016年展望［J］．农业工程技术，2016，36（09）：39－55.

［3］陈松炜．发展农产品电商的意义及对策［J］．农业经济，2016，（03）：128－129.

［4］谭本艳，文雅．中国生鲜农产品电商发展的现状与对策［J］．世界农业，2016，（03）：181－184.

［5］郭鸿鹏，于延良，赵杨．电商平台农产品经营主体空间分布格局及影响因素研究——基于阿里巴巴电商平台数据［J］．南京农业大学学报（社会科学版），2016，16（01）：42－48＋163.

［6］周玉涵，杨倩．我国农产品电商发展研究［J］．商，2015，（52）：88.

［7］曹湛．移动电商下的生鲜农产品配送路径研究［J］．农业经济，2015，（12）：131－132.

［8］赵淑芳，单桂娟．浅析农村电商的发展［J］．现代经济信息，2015，（23）：297.

［9］付立政．农产品电商兴起对区域农业发展的启示［J］．管理观察，2015，（34）：28－30.

［10］李逢春，唐端．农产品电商为精准扶贫探路［J］．国家治理，2015，（33）：37－43.

［11］原征，张宝明．跨境电商农产品质量安全影响因素研究［J］．改革与开放，2015，（03）：83－85.

"互联网+"背景下农产品生产
与流通的协调机制研究

杨　果[*]

一　引言

农业生产作为我国的第一产业，事关国家发展和人民生活，意义重大。改革开放以来，尤其是家庭联产承包责任制在农村的推行以来，我国农业发展迅速，农产品产量不断创下新高，为我国的经济建设起到了重要的保障作用。但是，长期以来，"城乡二元结构"，农产品价格过低，质量安全事件频发，流通秩序混乱等因素一直困扰着我国农业的发展，一些学者试图从价格机制、利益分割机制和质量监管机制方面去分析造成上述问题的原因。

在农产品价格形成方面，程瑞芳[①]通过比较不同的市场交易机制，得出结论认为，农产品批发价格、期货价格和集市价格，三者共同调节农产品市场供求关系。王益松[②]认为我国农产品市场定价效率较低，主要缺陷表现在

---

* 杨果，博士，重庆社会科学院副研究员

① 程瑞芳：《我国农产品价格形成机制及波动效应分析》，《中国流通经济》2007年第3期，第22—24页。

② 王益松：《论农产品市场定价机制的缺陷及完善措施》，《农业经济问题》2000年第5期，第43—46页。

农业内部过度竞争，市场结构异化和市场信息的不对称三个方面的因素。张艳①通过分析我国农产品价格机制的演进历程，认为实施农产品目标价格具有其必要性和可行性，并给出实施农产品目标价格政府采取措施的步骤。农产品从生产到消费产业链条的利益分配并不均衡，是导致当前农产品生产和流通参与主体之间矛盾的主要原因，从而影响了农产品生产与流通的协调发展。孙烨②通过分析欧盟农产品流通体制的特点认为，通过重构农产品交易中的组织形态，能够增进交易各方更加公平地参与，保障农户的切身利益。李圣军③利用 VAR 模型对我国农产品流通环节的利益分配机制进行了实证分析，结果显示生产环节利益涨幅不及批发和零售环节，而流通各环节则显示出自我稳定的特点。关于农产品生产与流通中的质量安全问题，耿莉萍④运用生态理论对食品安全的概念进行了剖析，明确其深刻的意义，即其安全应提高到生态安全的层面上；白丽媛⑤认为我国食品市场中秩序混乱是由于生产者、消费者和政府之间存在信息不对称的问题，为了证明其因果关系，引入了委托—代理模型进行分析；进一步从我国的体制特征探寻原因，张永建⑥认为我国农产品在流通领域中存在着严重的二次污染现象，究其原因，我国目前相关的法律法规体系不够完善，监管方面存在严重的制度缺陷，对于农产品质量安全的管理水平较低，相关的技术水平也十分有限。

当前，我国"互联网＋"农业蓬勃发展，以邮政、供销为代表的传统城乡流通网络积极上线发展，以苏宁、阿里和京东为代表的大型平台商积极下沉推进，以生鲜电商为代表的新兴领域专业电商积极探索商业模式，上行下

① 张艳：《新形势下我国农产品目标价格制度建设研究》，《价格月刊》2016 年第 9 期，第 42—46 页。
② 孙烨：《欧盟农产品流通体制的特征及启示》，《调研世界》2003 年第 2 期，第 47—48 页。
③ 李圣军：《农产品流通环节利益分配机制的实证分析》，《农业技术经济》2010 年第 11 期，第 108—114 页。
④ 耿莉萍：《我国微观消费环境状况及对消费者行为的影响分析》，《北京工商大学学报》（社会科学版）2007 年第 1 期，第 97—101 页。
⑤ 白丽媛：《健康食品质量监督体系构建的若干思考》，《黑龙江科技信息》2007 年第 20 期，第 16 页。
⑥ 张永建：《建立和完善食品安全信用体系》，《中国食品质量报》2004 年 9 月 21 日第 4 版。

行双向流通，多元主体良好互动的发展格局正在形成。基于此，本研究将重点放在"互联网＋"背景下，研究农产品生产与流通协调机制，对于促进我国农产品生产领域和流通领域不协调因素的消解，以及对我国农产品产业链乃至整个农业的发展意义重大。

二 农产品生产与流通不协调的主要表现

（一）农产品生产模式与农产品流通体系不适应

当前，我国农产品生产领域主体主要以农户为主，生产规模较小且为数众多，决策分散且随意性较大。但伴随着农业生产方式的革新，新的农产品生产模式开始涌现，农户介入农产品流通渠道的形态也在变化。但是，农产品生产模式与流通体系之间依然表现出极大的不适应性。具体而言，农产品生产模式与农产品流通体系的不适应性表现在三个方面：一是农户的分散性特征降低了农产品流通体系的效率。农户为主体的农产品生产，生产规模小而分散，在与农产品流通体系对接时，必然使得批发商的收购层次增加，多级收购不仅造成流通体系效率损失，相应的流通成本也增加。二是农户小而分散，其抵御风险的能力较弱。但批发商尤其是规模较大的坐地商在农产品市场上相对于农户具有较强的垄断力，致使风险更多地由风险抵御能力较弱的农户承担。

（二）农产品生产模式与流通模式不匹配

现阶段，农户介入流通渠道主要依赖以下几种方式，农户直接与农产品批发商交易、贩销大户收购、"农户—消费者"模式、农户＋龙头企业、农户＋合作社＋龙头企业五种模式，但每种介入方式都有其弊端。作为当前最主要的渠道形态，农户与批发商直接交易这种渠道模式虽然利于农户以较低的成本进入或退出市场，但效率较低，且农户作为交易市场主体，交易规模较小，增加了其作为市场价格接受者的风险。尽管贩销大户上门收购降低了农户的交易成本,但二者存在明显的信息不对称问题,农户利益受损不可避免。农户与消费者直接交易模式虽然在我国较为普遍,但是此种方式农产品的附加值较低,且流通范围有限。"农户+龙头企业"模式是近年来的一种创新,二者通过建立长期的契约关系,降低了交易成本,但在实际操作中,龙头企业面对小而分散的农户表现出力不从心,农户也因为被动接受企业定价而处于不利地位。"农户+合作社+龙头企业"的模式较为理想,却受制于我国农业合作社的发展现状,而且还有合作社与龙头企业"合谋"骗取农户利益。由此看出,农产品生产模式与流通模式匹配程度不高,小而分散的农户一直处于不利地位。

(三)农产品生产与流通利益分割不均衡

农产品生产和流通的最终目的是满足广大居民的消费需求,生产者通过农产品流通体系,向最终消费者让渡农产品的使用价值而实现其价值。但农产品最终售价扣除其生产成本和流通成本在各参与主体之间的利益分配并不均衡。在此过程中,利益分配的多少显然与各个环节参与主体的组织化水平、议价能力等密切相关。从农产品生产体系和农产品流通体系所形成的"生产者—批发商"市场和各级批发商之间的交易市场的市场结构来看,生产者(农户)市场更接近完全竞争市场,其相对于批发商的议价能力较弱,而且农户之间产品同质化严重,使得农产品生产端售卖竞争激烈,因此,在整个农产品生产和流通的产业链条中,农户获得最少的利润也不足为奇,甚至部分地区依靠政府补贴,或政府农产品指导价格才不至于亏本。由此看来,农产品最终利益多被流通领域获取,而较少流向生产领域。批发商通过压价的方式攫取生产者(农户)部分利益,在农产品流通体系内部,利益分配也存在严重的不均衡。农产品流通过程也是农产品价格形成过程,同样也是利益分配过程。各流通环节都会产生一定的成本或费用,同样会给各流通主体创造一定的利润。但是,显然大型批发商,尤其是销地坐地商相对于小型批发商具有更大的议价能力和更高的组织化水平,也会产生更多的规模经济效益，从而获得更多的利益。

（四）农产品生产与流通价格机制产生扭曲

农产品市场价格的形成是农产品供给和需求相互作用的结果。但是，现实中农产品价格则是生产者、消费者、政府和利益各方相互作用的结果，导致农产品生产和流通价格机制超出市场调节的范围而出现扭曲。首先，农产品生产领域生产主体规模小而分散，生产决策随意性大，科学性不高，导致农产品生产效率低下。此外，批发商依据其价格垄断优势，信息优势，侵占农户利益，致使农户利益受损，甚至不能弥补农产品生产成本支出。但我国地少人多，农民对土地依赖性较高，即使亏本生产，仍然有较大的刚性产出。政府为保护农户的利益，出台农产品最低收购价政策和补贴政策，进行市场干预，导致农产品价格并不能真实完全地反映市场供求关系，从而产生扭曲。再有，"哑铃型"的农产品市场结构，导致由生产者到消费者的整个流程中，生产者往往不能获得消费者支付中应得的份额，而流通领域中从事生产或经营活动的大型企业则影响力较大，具有农产品市场定价权，从而获得较高的垄断利润，使得农产品显示价格不能反映真实的市场供求关系。另外，市场信息不对称，也是导致农产品生产和流通价格扭曲的原因之一，农户限于知识水平，信息获取便利性等因素影响，与批发商等专业性不可同日而语，使得批发商相对于农户具有更完全的信息。农产品市场信息不对称通常带来交换过程中农产品价值实现困难，既影响了农户收益，也不能完全反映市场对农产品的供求状况。

（五）农产品生产与流通质量监督机制不完善

缺乏贯穿农产品生产与流通全流程的行之有效的质量监督机制，是农产品生产与流通不协调的又一主要表现。首先，法制不健全，成为农产品生产与流通质量监管不力的根源所在。当前《中华人民共和国农产品质量安全法》和《中华人民共和国食品安全法》立法较早，与当前农产品生产流通的质量监管工作有不适用之处，多部法律之间也产生相互交叉和矛盾。而且，现有法律体系对违法者的惩戒力度明显偏弱，无法达到杀一儆百、从严规制的目的。其次，由于历史原因，我国农产品质量安全监管呈现多头监管、分段监管的格局，农业行政主管部门，工商局，食品药品监督管理局，质量监督检验检疫等均对农产品质量安全负有管理职责。多头监管和分段监管的现状，使得多部门之间职能存在冲突，生产环节与流通环节之间容易出现监管缺位，造成监管盲点，成为农产品质量安全事故多发点。再者，我国农产品质量安全监管多头监管、分段监管的格局，导致各监管部门之间监管职能协调统一存在困难。各部门在制定安全监管标准时，自说自话，难以形成一整套行之有效的农产品质量安全监管体系。例如，目前我国各部门关于无公害农产品、绿色食品和有机食品三种安全农产品采用的标准体系各有不同。此外，我国现有农产品质量安全标准体系未能与国际接轨，实用性不强，覆盖面狭窄，影响了我国农产品走出去的步伐。

三　农产品生产与流通不协调的原因分析

（一）制度设计存在分割与扭曲

农产品生产与流通是农产品从田间到餐桌的两个必要环节，二者紧密联结，不可分离。但现有关于农产品相关政策却将二者分开考虑，未能从产业链的角度进行应有的制度设计，二者仍然是自说自话，重生产轻流通的问题依然存在。具体表现为以下三个方面：一是习惯于使用增加生产的办法解决农产品价格上涨问题，反而引发农产品价格更加剧烈波动。注重农产品市场供求和价格波动的短期调控，缺乏流通领域的长效机制建设。二是制度设计中，对农产品供应链各环节之间的协调、整合不足。现有政策文件中，较少关注农产品供应链的协调整合问题，对于如何引导批发商和零售商成为供应链的核心企业，并发挥重要作用，缺乏相应的政策支持。三是对行业协会、商品协会等流通企业服务组织和参与农产品流通的市场主体多元化缺乏系统的政策支持。当前国家针对农产品生产和流通的政策中，给予农民专业合作社等服务农产品生产的组织高度重视，而对物流配送、信息服务、质量安全和检验检测等服务组织的支持仅停留在公共服务层次，使得相关组织未能深度参与到农产品流通领域的改造和升级中。

由此可见，当前与农产品生产和农产品流通有关的制度设计存在缺陷，无法将农产品生产和农产品流通作为整体进行统一规划，导致了二者制度设计的割裂，使得本应一脉相承，协调发展的同一产业链两个环节出现扭曲，不能真实反映市场的真实状况，造成效率损失和资源浪费。

（二）生产模式呈现粗放型特征

我国农产品生产模式呈现出明显的粗放型特征，尤其在生产前端，这一供应链的最薄弱环节表现得更为明显。一方面，农村土地联产承包责任制下，农户小规模、分散经营的特征，决定了先进生产经营理念和生产技术难以大规模应用，农产品生产的标准化程度较低。尽管近年来农村土地流转政策的改善，使得这种状况有所改善，但受制于我国农村人口多和土地资源性质双重因素束缚，规模化、精细化农产品生产在大多数省份难以施行。

另一方面，农产品生产仍然以初级产品为主，产品的附加值较低，农产品生产产业链后向延伸有限。导致农产品生产端同质化现象严重，竞争更加激烈。为提升农产品产量，过多使用化肥、农药，甚至通过化学药品改善产品外观，不仅给生态环境带来危害，更是影响人民群众的健康。因此，当前农产品生产的粗放型特征，制约了我国农产品的流通，使得生产流通不相协调。

（三）农产品生产与流通信息化程度偏低

尽管我国历届政府对农业生产十分重视，但对农产品信息体系建设投入明显不足，导致农村信息基础设施建设滞后，严重制约我国农产品生产信息化程度的提高。农民对农业信息化认识不足，缺乏利用科技手段实现农产品增产的主动性，也是导致农产品生产信息化程度偏低的重要原因。教育水平普遍偏低限制了农户对现代信息技术的学习和网络的使用，更不用说对爆发式信息的分析判断了。另外，当前农产品信息泛滥，鲜有权威渠道进行农产品产销信息的收集和发布。政府部门掌握的相关信息分布于多个部门，相互之间信息共享困难，造成信息资源浪费。与农产品生产领域信息化偏弱一致，我国农产品流通信息体系建设滞后，导致农产品各流通主体间信息流通不畅。在我国农产品市场上，基本上没有一个具有统一性、规划性和专业性的信息交流平台，各流通主体掌握的信息往往出现"打架"，阻碍了农产品流通体系的发展。再者，农户生产和销售都缺乏科学的信息指导，农产品市场的超前性、技术性和权威性的信息，一般很难及时准确地传递给农民。即使是政府网站发布的农产品信息往往也过于宏观，缺少与生产的有效对接。在一些距离城镇较远的农村、贫困地区和山区，农民获取的信息就更少，所以产销脱节情况非常严重。再加上中国农产品资源本身就存在地域上的不平衡，农产品资源不能够合理配置，一些地方"谷贱伤农"，而一些地方却"供不应求"。

四 "互联网 +"背景下农产品生产与流通的协调机制

（一）农产品生产与流通的利益平衡机制

农产品流通体系包含了农产品相关的各类主体，这类主体参与的目的在于获得合理的经济利润，因此利益协调的前提在于公平和公正。合理的利润分配体现在各类经济主体在投入与产出之间的合理关系上。农产品流通系统中，农户由于生产分散、自身竞争力较弱，通常在整个产业链中处于弱势地位。当前，农户生产经营回报率很低的原因在于农副产品的附加值较低，农业生产至销售过程中很大部分的利润价值在于农产品加工、流通等环节，生产环节所占甚少。因此，农产品生产到流通过程中的利润分配应该以某种形式适当返还给农户。

农产品生产和农产品流通的利益平衡机制可以通过两个途径来实现，一种是建立各种农业产业化经营组织，通过利益返还的形式惠及农民。另一种是政府出面干预，将外溢的经济利润返还给农业生产和经营者。

根据经营组织形式的不同，农业产业化利益平衡机制中的组织关系可以分为两种：契约合同关系和产权关系。契约合同关系是指签订某种合约，通过利益分配过程的设计，将外溢的部分效应返还给农户。在第一种利益平衡的组织形式中，龙头企业为了帮助农民摆脱农产品供应时的不利地位，将农产品集合加工生产，将利润收入再返还给农民。第二种方式是龙头企业给农户提供稳定的销售市场、特殊种子、肥料和农药、技术管理指导和培训，加强农民的种植能力和管理能力，进而间接地帮助农民提高收入。龙头企业在契约关系中返还给农民的利益和利润大小，取决于利益各方对利益分配方式的认知程度，以及各方在获取收益时付出的成本和参与程度的大小。根据产权关系的不同调整可以分为农业合作社、农工商综合体和联营体等组织形式，这些形式根据产权关系的结合，利益各方团结起来，形成利益共同体，将内部交易成本降为零。从利益平衡的角度来看，这些组织形式基本上解决了农业利益外溢到加工、流通领域的问题。

农业产业化的第二种利益平衡机制是通过政府的介入，采用农业支持项目进行二次分配，促使初级产品以及农产品加工的价格提升；通过农业项目的支持，例如科学技术的推广、农业种植管理的培训、种子农业化肥的价格管控、农业保险产品以及农产品价格补贴政策，都可以有效地将农业外溢到社会其他领域的收益重新返回到农民手中，使得农业产业化经营可以获得相对公平合理的社会平均利润。

因此，在农业的比较效益低，农民收入不高的状况下通过引入利益平衡机制，可以在一定程度上改变原来的市场分配机制，比较有效地维护社会公平与社会安定。虽然目前还没达到尽善尽美，但仍然成为了国际社会的主要选择。

（二）农产品生产与流通的价格诱导机制

农产品价格诱导机制是指在市场经济的大环境下，通过价格的调整协调各方经济利益，进而影响农产品的生产经营活动的过程及结果。它包括农产品市场的价格形成机制、价格调控机制以及价格传导机制。

农产品的价格是根据农产品的流转情况而形成的，农产品的价格大概分为三种：农产品收购价格、农产品批发价格和农产品零售价格。农产品收购价格是农产品的供应方（农民）将劳动所得农产品卖给农产品收购商时的价格，这个收购价格的标准由三部分组成：农民的生产成本、土地成本和劳动收入。生产的总成本构成农产品收购价格的基础，是农产品生产过程中农民所投入要素的总成本，包括土地、农产品原料以及劳动力。农产品批发价格是指农产品出售给批发商时的价格，根据批发市场所在层级和地域又可以分为产地批发价、销地批发价、中间批发价等。批发价格由批发商进货成本、流通成本以及利润三部分组成。农产品批发市场是众多农产品生产与需求者汇聚的场所，通过大量卖家及买家的快速交易自发形成的价格，可以相对地反映农产品的供求状况。农产品零售价格是指零售商出售给消费者的均价，零售价格由进货成本、流通成本及利润三部分共同构成。

农产品价格调控机制是指通过对农产品价格的调节，以达到降低价格波动，完善农产品市场机制的政策目的。农产品调控机制的确定应坚持三个原则：一是突出重点调控目标。小麦和稻谷是我国主要粮食作物，其供求的失衡很容易传导至其他品种，应当作为重点调控的对象。二是坚持市场调控的大方向，循序渐进。市场调节机制是我国当前农产品市场调控改革的核心，需尽量减少行政化、粗暴的管理方式。同时，改革不能一蹴而就，应该有步骤、有方法地慢慢改进。三是成本可控。政策实施成本应当低于而非高于其收益，这种收益不仅是指经济收益，还应该考虑粮食安全等因素。

农产品价格传导机制是为了调节农产品主体的利益分配，对农产品价格之间的传导关系进行分析，使农产品生产者收入得到保证，抑制农产品价格市场的剧烈波动，对农产品流通的每一个环节进行调控，有效地稳定整个农产品的市场价格。市场能够对价格快速做出反应，需要三个前提条件：一是面对市场传递的价格信号，农户具有充足的资本购买生产所需的化肥、种子等生产资料。农户能得到季节性或生产性贷款、购买到优良的种子和化肥、有生产技术支持是关键。二是完善市场基本设施，如交通、通信、加工及贮藏等设施。三是完善交易制度，如农产品竞拍机制、价格发现机制等。

（三）农产品生产与流通的全环节质量控制机制

近年来，由于对农产品全产业链的监管不力，农产品的质量问题频繁出现，"毒奶粉""瘦肉精""镉大米"等事件造成了极坏的社会反响，严重影响了消费者的消费心理，扰乱了其日常生活。建立农产品从生产、加工、运输到最终消费的质量安全体系迫在眉睫。通过健全农产品质量安全追溯系统对于确保农产品质量安全具有至关重要的作用。

首先，对农产品的质量搭建可追根溯源的平台机制。该平台应该包括过程监控体系、安全评价体系、信息披露、查询及服务五大部分。过程监控体系是指对农业企业及合作社进行备案，及时掌握监管对象的相关信息。可以实时监测农产品的质量数据，通过对监测数据的分析，及时了解农产品的质量安全问题，防患于未然；通过农产品追溯标签，及时掌握农产品的来源及去向。信息披露体系是指农业企业和合作社可以将农产品的生产档案、农产品供求信息、企业品牌文化、农产品优势等展示出来。信息查询体系可以满足消费者同企业与政府三者之间的合理互动。消费者通过查询体系可以查询到产品生产的基本状况、质量安全信息、生产企业的产品介绍及品牌营销等内容。生产企业和政府通过后台管理，可以充分了解消费者的反馈信息，实现问题的及时沟通与顺利解决。安全评价体系是指从对农产品基本信息、生产过程、政府监督检查、市场认可度四个方面对企业披露的信息进行综合评价。对各个指标制定不同的权重，根据实际情况进行动态评价，保证安全评价指标的实时性、客观性、合理性。信息服务体系是指通过对农产品生产主体的基本信息、产品信息等进行汇总分析，通过时间、区域、品种等进行分析，为不同应用主体提供决策依据。

其次，完善农产品质量安全追溯平台的驱动机制。平台建立后，首要任务就是要有主体加入，上传生产过程信息。可以借助三种方式保障农产品质量安全：一是推进相关方面的立法，以《食品安全法》修改为契机，加快修改《农产品质量安全法》，明确要求上市农产品必须具备可追溯性，否则不允许入市；二是制定标识补贴政策，引入企业按照标准化生产，如实记录过程信息，农产品上市前加贴追溯标识，依据标识使用量和披露信息量进行补贴，甚至作为其他优惠政策享受的前提条件；三是加大追溯宣传力度，创造可追溯农产品的消费需求，从而调动企业的积极性。最终建立强制与自愿双重驱动机制。

最后，完善农产品质量安全追溯配套制度的建立。第一，完善农产品备案机制。农产品供应链上的所有生产经营主体要向当地农业行政主管部门进行备案申请，由政府部门进行基本信息审核，必要时辅以现场核实，以掌握真实有效的基础信息。第二，信息披露机制。建立农产品质量安全追溯信息披露管理办法，要求不同主体根据农产品特点和自身差异化需求，选择不同的披露方式和披露内容，但要求信息要真实可查询。第三，动态评价机制建立农产品质量安全追溯信息评价指标体系，包括产品基本信息、企业基本信息、生产流通信息和监管信息，以及社会第三方认证信息等，引入大众点评、专家意见和政府监督等多方参与的评价机制，其评价结果向社会公开，作为公众消费的决策参考。

（四）农产品生产与流通的全流程风险分摊机制

风险是一种不能够确定损失的状态，由于农业生产的特殊性，其典型的风险具有两个方面：一是从产出到收获期，由于气候的变化、病虫灾害等原因导致农产品产量降低，农户经济收入下滑。二是由于农产品价格的剧烈波动带来的风险，农产品的价格可能会受到国际农产品情况以及国内宏观经济的影响，农产品的价格波动直接造成农民的收入变化。因此，建立以风险分摊机制为基础的风险管理机制尤为重要。根据农产品发生风险的时间，风险管理工具可以分为事前工具和事后工具。事前工具是指，降低由于产量、价格等因素的波动对农户收入的影响，常见的工具主要是远期合约、期货、期权、价格和收入保险等措施；事后工具则是为了防止由于农户收入波动影响到当期的消费以及下期生产的投入，主要工具则是信贷支持，与国家财政支出计划密切相关。农产品风险分散的核心在于期货市场及保险市场的健康发展。

农业保险根据具体保单内容主要分为产量保险、价格保险及收入保险。我国目前主要承保的是对由于自然灾害、意外因素导致的农产品产量损失进行赔付，即产量保险。但是现实中，在农产品产量大幅增加下，农户收入反而下降，因此"谷贱伤农"的状况成为当下农业保险研究的重点。对于农产品价格和农民收入的保障问题，让农民是最终受益者，农产品价格保险和农民收入保险是最直接的方式。按照约定价格，农民可以对农产品价格和自身收入支付保险公司一定保费。按照约定，当农产品价格低于保单内说明的最低价格或者农民收入低于保单内的说明的最低收入时，农民可以要求保险公司进行一定的赔偿，有效保障农民的最终收入和利益。此时，如果农民对价格和收入投保，可以安心进行生产生活，不需要担心农产品的市场价格的变化，以及自己收入的不确定性，此举也可以提高农民生产生活的积极性，但是重点是农民能否接受这类保险，以及保险产品的定价问题。此外，根据是否强制性参加保险，可以分为商业保险及强制性保险。商业保险采取自愿的原则，强制性保险则是从保障农户基本利益出发，必须参加的保险。

期货市场具有价格发现、风险转移的作用，对于规避农产品市场价格风险起着至关重要的作用。农产品需求者可以根据在期货市场上买入相应的农产品，等合约到期后直接交割，从而可以锁定农产品的买入价格，降低未来的买入风险。农产品生产者可以通过期货市场卖出相应的农产品，锁定农产品未来的卖出价格及收入，降低未来卖出风险。此外，通过众多期货投机者的参与，在预期价格较低时买入期货合约，预期价格较高时，卖出期货合约，使得期货市场的价格接近于理论价格，为现货市场农产品的定价提供支持。

五 "互联网 +"背景下农产品生产
与流通的政策建议

（一）提高农户组织化程度，推进农民合作组织的建设

首先，鼓励农户自建及参与各类不同农民合作组织。通过农户之间的联合，可以改变农户自身处于弱势的身份，在市场经济活动中提高话语权。一是加强农民合作组织在农户之间的宣传力度，使农户了解合作组织在降低市场风险、提高收益上的作用。二是培训新型合作组织领导人。加强对农户的培训，提升农户自身素质，培养能够扎根农户同时又能推动合作组织健康发展的人才。其次，鼓励消除地域障碍的行业化、专业性及综合性合作组织的成立。专业性合作组织是指对农产品流通的某个单一环节实现专业化处理；综合性合作组织则是将农产品流通领域各个环节结合到一起考虑的联合体。再次，提升农户自身素质，增强农产品流通领域知识的掌握。当前我国农户教育程度普遍偏低，基本义务教育并未得到全部普及。各地区应该因地制宜加强农户自身基础素质以及农产品物流方面的认识。一是定期或不定期邀请农产品流通领域内专家进行系统性培训，农户采取自愿参与的形式加入并进行相应的考核。二是通过电视、网络等平台普及农产品物流相关知识，增强培训覆盖范围。最后，各级政府应发挥对合作组织的监管职能，规范合作社组织的建立、运行、利益分配等诸多环节。对合作组织建立监控及考核体系，定期及不定期进行检查，通过财政税收等手段对合作社进行约束化管理。对于优秀的合作组织应给予奖励；对于不合规的合作组织在特定期限内勒令整改；对于有困难的合作组织，提高一定的财力、人员培训支持。

（二）积极探索农产品流通现代化模式

首先，积极探索"农超对接"的对接模式。一是在政策上采取积极鼓励的态度，引导"农超对接"模式深入拓展。鉴于"农超对接"在农产品物流

中的积极作用，政策推动方面应该扩大地域范围。二是强化在"农超对接"中合作社的监管，维护农户的基本利益。当前很多合作社行为不规范，存在对农户利益侵占的情况，因此在"农超对接"中应加强对合作组运行、决策等方面的监管。三是要对合作社员工加强培训，建立管理人员的法规意识，普通社员的监督意识。用企业化的管理来约束合作社的发展，建立市场化的交易制度。其次，加快农产品期货市场的建设。期货市场是一个规范化的标准市场，通过发展农产品期货市场，有利于农产品的标准化生产，同时降低农场品市场交易风险。当前情况下应积极培育适应农产品期货市场发展的主体，同时规范期货市场的发展，保证期货市场的平稳健康发展。最后，积极探索浓缩品的电子商务化交易模式。通过 B2B、B2C 等电子交易方式，实现"网上交易、网下配送"的农产品产销对接模式。互联网＋农业的发展模式，可以利用互联网技术在数据分析、信息搜集方面的优势，降低生产者和消费者之间的信息不对称，有效降低农产品的交易成本，省去诸多中间环节，搭建起生产和消费之间的快速通道，提升农产品的流通效率，突破农产品受地域特殊性的限制，促进全国农产品市场的产销统一。

（三）加强农产品流通现代化信息水平，降低农产品流通交易成本

首先，建立农产品流通信息平台，降低农产品信息成本。通过构建农产品信息市场，规范农产品交易行为，有利于农产品交易市场的平稳、健康发展。一是通过农产品流通各类主题的参与建立农产品流通市场信息的收集、发布及共享的信息平台，随时对市场供需状况提出预警。二是建立农产品流通渠道之间的信息平台，实时记录农产品运输状况。三是信息平台的建设需要各级政府财政方面的支持。其次，加大农产品流通基础设施建设的投资力度，降低农产品流通的运输成本。我国地域辽阔，区域之间资源差异很大，农产品长期大规模、跨地域的运输是常态。进一步加强基础设施的建设是减少农产品运输成本的关键。一是建立覆盖全国的农产品流通系统化基础建设工程。基础设施建设主要包括物流配送及道路建设。部分农产品需要建立全

国范围内的物流冷链及仓库，以防止在运输过程中因为长时间的运输产生的物质变质，降低运输过程中的价值损失程度。在农产品生产地加强交通运输的建设，如我国西部地区是一些农产品（如葡萄、哈密瓜等水果）的主要产区，由于运输不畅导致生产的浪费。二是贯彻全国鲜活农产品"五纵二横"的建设。重点需要解决的是"绿色通道"在省际之间的互通、互联，减少省际之间政策差异，提升省际之间农产品流通效率；增加"绿色通道"惠及的品种，建设多条农产品绿色通道。三是各地区应因地制宜制定出适合本地区农产品基础设施政策。重点需考虑政策制定合理性及执行力度，实行专项管理；基础设施建设资金来源以及资金分配问题；基础设施后期维护等。最后，引进先进的农产品流通技术，降低执行成本即监督成本。一是农产品质量追溯系统的构建。将条形码技术为核心的数字技术应用于农产品流通的各个环节，构建起农产品生产、中间流通、最终消费的涉及整个农产品流通环节的信息网络，真正实现农产品质量的可追溯管理。二是集约化技术的大力发展。农产品由于产地的分散，容易造成信息之间的不对称。运用集约化技术，将各类农产品信息集合汇聚到一个信息平台上，可以降低信息不对称造成的损失，提高信息使用效率、同时促进农产品流通市场的顺利进行。三是农产品保鲜技术的发展。部分农产品（如生鲜）本身不宜长期、异地运输，采用农产品保鲜技术可以降低此类产品在运输过程中产生的损耗，减少各方经济损失。

参考文献：

[1] 张艳：《新形势下我国农产品目标价格制度建设研究》，《价格月刊》2016 年第 9 期，第 42—46 页。

[2] 李圣军：《农产品流通环节利益分配机制的实证分析》，《农业技术经济》2010 年第 11 期，第 108—114 页。

[3] 白丽媛：《健康食品质量监督体系构建的若干思考》，《黑龙江科技信息》2007 年第 20 期，第 16 页。

[4] 程瑞芳：《我国农产品价格形成机制及波动效应分析》，《中国流通经济》2007 年第 3

期，第22—24页。

[5] 耿莉萍：《我国微观消费环境状况及对消费者行为的影响分析》，《北京工商大学学报》（社会科学版）2007年第1期，第97—101页。

[6] 张永建：《建立和完善食品安全信用体系》，《中国食品质量报》2004年9月21日第4版。

[7] 孙烨：《欧盟农产品流通体制的特征及启示》，《调研世界》2003年第2期，第47—48页。

[8] 王益松：《论农产品市场定价机制的缺陷及完善措施》，《农业经济问题》2000年第5期，第43—46页。

[9] 车小英：《农产品生产与流通协调机制构建》，《商业经济研究》2015年第31期，第20—22页。

[10] 周丹、王德章：《"互联网＋农产品流通"融合发展研究》，《学术交流》2015年第11期，第166—171页。

[11] 费威：《供应链生产、流通和消费利益博弈及其农产品质量安全》，《改革》2013年第10期，第94—101页。

重庆中药材电商发展路径探索

江薇薇[*]

中药材属于较为特殊的农产品，是中医药产业的源头，农产品电商和医药电商中都能找到中药材品类，因此，中药材电商发展既有一般农产品电商的共同属性，又具有医药电商的特点，同时受到农产品电商政策和医药电商政策双重影响。在人们对于健康问题越来越关注，且健康产业发展由治疗康复向预防管理转型过程中，具有良好防治效果的中药材产业迎来新的机遇。重庆既有优质中药材资源又有中医药龙头企业，且中药材产业发展对两翼地区脱贫增收具有重要价值，因此，本文拟研究在"互联网＋"背景下，重庆中药材电商发展的可行性路径。

一　中药材电商概述

（一）中药材电商的内涵

中药材电商是由互联网催生的在线中药材流通模式，指药材种植户、经销商、中医药生产企业、物流配送企业、金融保险机构、消费者等供应链各环节主体以互联网为基础共享商务信息并进行的中药材商品交易活动。

　＊　江薇薇，重庆社会科学院产业经济研究所副研究员。

通过中药材电商的内涵可以看出中药材电商各类参与主体以互联网为平台共同构筑了开放、协同、共生的中药材电子商务生态系统，从而促进中药材资源快速而有效地配置（见图1）。

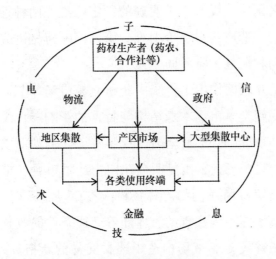

图1　中药材电商生态圈

（二）中药材电商平台的主要模式

目前中药材电商主要有以下几种模式，一种是药农、药店、药企和各级药材市场商户直接在线向消费者出售中药材，分为自营式 B2C 和平台式 B2C，属于在线零售业务；一种是药农、药企、药商之间中药材在线批发交易，分为 B2B 和 O2O 模式。目前，全国较为知名的几家中药材电商分别是药通网、药博商城网、1 药网、珍药材、康美中药网、绿金在线等。

（三）中药材电商的发展特征

中药材电商发展的特征由中药材和中药材市场本身特点的深刻影响，因此在分析中药材电商发展特征之前首先需厘清中药材的产品特点和市场特点。

中药材作为农副产品具有以下产品特点。第一，兼具食品属性、药物性，即传统中的"药食同源"，食物属性使其具有大众消费的特点，而药品属性又使中药材经营受资质要求约束。第二，标准化难度不仅较普通农产品高，较一般标准化医药产品也高。药材颜色、大小、干度、加工方式、产地不同，药材等级区别大，没有一个明确的判定标准，两种性状相同的药材也可能药效完全不同，造成药材定价困难。第三，中药材讲究道地性，来自不同产区的同一种药材药性大有不同。

中药材电商是互联网作用于传统中药材交易市场环节而产生的一种新模式，其发展趋势受到交易市场本身结构与特点的影响。传统中药材交易主要是通过1996年政府批准的17家全国性专业市场（例如西安万寿路中药材市场、兰州黄河中药材市场、云南昆明菊花园中药材市场、重庆解放路等）和众多产区市场、集贸市场（例如吉林抚松人参市场、云南文山州三七市场、甘肃陇西中药材市场等）来实现的。伴随着交通条件的改善和产地配套体系的完善，产区市场替代专业市场构造了药材交易的新格局，形成了由药农、各级商贩、药材经营企业依托乡镇集市、固定市场、门市等从事药材流通。其中重要的一个原因是进行大宗交易的医药企业通过直接对接产区市场，目的在于减少交易中间环节，增加市场透明度，降低市场信息成本、运输成本、违约成本等，从而带动了产区市场的繁荣。据统计，纳入统计的29个大宗中药材品种中，有20个品种在中药材专业市场的交易量呈现大幅下滑态势，而产区市场交易规模持续增长。

基于上述中药材的产品特征和交易市场新格局，结合中药材电商发展的宏观环境，目前中药材电商呈现出以下几种发展特征。

第一，专业性中药材电商平台优势明显。鉴于中药材的特殊性，有些综合性平台还受到资质要求的约束，目前中药材电商综合性第三方平台销售的品类B2C（天猫医药馆、京东医药等）以枸杞、桂圆、贝母、三七等保健食品零售为主，中药材主要销售饮片类产品。专业性第三方平台，如1药网、药通网、中药材诚实通等销售品类齐全，在线药材SKU分别达到25980、33806、22100个（见表1），是中药材电商的主要载体。从销售品类分析可以看出，在各大综合性第三方平台上食物属性越强的中药材销售量越高，参与商户越多，而药性越强的民众自买自服风险大，销售量小，触网商户也较少。由此可见，中药材作为特殊农产品，其在淘宝、京东 B2C 和 C2C 的大规模发展还需要与在线咨询和问诊相结合，而大型药企自营平台（珍药材）或专业性医药电商平台（1 药网）优势突出。

表1　　　　　　　　　　　　中药材电商平台主要模式

平台名称	所属公司	上线时间	运营情况	模式	在线药材 SKU
药通网	亳州市药通信息咨询有限公司	2005 年	药通网目前已在全国各大中药材市场、产区设立办事处、信息站近 300 家，基本实现中药材全品种、全区域覆盖。	B2B	33806
药博商城网	亳州市博药药材信息有限责任公司	2012 年	以药博商城电商发展研究中心、药博商城电商学院、药博商城物流配送中心、药博商城无线业务部、药博商城运行维护中心与中药材电商交易平台共同运行。	B2C	18560
珍药材	九州通	2014 年	2015 年 7 月，上线两个月珍药材平台的交易额突破 100 万元。	B2B	540
康美中药网	康美药业	2011 年	康美药业上线康美中药网，这是一个中药材信息与交易服务平台，提供中药行情、价格、分析、供求、数据、交易等。	B2B	暂无
普网药博园	于四川普网科技有限公司	2015 年	中国大西南地区唯一的中药交易平台，它整合了中药材上、中、下游全产业链资源，另外还与安徽亳州中药交易中心联网互通。	B2B B2C	10787
绿金在线	绿金健康产业集团	2012 年	目前平台拥有 10 万家合作社和种植户，2015 年全平台交易额（GMV）近 600 亿元，约占全年整个中药材原材料交易总额的 10%。	B2B B2C	1260
天地诚实通	成都天地网信息科技有限公司	2012 年	国家商务部电子示范平台。在安徽亳州、河北安国、四川成都、广西玉林等多地开设了分公司或服务站点。并推出了产地直供、仓库现货、外贸平台等特色业务。注册用户 50 万人，累计开通店铺超过 2 万个，在售商品数超过 15 万个。平台覆盖了 1200 多个品种、10000 多个规格。	B2C	22100
1 药网	原 1 号店的医药电商栏目	2010 年	已完成数轮融资，2016 年注册用户超过 2000 万。	B2C	25980

根据网络和数据爬虫资料整理

第二，大宗交易所依赖的产区市场 B2B 品牌效应初现。由于产区市场作用的日益突出，商户与各类中药材消费终端在长期的采购关系中形成了高度信任，加上渠道优势、货源优势等因素，产地供求关系日趋紧密。目前有不少发展态势良好的中药材电商都是基于传统线下业务的有力支撑而促成 B2B 的进一步发展，一般新型市场和商户介入难度大。例如药通网、药博商城网，其所属公司都位于我国著名的药材产区安徽亳州，中药材种植面积占全国的 1/10 左右，依托产区发展优势在全国各大中药材市场、产区发展了中药材电商平台信息站，基本实现了中药材全品种、全区域覆盖。

第三，中药材电商发展对于医药龙头企业的依赖性增强。大型中药材需求企业对于中间批发商户、经销商户环节的回避早于电商平台对中药材产业的介入，其选择自建标准化种植基地而不再依赖于各级批发市场，直接对接药农，这是医药龙头企业运营电商平台的比较优势所在。医药龙头企业选择成本较高的自建基地模式的原因一方面是由于中医药企业对药材道地性的苛刻性要求，另一方面中医药生产的高附加值使大型中医药企业有在资源市场获得垄断型优势的冲动。与道地药材基地建立联系或自身就是道地药材基地建立者使中医药龙头实现了道地药材全国直采。因此，依托龙头企业所搭建的电商平台来带动整个中药材上下游产业链的整合发展成功性大，更易发展成为成熟的中药材电子商务，即形成从生产、采购到交易、配送整个流程的闭环运作，真正实现产供销对接。以康美药业为例，其通过在全国建立的 8 大市场分中心、300 余家产地信息采集点以及康美药业在全国 20 多个城市的物流仓储体系和自身经营的全国最大的亳州、普宁等中药材交易市场，已将中药材种植户、产地经销商直接与中药生产企业链接。

二　重庆中药材电商发展必要性与可行性分析

中药材电商产业发展依托于传统中药材产业的既有基础和条件，在各类中药材线下市场竞争激烈的背景下，互联网给中药材产业发展带来新的不确

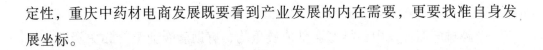

定性，重庆中药材电商发展既要看到产业发展的内在需要，更要找准自身发展坐标。

（一）重庆中药材电商发展必要性

目前，电子商务交易模式在世界商品交易范围内已是大势所趋，消费者习惯已逐渐培养成熟，全国各省市地区都在抓紧抢滩中药材电商的市场话语权。重庆作为重要的药材产区，特别是两翼地区，中药材电商发展对于经济结构性调整的作用不可小觑。

1. 市场信息透明增强产业抗风险能力

传统中药材市场需求具有刚性特征，在一些特定诱因驱动下，一旦某种药物价格暴涨，必然会刺激种植规模急剧膨胀，最终导致价格暴跌。以秀山县银花产业为例，2006 年至 2007 年一公斤银花干花的价格为 200—300 元，当地政府和农户大力推广。三年后（金银花的成长周期为三年）种植户们却发现，金银花产量已经远远超过市场需求，价格暴跌，曾一度到一公斤干花的价格仅 20—30 元。金银花亩产约 80 公斤，如此计算产值还不如水稻，加上采摘成本高，很多种植户只能让其烂在地里。尽管目前市场价格回升至每公斤 100 元左右，但价格波动对于整个药材产业发展造成了冲击。

中药材电商有利于形成全国性的中药材信息集中和发布中心，并建立数据信息库，对中药材产销数据、资源空间分布数据进行分析，向药农、药企、药商提供及时、准确、全面的市场信息，改善中药材标准、中药材价格指数等信息方面不对称、不透明的现状，有助于市场监测预警和引导干预，避免药农和合作社在短期利益驱使下一哄而上、盲目发展，触发发散型蛛网效应，加剧市场波动，有利于中药材产业健康可持续发展。

2. 价值链重构带动中药材产业转型升级

据国研网统计数据，截至 2016 年，在重庆规上中药加工企业 38 家中，大多以中药材粗加工和饮片生产为主，除少数饮片企业实现了规模化生产外，多数企业仍然处于规模小、多而杂的状态，有的甚至是"只走货，不生产"，产值多在千万元左右，产业链升级迫在眉睫。

中药材电商促发中药材产业价值链重构，有助于企业整合相关资源，打造核心竞争力。例如，中药材电商助力中医药生产企业向上游药材种植延伸，减少中间环节，提高效率，为企业获得自给原料，有效缓解生产能力过剩和原材料不足问题，增强企业的市场控制能力。

3. 市场空间扩大促进两翼农户脱贫增收

重庆两翼地区是国家规划的道地药材重要产区，在药材主产区，种植中药材的收入占到农民人均纯收入的 30%—50%。酉阳县近 3 万户通过中药材种植实现脱贫致富；奉节县长安乡依靠中药材种植年收入超过 10 万元的家庭占 30%。两翼农户收入对中药材的依赖性较高，但中药材种植基地往往分布在地形复杂、气候特别的中高山区，受两翼地形所限，集中连片的不多，囿于市场容量、交通信息、技术资本等不利条件，广大药农的经济利益未得到充分保障。

中药材电商提高了药材价格透明度，增强了农户的价格判断能力和市场议价能力，种植风险降低，能使农户获得稳定的收入来源。中药材电商拓宽了药农的销售渠道、扩大市场空间、降低交易成本，帮助供给方和需求方在价格、产品上高效链接，克服两翼地理区位的劣势，帮助中药材产品走向全国性乃至全球性的统一市场。

（二）重庆中药材电商发展可行性

尽管重庆中药材电商还存在诸多困境，但整体趋势向好，发展各类电商平台具有以下优势。

1. 中药材资源丰富，种植基地已成规模

重庆是全国中药材主产区之一，历来是"川药"集散地和加工出口的重要基地，据《重庆中草药资源名录》调查、整理结果显示，现有中药材种质资源 5832 种，占全国药用动植物种类总数的 48%；在全国统一普查的 363 种重点品种中，重庆市分布有 306 种，占 84%；中药材资源蕴藏量 163 万吨。在品种数量与资源蕴藏量上仅次于川广云贵。重庆中药材种植面积达130万亩，年产值30亿元，产值超过5000万元的中药材品种超过10种。重庆中药材不仅资源丰富、历史悠久，道地药材更是品质好、美誉度高。如，渝产金银花不仅产量高，有效成分绿原酸含量达7.79%，在全国含量是最高的；渝产青蒿的青蒿素含量达10‰以上，酉阳享有"世界青蒿之乡"的美誉；石柱所产黄连被确定为"国药""地道黄莲"，黄连产量占到全世界的40%，拥有全国唯一的黄连交易市场；开县是我国木香产量最大的县，全国木香出口集中地；渝产党参、玄参影响着60%的国内市场，南川玄参拥有价格话语权（见表2）。

表2　　　　　　　　　　　重庆中药材种植区域分布

区域分布	区县范围	主要药材	道地药材
渝东北生态涵养发展区	巫山、巫溪、云阳、奉节、万州、开县、城口	党参（庙党、板党）、太白贝母、贝母、云木香、味牛膝、银杏、杜仲、小茴香、玄胡、枳壳、半夏、冬花	巫山、奉节：庙党 开县：云木香 奉节：贝母 巫溪：天麻 云阳：小茴香 忠县和万州：野生半夏
渝东南生态保护发展区	石柱、酉阳、秀山、黔江、彭水	黄连、青蒿、白术、天麻、杜仲、半夏、银花、冬花	石柱：黄连 酉阳：青蒿　吴茱萸 彭水：半夏 酉阳和秀山：白术、金银花
渝中部低山药材区	涪陵、南川	毛紫菀、玄参、鱼腥草、云木香、丹皮、杜仲、黄柏、厚朴	
渝西丘陵药材区	合川、江津、铜梁	黄柏、杜仲、栀子、吴茱萸、枳壳、红梅、木瓜、巴豆、使君子、女贞子、苦丁茶	江津：枳壳　栀子 铜梁、合川：使君子 合川：补骨脂、葛根 綦江：红梅　木瓜 长寿：丹皮

2. 各级政策助推，行业利好持续累积

政策方面，国家和市政府相关部门政策密集出台，对中药材电子商务交易模式的发展大力扶持。2015 年先后颁布《国务院办公厅关于转发工业和信息化部等部门中药材保护和发展规划（2015—2020 年）的通知》（国办发〔2015〕27 号）、《国务院关于印发中医药发展战略规划纲要（2016—2030 年）的通知》（国发〔2016〕15 号）。国家中医药管理局制定的《中医药信息化发展"十三五"规划》发布，提出到 2020 年，中医药信息化水平显著提升。行业标准方面，2015 年，农业部市场与经济信息司、农业部信息中心、中国中药协会等部门和行业专家审核、评议一致通过了我国首个"中药材电商标准"，将对现代仓储、产品抽检、交付监督、保证金监管、信用评价等实施保证标准。

3. 龙头企业引领，中药材电商初见成效

一方面，中医药龙头企业通过多年发展在行业中规模优势和产品优势突出，中医药集聚辐射能力增强，为电商发展奠定了良好的产业基础。2016 年，重庆中药完成工业总产值 199.9 亿元，增长 16.1%，在医药行业中占比为 38%。目前，全市已有太极集团、西南药业、桐君阁、华立药业 4 家中医药上市公司。其中，华立药业是全球最大的青蒿素及衍生物生产企业，也是我国最大的红豆杉种植和紫杉醇提取企业，重庆中医药高科技发展有限公司是世界上唯一人工成功培植冬虫夏草的企业，重庆葛恩公司是我国最大的葛根种植和系列产品生产企业，企业竞争优势十分突出。另一方面，中医药企业试水电商领域，为中药材电商积累了各类资源。2013 年上线的太极养生医馆依托 7000 家桐君阁大药房实体店的强力支撑打造"一站式"养生平台，目前上线的中药材饮片有 28 种，随着人们"提前预防"健康理念的逐渐普及，未来依托养生医馆，可大举发展中药材 B2C。2016 年，康美药业在重庆布局"互联网＋大健康"产业，其在中药材生产、加工、研发、流通等方面的优势有助于重庆中药材电商的发展。

三 重庆中药材电商产业发展存在的问题

（一）市场主体参与度低

从目前重庆中药材电商的情况看，B2C、P2C 的交易模式还不成熟，主要以 B2B 为主，一方面这符合中药材在重庆种植生产的现实情况，重庆的山地条件决定了中药材大多在两翼地区分散种植，中药材种植规模在全国并不具有比较优势，且还需要进行进一步加工遴选，农户中药材交易很多还以传统地头交易和集贸市场交易为主，部分农户交由合作社，或由企业在农户手中收购再出售给消费者，即 P2G2B（P 为农户、G 为合作社或政府、B 为企业）和 P2B2C（C 为消费者），而由农户触网向消费者售卖的还不多。另一方面也受重庆道地性药材品类的影响，青蒿、黄连等不同于黄芪、当归、党参、枸杞等的保健品属性突出，与普通消费者在线消费匹配度小，多为中医药生产企业加工原料。专业市场方面，主体触网积极性也不高，重庆解放路是全国 17 家中药材专业市场之一，通过调研发现，尽管有年轻药商通过互联网收集查找中药材市场信息，但很少在天猫、淘宝等平台开通网上店铺。在全国第三方专业性平台上，重庆的主体参与性也不高。

（二）触网品类少销量低

通过对第三方平台爬虫数据分析发现，在药通网、1 药网、中药材天地网、中药材诚实通等中药材第三方交易平台上，重庆药材占比非常少，有的甚至无单品上线。在有交易信息的平台上，1 药网所销售的重庆中药材单品最多，有 180 个，但占比也仅为 0.7%，药通网每年通过供求查询系统促成的交易额达 100 亿元以上，重庆却没有药材在线提供交易信息，这些状况与重庆中药材资源优势极为不相称。重庆药店触网积极性较高，有和平药房、桐君阁药房和时珍阁大药房在天猫医药馆平台开设旗舰店，但以成药为主，中药材销售品类仍然不多，所销售的重庆药材更少。重庆桐君阁大药房旗舰店在线销售的药材中没有一个产地为重庆（见表3）。

表3 　　　　　　　　　　　重庆中药材电商产业基本情况

序号	平台名称	是否具有在线交易功能	在线药材数量SKU	重庆药材SKU	主要种类	店铺信息	网站自营/第三方店铺入住
1	药通网	无在线交易，可以交流购买	33806	0	根及根茎类，动物类，矿石类，其他加工类，果实种子类，全草类，花类，叶类，树皮类，藤木类，树脂类，菌藻类，香料类	有掌柜信息	三方入住
2	药博商城网	有	18560	2	中药材原产地大货（植物药材：根茎类、全草类、藤木类、花类、树脂类、果实籽仁类、皮类、叶类、菌藻类、其他）中药材养生、药食同源、中药材加工器械、中药材产业链、商务服务	有店铺信息	三方
3	1药网	有	25980	191	滋补调养，呼吸道疾病，男科疾病，妇科疾病，风湿骨科，皮肤病，五官科疾病，消化系统疾病，心脑血管，肿瘤科，肝病科，神经系统，内分泌，中西药品维生素钙剂	有	三方+自营
4	珍药材	有	540	9	根茎类，果实籽仁类，全草类，叶类，树皮藤木类，树脂菌藻类，动物类，矿物类，香料类，其他类		自营
5	康美中药网	无					
6	普网药博园	有	10787		根茎类，果实籽仁类，全草类，花类，叶类，树皮类，藤木类，菌藻类，动物类，矿物类，加工类	有	三方

序号	平台名称	是否具有在线交易功能	在线药材数量SKU	重庆药材SKU	主要种类	店铺信息	网站自营/第三方店铺入住
7	绿金在线	有	1260		根茎类，全草类，果实类，种子类，茎木类，叶类，花类，皮类，动物类，菌藻类，树脂类，其他类，矿物药类	有	三方
8	中药材天地网	无	14000	180		无，只有联系信息	第三方供应商
9	中药材诚实通	有	22100	65	根茎类，果实籽仁类，全草类，花类，叶类，树皮类，藤木类，树脂类，菌藻类，动物类，矿物类	有	第三方

很多平台药材在区域省份分类中都不包含重庆，以天猫医药馆为例，很多药材，包括山银花、党参、玄参等重庆规模化种植的药材主要以甘肃、内蒙古、四川、安徽、湖南、湖北、云南等为多。重庆规模和美誉度最为突出的道地性药材"石柱黄连"触网农户也不多，销量情况较差。"黄连"销量靠前的是四川成都、安徽亳州、河北保定等地商户，重庆排位第一的商户销量仅为14，是四川成都商户销量的2.8%。以"石柱黄连"为对象在淘宝网的具有相关性的17项结果中，有9个店铺所属地是重庆，其他的多为四川和安徽亳州，重庆的商户销量仅为1或者没有销量。

（三）平台运营滞后

重庆中药材平台建设走在全国前列，但平台运营却相当滞后。2011年成立的重庆药品交易所是政府主导与市场机制相结合的第三方医药全流程电子交易公共服务平台，目前委托重庆医药公信网有限公司全面运营，但提供信息服务的多，而直接面向消费者、药企提供比较完备的电子商务服务的却少，没有充分体现对于重庆中药材电商交易的促进作用。世纪购、奇易网等本地电商平台和各地方政府投资搭建的电商平台本身没有形成品牌优势，也没有推出品牌产品，平台影响力小，在长期难以找到赢利模式的情况下有的已逐步关闭。

四　重庆中药材电商发展路径

以重庆中药材电商发展的问题为导向，顺应中药材电商发展趋势，以现有条件为依托，重庆中药材电商发展应走出一条有自我特色的道路。

（一）搭建中药材电商产业园，提升产业集聚能力

一是在南岸"迎龙药谷"规划打造中药材电商板块，充分利用"药谷"的创业孵化、研发生产、网络交易、贸易批发、仓储配送、药品口岸、质量监管等功能迅速集聚中药材电商主体。二是在石柱、秀山、南川等中药材产业发展的优势区域建中药材电商产业园区，在货源组织、产品展示、软件服务、物流配送等方面形成合力。三是在传统中药材交易市场搭建中药材电商产业园，鼓励传统商户转型并培育一批新的电商主体，形成线上线下配合、交易支付配套、金融物流支撑的新商业生态体系。

（二）发展中药材跨境电商，助推中药文化走向世界

充分利用重庆作为国家中心城市，"一带一路"战略支点和跨境电子商务综合试验城市平台等优势，凭借日益增强的综合经济实力和已有资源以及传统中药材专业交易市场，依托保税港区、西永综合保税区等海关特殊监管区域，创建中药材跨境电商示范园区，集聚交易量大、辐射面广、功能完善、管理先进的中药材跨境电商运营机构，打造具有国际国内中药材资源配置功能的贸易平台，使重庆发挥中药材资源交易、金融结算、物流集散、数据交换、国际会展等功能。

（三）培育中药材电商品牌，增强产业竞争力

一是通过龙头企业带动，扩大重庆中药材电商品牌影响力。按照电商平

台品牌和药材品牌的双重思路，重点通过康美药业、太极集团等龙头企业获取垄断性的中药材大品种资源、特许经营权资质（如 A 证、大宗交易资质等）、线下市场及仓储、质检等关键要素功能资源，树立重庆中药材电商平台品牌影响力和领导地位。在中药材品牌上着力于 2—3 个单品，依托"线上线下市场结合＋市场配套服务＋产业延伸"的中药材电商产业集群，做实单品品牌，扩大市场占有率，同时，激发主体热情、提高平台收益、促进产业发展。二是树立品牌经营观念。建立药材品牌宣传营销体系，通过符合市场规则的统一生产标准、统一包装标识、产品分级标准、产品编码化等方式增强品牌识别度，通过多媒体渠道推广重庆中药材品牌优势。三是带动一批中药材特色小镇建设，打造国家地理标志产品。依托基地，通过公司＋农户的模式，进一步扩大栽培面积，并利用 3 到 5 年时间培育一批中药材特色小镇，将其打造为集繁育、种植、加工和销售为一体的中药材重镇，并申请国家地理标志产品，打造重庆品质的中药材品牌。

（四）构建中药材电商服务网络

一是构建完善的电商平台体系。支持以康美、太极等龙头企业为引领的高端专业性中药材电商平台，带动形成完整的电商产业生态圈；紧紧围绕以中药材种植为主的农业经济，建设好石柱、秀山等地区性电商平台，构建与产业结构、产品结构相适应的电商模式，支持农户和当地加工企业积极"触网"，推动线上线下融合并进。大力发展村镇电商平台，打造一批以中药材为主的"淘宝村"，促进农民增收、农业增效、农村发展。二是构建高效的物流配送体系。依托中药材种植基地市场，重点建设道地优势中药材物流公共服务平台和药材质量可追溯体系，初步形成采收、产地加工、包装、仓储和运输一体化的的中药材仓储配送体系。鼓励龙头医药流通企业将业务延伸到药材产区，新建和改扩建一批标准化贮藏库和交易功能区，扩大仓储容量，增强调控能力，提高交易效率，加强药品仓储运输冷链建设，完善中药材配送网络。三是构建合理的人才支撑体系。在各级电商产业园区积极搭建创业服务平台，并依托各大高校、科研单位、企业的力量，培养网络贸易人才，组织一批了解农村、农业、农民的中药材生产大户和家庭农场、合作社参加各级电商培训，培养中药材电商带头人。形成市、县、乡级的技术人才培训与服务网络，提高电商从业者的素质。

参考文献

[1] 吕华、杨光、黄璐琦：《中药材流通渠道变迁研究》，《中国中药杂志》2014 年第 7 期。

[2] 赵苹、骆毅：《发展农产品电子商务的案例分析与启示——以"菜管家"和 Freshdirect 为例》，《商业经济与管理》2011 年第 7 期。

[3] 骆毅：《我国发展农产品电子商务的若干思考——基于一组多案例的研究》，《中国流通经济》2012 年第 9 期。

[4] 赵志田、何永达、杨坚争：《农产品电子商务物流理论构建及实证分析》，《商业经济与管理》2014 年第 7 期。

重庆市生鲜农产品电商产业链
利益协调机制研究[*]

张 丽 罗超平[**]

一 引言

生鲜农产品电商在我国的发展势头迅猛且市场发展前景潜力大，根据 Alibaba 资料，仅仅在阿里这个平台 2012 年就有 26 万家网店经营农产品，涉及的销售额大约 200 亿元；2013 年涉农网店突破 100 万，销售额超过 500 亿元；2014 年 1000 亿元。据中国电子商务研究中心监测数据：全国网购用户截止 2014 年 6 月规模达 3.5 亿人，网络零售市场交易规模达 10856 亿元，占社会消费品零售额的 8.7%。重庆作为西部唯一直辖市，西南地区综合交通枢纽和最大的工商业城市，西部大开发战略支撑和长江经济带西部中心枢纽，电子商务发展迅速，2014 年电子商务经营主体达到 11 万户，活跃网商 1 万多家。全市电子商务交易额突破 3000 亿元，网络零售市场规模超过 350 亿元，其中网络零售额超过 150 亿元。20 家电子商务示范企业营运情况良好，年交易额 10 亿元以上电子商务企业达到 8 家，京东集团落户巴南区建设京东

---

    * 重庆市社会科学规划青年项目（编号：2013QNJJ17）；国家社会科学基金重大项目（批准号：15ZDB169）；教育部人文社会科学研究项目（批准号：14YJC790162）；国家社会科学基金西部项目（批准号：14XJY026）；中央高校基本科研基金重大培育项目（批准号：SWU1709209）。

    ** 张丽硕士研究生西南大学经济管理学院；罗超平教授西南大学经济管理学院。

电商产业园，菜鸟科技智能骨干网项目落户两江新区，易迅网落地营运一年，销售额近 10 亿元。但是，在看到发展成绩的同时也不可忽略问题的存在，重庆电商发展还有很多问题亟须解决。其中生鲜农产品电商产业链利益协调问题就是一个十分重要的问题。本文拟在分析重庆市生鲜农产品电商产业链的主要模式、各主要模式利益主体之间的利益关系的基础上，揭示利益冲突的原因，最后提出相应的对策建议，为促进重庆市生鲜农产品电商健康、持续发展提供借鉴意义。

二　文献综述

国外对于生鲜农产品电子商务的研究起步比较早，无论是在运作模式还是对遇到问题的解决对策方面都十分成熟，在有关生鲜农产品电商产业链发展对物流的研究尤为突出。而中国在这方面发展较晚，在国内有关电子商务领域的研究涉及生鲜农产品的文献较少，系统性、高层次的研究生鲜农产品电商相关问题也不多见。孙百鸣、王春平[1]分析现有交易模式，认为现有交易模式主要有 G2B、G2C、B2B、B2C、B2B + C 等。乐东[2]分析了生鲜电商紧密城乡关系的可行性，并从原则、目标、主体等方面来构建了一个基本框架，同时说明在生鲜电商发展中，统筹城乡信息平台，主要应从四种机制入手，即发展、组织、利益、风险。肖芳[3]对美国生鲜电商 Relay Food 的这种模式的思考中总结了国内生鲜电商的四种主流运营模式：靠平台争天下的综合性电商；卖生活方式的垂直电商；"意在沛公"的物流企业；以及依托体系优势的线下超市。李小锋[4]认为现有的典型的农产品电子商务模式有：美国生鲜电商 Farmigo 模式，遂昌的走平台化道路的模式，

① 孙百鸣、王春平：《黑龙江省农产品电子商务模式选择》，《商业研究》2009 年第 8 期，第 175—176 页。

② 乐东：《我国农业电子商务的模式分析》，《南方农村》2012 年第 6 期，第 37—39、44—4 页。

③ 肖芳：《解析生鲜电商四种模式》，《互联网周刊》2013 年第 9 期，第 50—5 页。

④ 胡桂红：《山东省农产品电子商务模式研究》，《黑龙江对外经贸》2011 年第 7 期，第 80—81 页。

"政府＋运营服务商＋平台"运营模式，"预约消费"的订单农业模式，OTO 多平台辐射的模式，走资源整合道路的成县模式，走品牌化道路的通榆模式以及新疆吉尼达模式。胡桂红[1]以山东省为例，分析山东现有的农产品电子商务模式，从"小"到"大"，印证我国现有的 B2C、P2B、P2C、P2G2B2C、P2I2C 等几种农产品电商模式。

国内外学者从不同的视角对农产品电商发展提出自己的见解，为其发展提供了坚实的理论基础，但是纵观文献研究，目前我国研究针对生鲜农产品电商很少，研究生鲜农产品方面具有很大局限性，对有关重庆市生鲜农产品电商发展均没有涉及，仅仅是对某个地区的生鲜产品电商模式的现状分析并做出对策，没有提出系统化的生鲜电商发展模式。

三　重庆市生鲜农产品电商产业链的主要模式

随着互联网的快速发展，重庆市生鲜农产品电商产业发展势头迅猛，其发展模式呈现多样化趋势，但目前以下面三种模式为主，即 B2C 模式、O2O 模式和 C2C 模式。

（一）B2C 模式（基于平台的综合性生鲜电子商务）

B2C 即 Business to Customer，商对客。以互联网平台作为企业和消费者衔接的载体，实现生鲜农产品网上购买和支付。该模式的主要优势：网购人群多、支付系统完善、品牌优势大，用户忠诚度高，B2C 是目前生鲜电商众多电子商务模式的基石，目前采用 B2C 模式经营生鲜农产品的代表有京东、天猫、苏宁易购。但由于生鲜市场的特殊性，传统意义上的 B2C 自身的局限性：多个商家产品标准不统一、生鲜产品质量和送货时间无法把控及运输价格高居不下等显然难以应付当前激烈竞争的生鲜农产品市场，

---

① 李小锋：《农产品电子商务模式选择的影响因素分析》，博士学位论文，华中农业大学，2014 年。

重庆在生鲜农产品市场快速发展的大背景下，结合自身优势和特色，积极打造本土综合性生鲜农产品电商产业链运作模式，最具有代表的就是本土的"香满园"。

作为"重庆市民的果盘子"，香满园利用"互联网＋"即"互联网＋传统农产品销售市场"的优势打造符合本地特色的 B2C 生鲜电商，满足消费者对生鲜农产品优质、实惠的需求。该模式为万州玫瑰香橙、巫山脆红李、梁平沙田柚、壁山葡萄多种地产特色水果的销售开拓了更广渠道。为进一步满足市民日益增长的网购需求，为消费者提供更为方便快捷的网购服务，香满园在重庆市国际涉农物流园区建造了约 500 亩电商物流中心。具有 500 万吨年吞吐量，3000 辆市内配送和干线运输车辆停放和作业，由于地理位置优越，可实现城区下单 2 小时内送达和区县下单 6 小时送达。2015 年 7 日作为重庆本土 B2C 生鲜产品平台香满园，移动端微信商城正式推出，更加方便消费者的购买。

与此同时，在市经贸委的牵头作用下，香满园与重庆台商经济促进会达成合作，借助新开通的重庆空港为制定贸易港口，台湾地区优质水果通过预订方式仅需 36 小时就能到达消费者手中。香满园在 2014 年的销售额高达 1.08 亿元，创下重庆本土 B2C 生鲜电商的最佳业绩。

（二）O2O 模式

O2O 即 Online To Offline，线上到线下。O2O 的概念非常广泛，只要产业链中既可涉及线上，又可涉及线下，就可通称为 O2O。这类企业在线上揽客，在线下依托门店进行配送。但难以完全满足生鲜需要的冷链物流。O2O 模式与生鲜农产品市场存在着先天的契合性：生鲜作为日常快消品，与家庭联系极为紧密，用户对生鲜的现实体验显得非常重要；生活快节奏和工作的繁忙，使得用户对线下提取的灵活性又提出了较高的要求。O2O 既有线上选择和支付的便捷性，又有线下体验和提取的灵活性，能成为重庆市场乃至国内生鲜市场的一种主要商业模式就不足为奇了。O2O 模式显然也有不足，如物流、仓储和供应链管理是其短板，另外，强调便捷和体验，而对自身定位和市场需求不明晰，是O2O生鲜农产品电商通常会有的毛病。重庆的永辉超市生鲜农产品产业链运作模式就O2O模式的典型，成为业内的典范。

永辉超市作为把生鲜农产品引进现代超市的流通企业资源，以生鲜农产品O2O作为切入点拓展业务。"永辉微店"将线上"微店"选购、线下"实体店"提货融合起来，客户可以在线上以"微店"为输入端，下完订单之后在线下的任意一家永辉超市实体店进行取货。消费者通过APP下单，基本可实现货物"半日送达"。永辉超市在其O2O业务永辉微店接入支付宝打通支付环节，从而形成线上线下的消费闭环。在O2O的运营过程中，永辉超市以商品资源为核心，以生鲜农产品作为自身的特色，凭借其对生鲜产品经营管理能力，来带动其他产品的销售。永辉超市利用自身的供应链和实体门店，来提高消费者的购物体验。由于生鲜O2O对生鲜品种，定位人群的限制很大，为了应对这种挑战，有效解决生鲜损耗和物流成本的方式就是能够在顾客下单之后把客户的流量分流到就近的社区，顾客自行取货。永辉超市从2001年创立伊始，不仅没有回避生鲜品的经营，反而面对挑战将将其作为市场切入点和最重要的卖点，并采用完全自营来经营。

（三）C2C模式

C2C模式即consumer to consumer，消费者与消费者之间的电子商务，作为买卖双方电子交易的平台，C2C模式运用于生鲜农产品产业链的具体流程：生鲜农产品供应者通过第三方交易平台注册一个网上店铺，将生鲜农产品的相关信息发布到网站上，包括其产品的生长状况、质量检测等。而消费者通过对网站生鲜农产品信息进行阅读和浏览，找到自己想要的商品，再通过网上预订或者直接购买的方式将钱打入第三方支付平台，而生鲜农产品供应商会在第一时间联系物流把客户所需农产品送到客户手上。

四　重庆市生鲜农产品电商产业链主要
模式的主体角色及利益关系

（一）生鲜农产品电商发展及市场供需

1. 国内生鲜电商市场发展概况

国内生鲜电商可谓是磨拳擦掌，充分利用自身优势参与市场竞争，最大限度获得利润。目前就生鲜电商市场份额分布情况如图1所示，市场份额较高的是天猫喵鲜生和京东到家，分别占比26.81%、24.83%。这一类电商平台由于之前积累了庞大的消费群体，具备消费者对品牌的满意度和忠诚度，再加上其雄厚的资金实力和完善的物流、支付系统，使这些电商在进入生鲜电商市场时具有一定的优势。中粮我买网背靠中粮集团庞大的资金支持，拥有完整的冷链物流系统，能够有效解决物流配送的问题，得以在生鲜电商市场占据一定的优势。

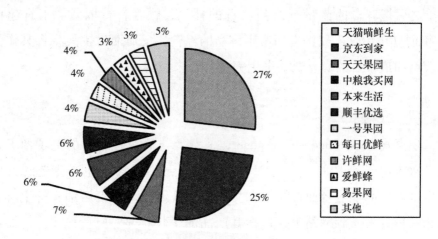

图1　国内生鲜电商市场份额分布

伴随相关技术升级和资本介入，以及消费者对消费品质的更高追求下，生鲜电商市场进入高速发展时期。2013年至今，生鲜电商交易规模呈现出逐年增长的态势，2015年交易规模达到533万亿元，环比增长速度达93.9%；2016年整体交易模将达到909.3万亿元，环比增长速度达70.6%；预计未来两年生鲜电商市交易规模的增长速度将再创新高。如图2所示。

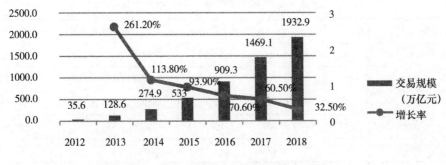

图2　国内生鲜农产品交易规模及预测

2. 重庆市生鲜农产品市场供需

重庆市生鲜农产品具有很大的市场发展前景，2011—2015年主要生鲜产品的产量有增无减，市场供应能力强，如表1所示，主要生鲜农产品蔬菜、水果、禽蛋、水产品及肉类近五年以来的产量都逐年增加，牛奶受气候和相关替代品竞争的影响，产量有所减少。据调查数据，重庆2014—2015年全体居民人均生鲜农产品消费量也在增加，如表2所示，整个生鲜产品市场供需都很旺盛，为电商的发展提供了非常有利的市场条件。近两年来，随着科技的投入和种植方式的转变，重庆农产品产值不断提高，商品化率总体达到50%以上，尤其是生鲜农产品的商品化达到65%以上，市场参与度高。如表3所示。

通过上面的分析可以得出：重庆市目前农产品电商发展市场具有很大优势，电商的积极参与、政府对农产品尤其是生鲜产品的扶持和优惠，其产量、产值和商品化率都在不断提高，随着生活水平的提高，居民对于生鲜农产品的需求也在不断加大。重庆市生鲜农产品电商产业链发展势头良好，前景可观。然而，不同电商模式参与主体之间的市场竞争会更加激烈，和利益冲突的矛盾也会在有限的利润空间内难以调节。探索重庆市生鲜农产品电商模式参与主体及利益关系及冲突产生的原因分析成为急需解决问题，为促进电商产业链的健康、持续发展奠定基础。

表1   重庆年生鲜农产品产量（2011—2015）

时间	蔬菜（万吨）	水果（万吨）	牛奶（吨）	禽蛋（万吨）	水产品（吨）	肉类（万吨）	猪肉（万吨）
2011	1407.91	261.16	80000	37.42	275600	196.28	148.55
2012	1509.34	291.19	77300	40.05	330720	201.21	150.73
2013	1600.64	318.86	67976	41.09	385000	207.85	154.95
2014	1689.11	347.61	56901	43.21	443409	214.21	158.54
2015	1780.47	451.8	54453	45.36	477890	254.99	156.15

数据来源：重庆统计年鉴。

表2   重庆市全体居民家庭人均主要生鲜农产品消费量（2014—2015）

指标	Item	2014	2015
蔬菜及菜制品	Vegetable and Processed Produce	129.28	135.23
肉类	Meat，Poultry and Related Products	38.94	39.31
猪肉	Pork	33.52	33.67
羊肉	Mutton	0.35	0.52
牛肉	Beef	1.26	1.26
其他肉类制品	Poultry	3.81	3.86
蛋类及蛋制品	Eggs and Daily Products	9.12	10.14
奶和奶制品	Milk and Daily Products	16.33	16.25
水产品	Aquatic Products	9.58	9.89
干鲜水果类	Fruits and Processed Produce	37.14	36.63

数据来源：重庆统计年鉴。

表3   重庆市农产品产值和商品率（2014—2015）

指标	Item	农产品产值（万元）		商品率（%）	
总计	Total	10144245	11252296	64.5	65.7
农业	Farming	5363191	5840319	55.4	56.5
#粮食	Grain	1070493	1321546	34.6	35.6
蔬菜	Vegetable	2496503	2777264	66.5	67.7
水果	Fruit	750419	1679278	74.5	75.8
林业	Forestry	373376	426073	69.7	70.5
牧业	Animal Husbandry	3875216	4364884	79.7	80.4
#猪	Hogs	1969518	2253909	79.5	80.2
渔业	Fishery	532462	621020	82.0	82.9

数据来源：重庆统计年鉴。

（二）生鲜电商产业链主体角色及利益关系

1. B2C 模式主体角色及利益关系（见图3）

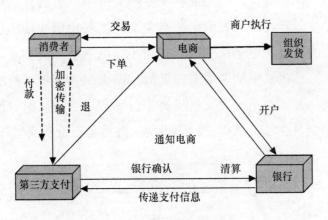

图3   B2B 模式主体利益关系

2. O2O 模式主体角色及利益

重庆市生鲜农产品产业链的 O2O 模式的参与主体为消费者和生鲜产品或服务提供者，该模式所指的消费者主要是指线下生鲜农产品消费者。用户根据自身对生鲜农产品的种类、质量、数量等特征的要求，通过网络传递需求，商家通过网络虚拟和实体点体验，让消费者更加充分了解产品情况，整个模式利益主体借助需求和价值的传递不断循环。如图 4 所示。

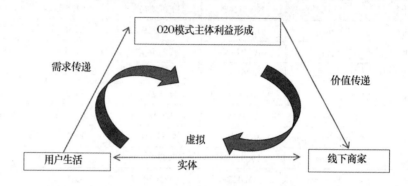

图 4　O2O 模式主体角色及利益关系

3. C2C 模式主体角色及利益关系

重庆市市生鲜农产品产业链的 C2C 模式运营整个流程，也就是参与主体即两个消费者之间的交易，但是提供交易中介的第三方起到的作用也是不可忽视的，它是生鲜产品最终在两个消费者之间实现价值和使用价值交换的载体和平台。整个模式的电子商务运行参与主体的利益创造和实现，其利益关系如图 5 所示：该模式中的两端消费者通过网上店铺实现生鲜农产品的销售和购初步意向，最终在第三方支付支付平台完成最终的交付。网上店铺的盈利主要来自于会员费、交易提成、广告费、搜排名竞价和支付环节费。

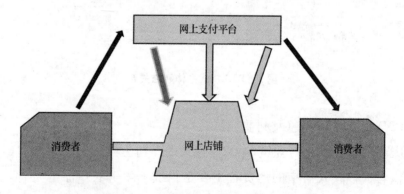

图 5　C2C 模式主体角色及利益关系

五　重庆市生鲜农产品电商产业链
主体利益冲突的原因

随着网络时代的到来和物联网的迅猛发展，目前，重庆市生鲜农产品产业链的运作模式从传统的以受时间和空间限制的农贸市场的直接交易为主转变到以网络技术为支撑，借助生鲜农产品行业网站、企业网站和各级政府的农业信息网实现网上洽谈营销，网下成交支付，基于 B2C、O2O 和 C2C 电子商务模式的生鲜农产品交易模式得到显著的发展。但由于我国电子商务发展还处于初级起步阶段，整个市场相关配套硬件和软件都还存在缺陷，导致各利益主体之间的冲突。生鲜农产品电商产业链参与主体之间的利益也不例外。其利益冲突的表现形式主要有经营者与消费者的利益冲突、经营者之间的利益冲突、网络安全与行业效益的利益冲突。重庆市生鲜农产品电商产业链主体利益冲突的原因主要有以下几个方面：

（一）电商主体利益博弈不均衡

在重庆市生鲜农产品电商产业链的利益协调机制发展中，各主体的利益差别和追求自身利润最大化之间的矛盾产生博弈。从理性人假设的角度出发，政府是一个经纪人，具有追求自身利益最大化的倾向。当政府与其他经济主体发生经济关系时，所制定的制度与政策必然以保护和增进政府的经济利益为目的。政府可以根据电子商务模式的采纳是否会给自身带来收益来决定是否对生鲜电商市场进行监管。这在很大程度上影响到生鲜农产品市场上经营者和消费者的利益，尤其是经营者会根据政府的行为做出相应的反应。政府在电子商务开发支持过程中，获得了虚拟经济增值收益和税费，企业（提供者）通过销售商品获得企业利润。但利润是有限的，于是在博弈不均衡的情况下发生利益冲突也不足为奇。还有生鲜产品生产经营企业与经销商的博弈更为激烈，传统企业在转型电商的过程中，很容易被一下子"去中介化”的巨大利润空间所诱惑。传统企业原来省代、地区代，一级级代理的模式，摊薄了企业的利润。通过电商一下子可以“去中介”直达消费者，企业会突然发现自己卖货的利润空间大了许多。于是对经销商的各种排挤和打压现象出现，出现绕开“中介”可以实现利润的大幅提升，于是经销商和企业的博弈也是不均衡的，冲突不可避免。企业（提供者）和购买者联系更加紧密，企业通过提供线上生鲜农产品，购买者经过电子商务平台了解产品的各个方面，包括价格，性能，生长情况及质量检测等相关信息，消费者想要的是“物美价廉”，而经营者如何实现生鲜产品的价值最大化是最终目的，由于市场主动权、信息不对称及专业知识水平等情况不同，经营者和消费者之间如何双赢，实现利益均沾，双方的博弈必然会导致利益冲突。

（二）基础设施配套的不完善

重庆市生鲜农产品电商产业链的主要模式运作物流问题是参与主体利益冲突的关键原因之一。电商模式不同于传统的固定的生鲜产品交易场所，要求的是时效性的高度发达，物流业的发展就是整个生鲜市场的大动脉，贯穿整个产业链的始终。目前重庆生鲜电商物流存在一定不足，在一定程度上导致利益主体的利益博弈，激化产业链经济矛盾。

1. 冷链物流基础弱

根据中国冷链物流网有关研究显示，欧洲、美洲等发达地区的冷链流通率远远高于我国冷链流的流通率，肉类的流通率，欧美等地区的流通率已经达百分之百，而我国仅为15%；果蔬类的流通率，欧美地区为95%，我国仅为5%。中国冷链物流网相关研究表示，我国每年有25%—30%的蔬菜水果在采摘、运输等过程中损坏，美国的这种损耗仅1.7%—5.0%。我国冷链物流流通率不高，主要原因有：一是我国现有冷链运输设备较为陈旧。二是信息化水平较低，我国现在处于信息化初级阶段，对于冷链物流所需的RIFD、车用GPS等技术普及率不高，尚未得到所有冷链物流的使用。三是冷链的市场化程度较低，我国对冷链的注重出现在生鲜电商以后，冷链物流并未形成完善的体系，上游与下游之间不能完全无缝衔接，整个体系中，冷链流时常中断，这增加了生鲜的损耗，第三方冷链物流发展相对比较滞后。

2. "最后一公里"瓶颈

生鲜电商"最后一公里配送"是生鲜电商在物流方面面临的最大问题。重庆市生鲜农产品电商产业链在物流方面存在的主要障碍是配送时间与消费者所要求的时间不一致。物流的配送时间受很多因素的影响，如交通、气候，尤其在偏远的农村，农民有货运不出、运不起的问题仍然突出，很多乡镇没有快递物流服务点，无法确切保证送达的时间。这样在"最后一公里"的配送上存在着时间差。这会降低消费者对产品的满意度，损害消费者利益，甚至激化双边矛盾。

（三）行业法律法规不完善

我国的电子商务发展迅速，但相关法律法规相对滞后是一个实实在在存在的问题。重庆生鲜农产品产业链参与主体发生利益冲突也是客观必然，在法律方面的原因主是以下三个。

1. 格式条款的设置是经营者与消费者的利益冲突的起源

格式条款存在损害消费者的权益的情形，从表现形式上看，此类格式条款往往存在于合同尾部等不起眼的角落，使消费者很难发现；很多格式条款还使用专业术语，使消费者难以理解。此类条款存在着"霸王条款"，经营者常常在格式条款中减轻或免除自己责任，限制或剥夺消费者的权利。较常见的有规定商品存在瑕疵时，只能更换，不得减少价款，也不得要求赔偿等。消费者的撤回权和撤销权受到限制。由于电子商务合同是以数据程序的形式出现，一经同意，合同立即缔结完毕。消费者没有时间行使撤回权、撤销权。格式条款的效力认定比较复杂。由于电子商务活动是通过虚拟的网络进行交易，而我国目前只有《合同法》对消费者与网站之间的信息不对称现象有规定。《合同法》规定的"以合理的方式提请对方注意"在 B2C 电子商务活动过程中难以辨别，即 B2C 合同中什么是合理的方式，法律难以认定。

2. 经营者之间的不正当竞争

在生鲜农产品产业链的电商运作模式多元化的大背景下，各电商经营者为了实现利益最大化，抢注域名、恶意商业诋毁、夸大宣传、大打价格战、以次充好的行为层出不穷。恰恰这些市场竞争行为涉及的法律认定十分模糊，容易出现不法经营者钻法律空子和漏洞的现象。

3. 网络安全与行业效益不一致

生鲜农产品电商模式产业链运作，电子通信手段贯穿了整个过程，计算机的安全性问题是一个关键的全新的问题。病毒、后门等其他损害设施是突出的问题。要想避免这些情况就需要凭借先进的科技水平和较完善的法律法规，但这也会增加成本，削减该生鲜农产品电商行业的积极性。因此，我们需要更多地去考虑限制电子自助。法律既要考虑到保护行业效益，刺激行业发展，同时也要考虑保护网络安全，不能以牺牲网络安全换取产业利润，如何实现这一目的，也是一个两难的问题。

六 基于合作与共享的重庆市生鲜农产品电商产业链主体利益协调机制

重庆市生鲜农产品电商产业链主体利益协调，重点是实现利益关系和利益矛盾的制度化调整，从利益调节机制、利益引导机制和利益约束机制入手，基于合作与共享视角建立健全利益协调机制，努力实现三个目标：一是明确利益导向，二是规范利益行为，三是实现利益共享。为生鲜农产品电商健康、持续发展提供保障。

（一）利益调节机制

重庆市生鲜农产品电商产业链的主体在激烈竞争市场的大趋势下，各自为阵、单打独斗已经不适应也不利于行业的发展，建立利益协调机制刻不容缓，要想实现共赢，就必须要加强产业链运营模式中主体之间的合作。具体可以实施"三个一体化合作"：即市场推广一体化；商务价格一体化；售后服务一体化。

1. 市场推广一体化

生鲜产品经营者充分利用新兴技术发挥网络平台优势，要做好相关的基础配套设施，加强前期宣传，普及知识，让参与电子商务交易的购买者了解支付平台的相关知识，充分认识到网络交易平台的安全性，风险性，稳定性和收益性，聚焦部分优势品牌和优势产品，打造生鲜品牌，强化市场推广力度，定期策划具有鲜明主体的市场活动，形成生鲜农产品线上线下立体推广模式，提高品牌知名度和美誉度。

2. 商务价格一体化

电商和供应商一体化运作，形成利益共同体，无须彼此价格的博弈，通过多种企业交易手段，吸收和兼并实力落后的第三方支付平台，提高第三方支付平台的整体效益，构建核心竞争力，创造和保持独特的优势，不断创新业务，探索有效的营利模式。生鲜产品供应商保障产品质量关，拿出具有竞争力的价格，共同提供产品销量，扩大市场占有率，共同赢得客户。

3. 售后服务一体化

电商作为产品最佳出口，供应商需要提供强大的售后支持，两者紧密合作，积极配合，建立和完善及时响应服务机制，彻底解决顾客的后顾之忧。

除此之外，在整个产业链的运作中，消费者和经营者之间的利益协调需要双方的合作。作为经营者，需要提高自身的道德素质和遵循经商的基本原则，顺利实现生鲜产品的价值让渡是以保证消费者利益为前提，而消费者对于产品使用价值的获得也要遵循市场运行制度，购买者此时更应该注重关注企业的动向，及时调整自己的策略，争取在交易过程中，达到利益最大化。在维护自身合法权益的基础上协商价格、售后服务等需求。只有经营者与消费者形成一种文明的生鲜产品市场运作氛围，双方之间的利益才可能实现协调。

（二）利益引导机制

政府要做好对生鲜农产品电商产业链主体的利益引导工作，建立利益引导机制，让重庆市生鲜农产品参与主体树立合法、合理、公正的利益获取观念，正确地处理个人利益、集体利益，局部利益和整体利益的关系，长远利益和当前的利益的关系。

1. 构建生鲜农产品电商信息产业链，驱动信息资源共享

产业链可以从原料供应商到最终消费者之间的全部生产链条，供应商、品牌企业、营销单位、分支机构、终端客户是该链条上的节点，各节点之间通过内在的价值关系组成战略联盟，集聚在一定的地理区位，由具核心竞争力的生鲜品牌企业为链核，谋求在行业内的比较竞争优势，带动上下游企业共同发展，实现各方的共赢。信息产业链要以具有市场竞争力的品牌信息公司为链核，通过内在的价值活动关系与一系列相关信息行业或企业组成的战略联盟，形成一种资源共享、优势互补、产能匹配、规模运作、合作共赢的链条绞合关系。

生鲜产品超市与产地合作组织之间的信息共享，超市将自己从市场上得来的信息，包括市场对于农产品的需求状况，农产品价格走向，市场供求状况等及时通知产地组织，以便产地组织及时调整生产，满足市场供求和消费者需求。另一方面指的是，超市与配送中心之间的信息共享，包括库存量、销售情况等，以便配送中心及时确定供货量，防止断货情况发生，减少缺货损失，最终实现利益的协调。通过信息产业链构建和共享，引导整个产业链主体的利益取向。

2. 加快覆盖城乡物流配送体系

政府主导、企业参与的模式加快覆盖城乡物流配送体系建设，解决"最后一公里"瓶颈。在生鲜农产品特色主产区，实施政府补助、社会资本参与和市场化运作方式，完善田头市场基础设施建设，提高企业参与"最后一公里"物流服务的赢利水平和内在动力。加快实施电商菜篮子计划，鼓励物流

配送企业积极创新、开发冷藏和保鲜技术，发展冷物流连。依托现代化信息技术，提高精准配送水平。通过提高物流效率和基础设施的完善，增加产业链附加值，提高利润，引导利益共赢。

（三）利益约束机制

重庆市生鲜农产品主体利益协调需要建立起一个长效、完善利益约束机制，用制度促规范，以规范促发展，加强对电子商务的经营活动进行规范和引导，维护各利益主体的合法权益，营造公平、稳定、安全的交易环境，为电子商务后期探索发展奠定扎实的基础。政府应建立健全相关配套的法律法规，规范电子商务各项活动，增加企业和广大消费者对电子商务的信任感。

1. 建立冷却期制度

冷却期制度是在合同成立后，消费者可以在一定期限内无条件地解除合同，而不必承担违约责任的制度。建立冷却期制度可以从以下几个方面实现。将冷却期制度纳入《消费者权益保护法》，增设"电子商务中消费者权益的保护"专章。法定的"冷却期"属于最短期限的强制性规范，为防止经营者优势地位下的权利滥用，导致消费者弱势地位下的利益受损，不允许当事人之间做排除约定，仅允许另行约定长于法定"冷却期"的期限。此外，应当明确经营者的告知义务，即在订约时明确告知消费者享有取消合同的权利及行使该权利的期限，否则，不作为冷却期间的起算，或相应地延长冷却期。规定行使冷却期权利须采用书面形式。书面形式有利于权利行使的合法性，防止消费者滥用权利。

2. 完善行业法规

针对目前重庆市生鲜农产品电商模式产业链主体之间的利益冲突问题，需要各相关部门积极配合，携手合作。首先，立法部门要根据当前电商发展实际情况，做好调研工作，制定科学、合理、完备的电商行业法律法规，做到有法可依，为促进市场农产品电商发展提供法律和制度保障，在参与主体无论是消费者还是销售者或者第三方参与者的合法权益受到侵犯时，可以有法可依，确实保护受害者的利益。其次，司法部门要公正司法，本着公平、公正、客观和信息透明的原则，按照法律法规开展司法工作，做到对电商市场尤其是危害人民群众生命安全的违法犯罪分子的严惩不贷，积极司法，使得受害者得到及时和有效的补偿。最后，执法部门要从严执法，对于故意扰乱电商市场、投机倒把、倒买倒卖的市场主体，做到一视同仁，谁犯法，谁负责。只有各部门的共同努力，通力合作，才能够为生鲜农产品的电商市场提供强有力的法律保证，对于调节利益主体之间的冲突起到不可替代作用。

参考文献：

[1] 孙百鸣、王春平：《黑龙江省农产品电子商务模式选择》，《商业研究》2009 年第 8 期，第 175—176 页。

[2] 乐东：《我国农业电子商务的模式分析》，《南方农村》2012 年第 6 期，第 37—39、44—4 页。

[3] 肖芳：《解析生鲜电商四种模式》，《互联网周刊》2013 年第 9 期，第 50—5 页。

[4] 胡桂红：《山东省农产品电子商务模式研究》，《黑龙江对外经贸》2011 年第 7 期，第 80—81 页。

[5] 李小锋：《农产品电子商务模式选择的影响因素分析》，博士学位论文，华中农业大学，2014 年。

[6] Paul T. , "Business Models for Electronic Markets", *Journal on Electronic Markets*, No. 8, 1998, pp. 3 – 8.

[7] WEN A. , "knowledge-based intelligent electronic commerce system for selling agricultural product", Computers and Electronic in Agriculture, 2007, pp. 33 – 46.

[8] 杨浩雄、张梦楠：《新型 B2B2C 电子商务模式在促进鲜活农产品物流信息管理中的应用研究》，《湖南农业科学》2012 年第 13 期。

[9] 刘静：《生鲜电商 O2O 模式探讨》，《现代商业》2013 年第 36 期，第 83—85 页。

[10] 欧伟强、沈庆琼：《我国生鲜电商 O2O 模式发展探析》，《宁德师范学院学报》2014 年第 3 期，第 42—45 页。

[11] 杨晓楼：《生鲜 O2O 供应链协调研究》，《物流工程与管理》2014 年第 1 期，第 97—98 页。

［12］史毅飞：《生鲜产品电商的现状及发展对策》，《中国电子商务》2013 年第 7 期。

［13］中国物流产品网：《农产品物流系统的建设》，2009 年 11 月 16 日。

［14］傅泽田：《生鲜农产品质量安全可追溯系统研究》，中国农业大学出版社 2012 年版，第 89—112 页。

［15］胡天石、傅铁信：《中国农产品电子商务发展分析》，《农产品市场周刊》2005 年 5 月 30 日。

［16］彭慧萍：《农产品电子商务的交易成本研究》，《长江大学学报》（自然科版）2008 年第 4 期，第 115 —117 页。

［17］高凌云：《电子商务技术在新农村建设中的应用》，《现代农业科技》2008 年第 15 期。

［18］杜昕诺、于三红、韩家亮：《网购生鲜——电子商务行业的新爆点》，《经营与管理》2014 年第 5 期。

［19］张党利、李安周、李海平：《农产品电子商务模式创新》，《湖北农业科学》2011 年第 50 期。

［20］胡天石：《中国农产品电子商务模式研究》，博士学位论文，中国农业科学院，2005 年。

［21］赵洁、冯华：《供应链管理下的我国农产品流通模式探析》，《中国物流与采购》2009 年第 8 期。

［22］侯玉梅、刘力卓、李明芳：《河北省生鲜农产品供应链模式及其分析》，《燕山大学学报》2012 年第 3 期。

［23］慧菲：《农产品"触网"尚需迈过四道坎儿》，《中国税务报》2013 年 2 月 27 日。

［24］李小飞：《生鲜农产品物流配送组织模式研究——以浙江省为例》，硕士学位论文，浙江大学，2007 年。

［25］邢江波：《电子商务环境下生鲜农产品物流同城配送网络优化》，硕士学位论文，大连海事大学，2012 年。

［26］王向荣、谷秀燕：《电商直闯生鲜准备好了吗?》，《中国食品报》2013 年 2 月 20 日。

［27］庞伟：《北京市生鲜蔬菜"农消对接"供应链模式研究》，硕士学位论文，北京交通大学，2012 年。